新型职业农民
XINXING ZHIYE NONGMIN

XINSHIDAI
NINGXIA XINXINGZHIYENONGMIN
DIANXING FENGCAI

新时代

宁夏新型职业农民典型风采

宁夏回族自治区农业农村厅　编

黄河出版传媒集团
宁夏人民出版社

图书在版编目（CIP）数据

新时代宁夏新型职业农民典型风采 / 宁夏回族自治区农业农村厅编. — 银川：宁夏人民出版社，2019.1

ISBN 978-7-227-07029-0

Ⅰ. ①新… Ⅱ. ①宁… Ⅲ. ①农民—先进事迹—宁夏—现代 Ⅳ. ①K828.1

中国版本图书馆CIP数据核字（2019）第012327号

新时代宁夏新型职业农民典型风采　宁夏回族自治区农业农村厅 编

责任编辑 陈 浪
责任校对 王 艳
封面设计 冯彦青
责任印制 肖 艳

黄河出版传媒集团
宁夏人民出版社 出版发行

地 址 宁夏银川市北京东路139号出版大厦（750001）
网 址 http://www.yrpubm.com
网上书店 http://www.hh-book.com
电子信箱 nxrmcbs@126.com
邮购电话 0951-5052104 5052106
经 销 全国新华书店
印刷装订 宁夏凤鸣彩印广告有限公司
印刷委托书号 （宁）0012230

开 本 787 mm × 1092 mm 1/16
印 张 31.75 字数 410千字
版 次 2019年1月第1版
印 次 2019年1月第1次印刷
书 号 ISBN 978-7-227-07029-0
定 价 88.00元

《新时代宁夏新型职业农民典型风采》
编写人员

康进喜　贺学斌　崔淑丽　梁建军　徐秀莲

李　静　任向春　赵红梅　李爱君　丁　苒

前　言

农业农村农民问题是关系国计民生的根本性问题，解决好“三农”问题是全党工作重中之重，是决胜全面建成小康社会、建设社会主义现代化强国的重大历史任务。党的十九大提出实施乡村振兴战略。乡村振兴，产业兴旺是重点，人才支撑是关键。习近平总书记强调，要就地培养更多爱农业、懂技术、善经营的新型职业农民。新型职业农民是农民中的精英，是带动农民发展现代农业和致富奔小康的领头人，是实施乡村振兴战略的生力军。

近年来，宁夏坚持农民职业化培育方向，落实教育培训、认定管理和政策扶持“三位一体”的培育制度，突出新型经营主体带头人、现代青年农场主和脱贫致富带头人等培育重点，大力实施新型职业农民培育工程，经过全区各级农业农村部门的努力，目前宁夏新型职业农民总量超过13.5万人。他们中有的是想务农、有经验的“老农”，通过接受综合素质和技能培训，转变观念提升技能，成为种养大户、家庭农场、农民合作社等新型农业经营主体的骨干力量，有力支撑农业增产增收；有的是见多识广、思路开阔、敢创敢干的“新农”，主动引进和推广新品种新技术，探索一二三产业融合发展，延伸产业链，提升价值链，拓宽增收链，完善利益链，成为农业转型升级的新力量，引领现代农业发展方向；有的是高学历、有情怀的“知农”，积极将互联网、人工智能技术等新要素引入农业，在职业培育中加速成长，成为乡村产业兴旺的实践者、创造者，推动现代农业高质量持续发展。

为了促进新型职业农民队伍进一步发展壮大，在实施乡村振兴战略中发挥更大的作用，宁夏农业农村厅科技教育处和宁夏农业广播电视学校在充分挖掘各地新型职业农民典型的基础上，遴选出100名综合素质高、产业发展好、带动能力强的新型职业农民，将他们的创业兴业事迹汇编成册。希望此书的出版能够让社会各界更加深入地了解、关注和支持新型职业农民，进一步激励更多的新型职业农民再创新业绩。

本书在编写过程中，得到了各市县（区）农牧局和农业广播电视学校的大力支持，在此一并致以诚挚的谢意！

由于水平有限，不当之处在所难免，欢迎广大读者提出宝贵意见和建议。

编　者

2019年1月

CONTENTS

目　录

争当“全能型”新型职业农民

——记银川市兴庆区新型职业农民强细兵

“站长，请放心。今年机深翻任务重，全部机器正在秋季农田水利建设一线忙碌工作，我们一边抓安全生产，一边不停歇的工作，正在推进工作进度。”强细兵边停车边打电话汇报工作。

了解强细兵的人都说，他是我们掌政镇最忙碌的“农人”，一年四季在田间奔跑，不是指导农耕，就是在地边研究规划。术业有专攻。只要是农业方面的事情，没有强细兵不知道的，但凡老百姓有相关问题，都愿意找他咨询和解决，久而久之，大家便亲切地唤他“强专家”。

今年44岁的强细兵，是一个地地道道的农民，黝黑的皮肤，苍劲的皱纹，印证着他永不言败的“农人”精神；在长期的耕作实践中，他的勤劳、好学、敢闯敢干的韧劲，把他铸就成一位抓生产、重指导、懂管理、会经营的“全才型”新型职业农民。

初抓改革，农机农艺融合

“对于一个不安现状的人，只要你的想法实际，执行统一，没有办不成的事情。”强细兵是这样说的，也是这样做的。有了想法就得去实现，强细兵的“银川市浩强农机服务专业合作社”就是在这样的驱动下一步一步成长起来的。该合作社坐落于兴庆区掌政镇强家庙中心村，建设用地6亩，建设办公场所面积300平方米，机具棚面积500平方米，是一家集农机耕作、技术信息咨询服务、农机技术培训、农作物种植等为一体的农机化综合服务合作社。

2015年是强细兵抓住机遇的一年，他积极实施自治区水稻种植农机农艺融合示范区项目，合作社成立了机械作业、生产调度、财务管理和技术服务4个生产小组，动周边农户135户，形成了全程机械耕作台、高产实验等全程机械化、规模化、流程化操作运营机制。累计流转土地1240亩进行水稻全程机械化种植。强细兵自豪地说：“当年带动合作社成员每人增加1000元，农户每户增收300元。

强细兵介绍，从2015到2018年，合作社先后建设农机、农技展示区，展示种植模式，5个精量穴播模式，1个宽窄行种植模式，3种机型播种模式、立体种植基地，1个建设绿色防控示范点等8个示范新品种。示范点严格按照“七统一”、“三覆盖”技术措施，引进水稻宁梗51

号、花九115、G19进行试验种植，建成高标准示范田20亩，全程使用机械穴播、收割，为选良奠定了基础。同时，引进生物物理病虫害防控新技术1项，在耕作实践中积极推广应用。

“着眼长远，再创辉煌”，是每个新型职业农民的心声。强细兵没有满足现状，而是有了更宏伟的目标。随后，他以“浩强农机服务合作社”为名，又注册资金350万元，成立秋硕源农业社会化综合服务站，现有办公场所400平方米；设置了农业综合服务大厅、政策超市、农资超市和庄稼医院、信息服务超市、测土施肥化验室、农民培训中心等内部机构。其中，庄稼医院50平方米，农资超市100平方米，培训室80平方米，培训场所80平方米；电脑1台，投影1台，传真机1台，复印机1台，并设立农民阅览室、农家书屋，配备了书柜、书架等设施。机棚、机库1200平方米，维修车间200平方米。农药、肥料贮存库房300平方米，配肥仓装车间200平方米，配备种子、农药物资贮备库100平方米；拥有各类配套农机具43台套，其中，大中型拖拉机14台，联合收割机2台，激光平地仪2台，播种机械5台，植保机械3台，深松机7台，翻转犁7台，秸秆灭茬机3台，建设南美白对虾养殖基地及鸡舍数间。合作社成员56人，专职驾驶操作员25人。建成自治区农机农艺相融合的水稻生产全程机械化示范园区、水产养殖示范基地示范园区，服务站为农民提供优良品种、化肥、农药、测土配方施肥、病虫害统防统治、农产品销售等经营性服务，形成了一个完整的产前、产中、产后全程农业社会化服务体系。

小试牛刀，特色水产品养殖

他是一个爱学习的人，学习使他获得了更多的思路。“学习每年的中央和宁夏农村农业工作会议是我的大事，只有走出去，再走进来，收获的机会会更多。”强细兵说道。

不忘初心、坚持学习使强细兵的路越走越远。他扩大生产范围，积极参加县市区组织开展的新型职业农民和农村实用人才培训，不但开阔了眼界，更新了观念，还学习掌握了以生态系统水循环、复合生态系统构建、精准养殖、生物综合防治4项核心技术为主体的“立体复合农业生态系统”。

2015年，强细兵成立了银川虾之丰渔业合作社，流转土地220亩，一期新建南美白对虾养殖大棚48栋，占地面积3.15万平方米；苗种淡化车间2400平方米；蓄水池15000平方米；道路硬化2500平方米；架设160千瓦变压器1台，安装110千瓦罗茨风机2台，160千瓦发电机组1台（套），30米生产用机井2眼；同时建设风机房、锅炉房、管理用房等配套设施280平方米及水质净化、进排水、纳米增氧等配套设施。率先在宁夏地区开展南美白对虾温棚标准化建设和养殖示范。他当年被评为银川市现代农业科技示范园区、银川市示范合作社。

“每年可向市场提供优质南美白对虾1万公斤，优质台湾泥鳅3.6万公斤，直接带动周边种养户1万亩，解决周边剩余劳动力50余人。老百姓见到实惠了，说明你的事业也就做对了。”谈起这些，强细兵总是乐开了花。

社会化服务，切实服务“三农”

强细兵说，抓学习、增培训、强技能是硬道理。这些年，合作社紧紧围绕“三农”，在茁壮成长中提高社会化综合服务功效。合作社通过开展全方位农机作业服务、农业病虫害统防统治、测土配方等社会化服务，有效提高兴庆区的农机利用率和社会化服务水平，解放部分劳动力，增加农民收入，推动兴庆区农业现代化快速发展。另外，通过优先

优惠、给予农机作业补贴等扶持手段，有效帮扶农村困难户和种粮大户；通过开展大规模组织化生产，实现农机作业规模效应，提高农机服务组织和农机大户的收入；引领兴庆区农机服务组织建设，典型带动其他各类型农机作业服务规范健康发展，不断探索农机合作组织能力建设模式。

2016年机深翻收入40万元，纯收入17万元。2017年深翻及秸秆粉碎280万元，纯收入119万元；盐碱地改良40万元，纯收入17万元；秸秆打捆收入105万元，纯收入45万元。2018年机深翻及盐碱地改良项目收入200万元，纯收入85万元；秸秆打捆收入117.5万元，纯收入70.5万元；种子、农药、化肥销售纯收入250万元。2016—2018年年收入1032.5万元，纯收入603.5万元。

强细兵认为，合作社始终坚持“诚恳做事，合作共赢”的经营理念，服务于农户，受益于大家，做到“不优质的品种坚决不引进，不合格的种子坚决不出库”，保证不销售假冒伪劣农资，保证生产安全零事故，群众满意度达到85%。只有这样，才能带动社员及周边群众提高经济收入，老百姓才能服你信你，事业才能做大做强。

移民群众的创业致富之星

——记银川市金凤区新型职业农民米建昊

他，走出山区，移民到平原，永远不忘农人的本色，书写自己农人的朴实的风范；他，敬业乐群，埋头苦干，干出了的一番事业，带动乡邻们走上了发家致富之路；他，胸怀大志，艰苦创业，创出了一片天地，收获了精彩人生。这个人就是米建昊，宁夏金果农民专业种植合作社法人，“银川市优秀职业青年农民”，移民农民的“创业致富之星”。

笔者在当地菜农中了解到，米建昊是一个闲不住的人，不管在田间地头，总能看到一个忙忙碌碌的青年农民的身影；在鸡群满地的果园里，总能看到一位细致耐心的饲养员；在大型农贸市场里，总能看到一名热情的农畜产品推销员；在农户家里，总能看到一名热心宣传惠民政策的村干部。

米建昊出生于苦甲天下的西海固山区。1988年，8岁的米建昊随同父母，从老家泾源县新民乡移居到宁夏银川市金凤区良田镇植物园村，他的孩童时代是在贫穷中度过的。米建昊对笔者说："自己生在农村，长在农村，不甘心做一名碌碌无为的农民，要走出移民的困惑，尽快适应新环境，要创出属于自己的一片蓝天。"经过不断的锤炼，在党的富民政策指引下，只有中专文化程度的他，经过十几年的打拼，如今已成为远近闻名的致富奔小康带头人。在2017年9月的村委会换届选举中，米建昊以高票当选为植物园村村委会副主任，这更坚定了他带领乡亲创业致富的决心。

观念决定理念，思路决定出路

米建昊是个敢想敢干的青年农民，他思忖："面对新型农业发展，自己必须得换位思考，转变观念，认定出路。"多年来，植物园村农民主要以种植温棚西红柿为主，产业结构比较单一，传统的种植模式，不仅导致温棚土壤肥力逐年下降，病虫害每年频繁发生，直接制约着农户的收入。面对这种情形，米建昊一直思考着一个问题："如果不及时改变人们落后的经营观念和传统的种植模式，如果没有人能够走出产业结构调整的第一步，老百姓的脱贫致富梦将是一纸空谈。自己为何不尝试着迈出这个第一步？"有了这样的想法，就要付诸行动，付诸实践，积极调整产业结构，提高经济效益。

2015年，米建昊牵头联合当地5家农户成立了宁夏金果农民专业合作社，实行产业结构调整。在原有的基础上，又引进温棚葡萄种植、草坪种植等项目，采用“四统一”的优越条件动员当地农户参与，即：凡是参与的农户购买化肥统一享受批发价、统一免费技术指导、统一防止病虫害、统一以稳定的价格销售葡萄。先后带动10余户农户种植大棚葡萄，当年就取得了良好的收益。经济效益提高了，农民的收入增加了，农民的干劲更足了，他的信心也更强了。

为了进一步扩大经营规模，提高经济效益，2016年，米建昊经过多方考察，又引进特色黑羽乌鸡及绿壳蛋鸡养殖项目。面对这种新鲜东西，老百姓除了好奇之外，更多的是忧虑，他们担心因气候水土不适应、技术不到位等问题不容易养活，赔了本钱，所以都处于观望状态。面对这种情形，米建昊不厌其烦，耐心周到地给农户讲解黑羽乌鸡和绿壳蛋鸡的生活习性和养殖方法，手把手地传授养殖技术。经过近一年的试验推广，终于有农户参与养殖经营。他充满信心地说：“只要农户能参与，哪怕一两户，都是好的开始。”为了调动农户参与的积极性，2016年7月，合作社与银川市正裕连锁超市通力合作，签订了新品种葡萄和绿壳鸡蛋购销合同，实现了农产品近距离对接，避开了中间批发商环节，不但解决了农户销售难的问题，还增加了农户的经济收入。功夫不负有心人。经过米建昊的不懈努力，2017年，22户农户参与黑羽乌鸡

和绿壳蛋鸡养殖，其中建档立卡户20户。为了提高农户养殖的积极性，米建昊为农户免费提供每户60只鸡苗，免费提供技术指导，并跟农户签订了绿壳蛋鸡收

购协议，解决了农户的后顾之忧。对于黑羽乌鸡和绿壳蛋鸡养殖，米建昊信心满满，他说："要力争在两年内，带动60户贫困户养殖黑羽乌鸡和绿壳蛋鸡，存栏量达到1万只，年产值可超过380万元。"

注重学习展技能，增强水平提素质

知识就是力量，信息就是财富。米建昊在创业过程中不断加强学习，不错过任何一次培训，尤其是近两年，先后多次参加金凤区农牧局、银川市农牧局、自治区农广校等部门组织举办的农民合作社骨干、新型经营主体带头人、精准脱贫旅游电商、农业科技特派员农村实用人才等培训。

在培训学习中，他的思想观念不断更新，业务知识和经营能力不断提高，从而促进了合作社的不断发展。通过自己多次参加培训学习，他充分认识到国家实施新型职业农民培育这一工程项目给农民带来的好处。为了提升合作社全体成员的养殖种植水平，他多次带领合作社社员到省内外规模较大、设备先进的种养殖园区（基地）参加技术培训、观摩学习。参训时他不但自己认真学习，还组织大家与授课教师进行课堂互动，解疑释惑。

在实际生产中，他引导社员将所学理论知识及时应用于实践，尤其是在葡萄生产季节，他在做好自己温室田间管理的同时，时刻注意合作社成员的温室田间管理情况，面对面、手把手地指导社员们把学到的科学技术运用在实践中。他还利用前沿科技，持续推进养殖种植技术更新，每月定期对农户进行跟踪服务，建立信息回馈机制，指导合作社成员按科学种植技术规程进行标准化种植养殖，使合作社成员的种养殖水平得到普遍提升。

创新经营强模式，打造品牌增效应

2018年，植物园村二代设施温棚蔬菜产业发展遇到了瓶颈：由于群众长期种植单一农产品，导致土壤严重退化。为了提高设施温棚产业产值，增加农民收入，米建昊每天徘徊在温棚园区，站在田间地头思考破解产业发展难题的办法。通过在外省多次观摩学习，米建昊了解到三代大型日光温室土地利用率高，透光性能强，保温效果好，能够有效提升经济效益，于是，米建昊毅然决然地流转土地，带头搭建三代大型日光温室。2018年6月，正值高温季节，他在工地上带领工人冒着酷暑施工，从大棚的规划设计到焊接钢梁，米建昊都事无巨细，亲自设计放线，晚上查阅资料，从钢架的弧度以及墙体的高度，都要经过反复绘图论证。白天因为要忙村委会的工作，饿了啃馒头，晚上半夜才睡觉已成常态。有一段时间为了规划实施钢架焊接的牢固性和科学性，他住在了大棚工地上，夜间打着手电筒实地查看琢磨。一天深夜，他的孩子犯了急性阑尾炎，妻子打了好几遍电话都没打通；而他因为太累，睡得太迟，竟然没有听到电话铃声。直到第二天早上，他跑回家，家里空无一人，问过邻居后才知道，妻子连夜带着孩子去医院了。等他赶到医院，孩子已进手术室了，而妻子看到他后啥话也没说，就抱着他眼泪唰唰往下流。面对此情此景，他知道亏欠妻儿的太多，但为了肩上的责任，为了能带动老百姓过上好日子，他必须坚持下去。终于，功夫不负有心人，米建昊通过创新经营模式，带头搭建三代大型日光温室，采取现代化管理模式，并带动30余户农户务工，农户不仅可以通过务工增加收入，还能学习先进种植经验。

产销一条龙让小农户对接上了大市场。为了让农民增收、合作社增效，合作社根据“企业+合作社+农户”的形式结成联盟，共同发展。随着近年来网络销售的兴起，结合销售市场需求，米建昊对接了网上农产品销售服务网点，安排专职人员专门负责，有效拓宽了产品销售渠道。

致富不忘众乡邻，收获精彩亮人生

2017年6月，温室早熟葡萄市场低迷，眼看一年的辛勤付出得不到应有的回报，植物园村葡萄种植农户心急如焚。面对这种情形，米建昊积极联络电商平台，以网上销售和线下采摘相结合，借助微信朋友圈、快手直播平台等网络媒体将合作社成员种植的葡萄成熟的形状、色泽以及客户采摘实况每天实时发布，加强宣传效果。这样下来，平均每栋温棚葡萄的销售额达到29000元，农户的种植利润比往年增加了15%。

2018年，米建昊通过带头示范引领，合作社新建新型大跨度拱棚2栋，三代日光温室2栋，种植温室新品种葡萄13栋，销售额达32万元。种植新品种西红柿21栋，产量26.3万斤，销售额62.2万余元。种植温棚小吊瓜13栋，产量10.3万斤，销售额31.7万余元，带动农户43户117人，增收35万余元。不仅他自己创收了，也给农户起到了示范引领的作用。农户们个个笑逐颜开，异口同声地赞誉：米建昊是个大能人，是带动全村农民依靠种植养殖走向致富之路的引路人。

米建昊在取得了诸多成绩和效益的同时，也收获了不少荣誉。他说：“虽然自己2017年5月被银川市农牧局、共青团银川市委员会评为2016年度银川市优秀职业青年农民，但是荣誉也是压力，自己还得加把劲，认真学习党的十九大精神，学习政策和技能，善于总结鞭策自己，善于搞好回汉民族团结，带领广大回汉农民共同致富。”

致富能手　创业标兵

——记银川市金凤区新型职业农民汪洋

他是一个地地道道的农民，生在农村，长在农村。他自主创业，干过泥瓦工，建过沼气池，成立过合作社，始终在农业上做文章，没想到，还当上了新型职业农民。“过去，孩子老是在学校被调整座位，原因是孩子身上有牛粪味，没有同学愿意和他坐在一起。这都是我造成的。”汪洋说这些话的时候眼睛有点湿润。原来，汪洋一天的10小时，有8个小时在牛棚捯饬，久而久之，他身上便沾上了浓重的牛粪味。由于他爱人经常把他的衣服和家人的衣服放在一起洗，结果牛粪味就“传染”到了孩子的衣服上，难怪同学都不愿意跟孩子当同桌。正是这样一个充满牛粪味的人，干出了一番令大家羡慕的事业。

汪洋，男，汉族，现年39岁，中共党员。2007年从固原市泾源县移民搬迁到银川市金凤区良田镇园子村，最后成为远近闻名的农村青年致富能手、创业标兵。

蹚路子，甘当新农村建设的“领头羊”

1998年高中毕业后，19岁的汪洋来到银川打拼，在建筑工地干泥瓦工，有了一定的积蓄，2007年在金凤区良田镇园子村安家落户扎了根。同年，他紧紧抓住金凤区实施沼气项目的机遇，开始了建设沼气的创业之路，最终建成金凤区沼气服务中心1个、镇村级服务网点11个，为改善当地农村卫生环境条件起到了积极的推动作用。

现在的农民已经从一种身份变成了一种职业。汪洋一手抓品质，一手抓销售，把新型职业农民当得有声有色。2010年，他看到当地冬天有大量土地闲置，便开始搞起了土地流转服务。到了2013年，他感到单纯的土地流转收益不大，开始找种植大户合作，干起了温棚种植。然而，由于观念落后、设施条件不好、市场信息滞后等原因，导致种植效益不高，这就使得产业升级迫在眉睫。于是，2016年，他流转了200多亩土地，引进郑州的专业公司，示范种植“超级玫瑰”“中秋脆蜜”等新品种葡萄、桃子，打造休闲观光农业，带动周边种植户调整产业结构，升级传统农业，实现增收致富。

2017年，汪洋紧抓生态建设机遇，筹措资金300万元，依托良田镇金星村黄牛养殖场，建成有机肥加工厂，用有机肥替代化肥，改良土壤环境，提高农产品品质，为发展循环农业起到了很好的示范作用。

勤学习，练就一身致富大本领

在汪洋看来，新型职业农民的培育之路就像是“千里马遇到伯乐”，那些志在千里的“乡间野马”在受到正规培训后，会成为名副其实的“良驹”。

回顾汪洋这些年的创业经历，就是一个不断学习充电的过程。他勤奋好学，先后学过泥瓦工、沼气池、温棚种植等技术，并成为行家里手。特别是2013年10月参加自治区农牧厅组织的第二届宁夏农民专业合作社经理人高级研修班，在厦门大学管理学院学习，并观摩了当地的一些农业企业，使他大开眼界，受益匪浅。通过这次培训学习，他了解到很多国家有关发展农业的政策，学到了不少农业新技术、管理新经验。

汪洋认为，新型职业农民不再是面朝黄土背朝天的人，而是要通过科技种植、市场营销等方式，提升农产品的附加值的人。为不断掌握新知识、新技术，他利用空闲时间多次外出参观学习、取经寻宝。在学习的同时，他还勤于思考，把生产中发现的问题自己边查资料边在实践中加以摸索解决。

近年来，汪洋先后组织本村养殖大户于福明等自费去山东嘉祥县、山西吕梁市等地参观学习当地的牛羊养殖先进技术，明确养殖业发展方向；带领园子村部分党员和群众去陕西户县参观学习，使大家拓展思路，开阔眼界，为进一步做好合作社的经营奠定坚实的基础。

甘奉献，带领村民一起奔小康

一枝独秀不是春，万紫千红才是春。汪洋为人憨厚大方，致富不忘乡亲，他认为大家富才是真的富。致富的“金钥匙”找到了，但他认识到一个产业的成长不是一个人两个人能够完成的，必须要有一个大的龙头企业为引领，在品种、技术、市场上才能有保障，要有广大的农户参与才能形成规模，否则很难持续发展。

于是，在个人事业越做越大的情况下，2010年5月汪洋成立了“宁夏洋洋种植农民专业合作社”，2015年注册了“忠洋陆丰”牌商标，建立了比较完善的内部管理制度。该合作社现有成员136人，资产总额200万元，主要从事种植新技术推广和示范、培训，农产品的种植销售，农业废弃物综合循环利用与推广等业务，辐射带动周边农户336户。合作社年销售瓜菜3500吨，经营服务收入320万元，带动社员比非社员人均增收1000元。

在中央一号文件的指引下，2016年合作社在金凤区良田镇泾龙村流转土地768亩，建立了陆丰露地瓜菜种植基地。种植黑美人西瓜160亩、无籽西瓜150亩、西红柿180亩、辣椒138亩，带动良田镇及周边农民种植西瓜1000余亩。聘请有丰富种植经验的专业人员进行技术指导，按照

无公害农产品生产技术规程和高产栽培技术要求进行科学种植，从而保证瓜菜品质，提高了经济效益。实施膜下滴灌水肥一体化技术，降低产品成本，实现节水、节肥、增产、节省劳力、增加综合效益的目的。并示范种植无公害葡萄60亩、桃子80亩，示范有机肥——沼肥葡萄种植技术，保障农产品质量安全，减少化肥施用对土壤的污染。

同样的土地，传统农民和新型职业农民种地的结果大不相同。合作社通过土地流转，使农户在获得每亩700元流转金的基础上，就近打工获取第二份收入。按2017年用工情况计算，合作社每天雇用临时性短工90人左右，日工资每人90元，用工4个月，人均劳务收入达到1万元，有力带动了农户持续稳定增收。

谋发展，建设社会主义秀美新农村

在带动乡邻致富的同时，汪洋始终怀有一颗感恩的心，积极支持当地教育事业。他说，关心社会公益事业，是他责无旁贷的社会责任。从2014开始，他每年六一儿童节向金凤区良田镇园子村奕龙小学捐赠爱心书包70个，截至目前已累计捐赠350个，价值2万余元。2016年9月向良田镇回民中学捐赠现金1000元。他说要把这颗爱心传递下去，让孩子从小懂得感恩，有一颗阳光、健康的心灵。

舍得一身勤和智，敢叫黄土变成金。经过这些年的不断努力，汪洋逐渐被认可。2017年2月，他被选为金凤区良田镇园子村村委会副主任。合作社2014年被评为自治区级示范社，2013年9月获得“中华科教基会神内基金农技推广奖”；汪洋个人获得2017年度“金凤新乡贤”称号，2018年2月被评为“银川市十佳新型农民”，2018年4月获得银川市五一劳动奖章。

“循环渔业”盘活盐碱地 外来妹打通富民路

——记银川市西夏区新型职业农民薛华

“我是甘肃张掖人。父母亲一直在这里创业，为了照顾父母亲，来到了宁夏，来到了这片热土。父母告诉我，他们初到兴泾镇的时候，这里是荒凉的碱滩，没有电线，没有左邻右舍。我想着父母都能在这里生存，那么我也能在这里创业，我看好兴泾镇的发展前景。”薛华慢慢地谈论着她的初衷。

薛华今年33岁了。2007年毕业于西安外国语学院市场营销专业，跟其他女孩一样，她爱美，也对未来有自己的展望。通过长时间的考虑，薛华甘愿放弃城里的生活，怀揣着梦想来到西夏区兴泾镇泾华村，愿人生在这里腾飞。她的执着感动了永宁县的年轻小伙。他俩于2011年结了婚，现在也有了孩子，生活得很幸福，事业的梦想从这一刻开启。

“循环渔业”谋出路，创新模式助民富

在农业结构调整、产业升级换代中如何保持银川市原有水产养殖的特色优势，又能适应“绿色养殖，循环利用”可持续发展的时代要求，是摆在每个水产养殖者面前的一条必须跨过的坎。薛华正是通过参加各类职业培训，凭借着现代知识农民的眼光，探索出一条行之有效的“循环养殖”途径，取得了预期的效果。

2013年1月，薛华创办了西夏区兴民养殖种植农民专业合作社。2014年3月，她积极响应党的农业农村政策号召，创办了“银川市西夏区田园家庭农场”。自2013年开始，在西夏区农牧水务局的技术服务和相关政策支持下，通过多次参加新型职业农民培训，清淤改造池塘，发展休闲渔业、畜禽养殖业和观赏园林业，建设农家乐休闲餐厅，使基地初具规模。2017年投入资金引进相关设备、技术，建成高效循环水养殖流水槽8条，草鱼产量36.5千克/米^3，饵料系数1.300，利润率在12%左右，取得了较好的经济效益。

“循环流水养鱼装置”包括5个系统，即推水系统、污物收集系统、循环净化增氧系统、日常管理系统、物联网系统，在水泥池进水口和出水口各安装1台物联网水质测控仪，对圈养区的水温、溶解氧、pH值等进行实时在线和视频监控。通过循环处理，其水质的溶解氧变化：进水口8.7，池内8.9，集污区7.5；氨氮变化：进水口0.7，池内0.75，

集污区0.86。解决了长期困扰淡水养鱼的水体富营养化和水资源浪费问题，实现了“清洁生产，循环利用”的可持续发展的目的，取得了良好的生态效益。养殖场面积也由以前的965亩扩大到1135亩。带动周边20户养殖户进行新品种种养殖，为13名农民提供长期工作，为70余名农民提供季节性工作机会，起到创业示范带头作用，对促进周边经济发展有明显示范效果。

“以前这里风沙大，一片荒滩，土地盐碱化厉害，种植粮食收入低，一年苦死苦活就挣几千块钱。现在我们在薛老板这儿打工，一年的收入过万元，钱也挣了，地也绿了，水更清了，环境更舒适了。”兴泾镇泾华村村民张利乐呵呵地对笔者说。

2014年，“银川市西夏区兴民养殖种植农民专业合作社”被银川市委评选为“银川市示范社”，“银川市西夏区田园家庭农场”被自治区农牧厅评选为“自治区示范家庭农场”。

思路决定出路，学习拓宽事业

水产养殖一直是银川市特色优势产业。凭着银川市广阔的湿地、滩地和沙荒地等自然资源和黄河水利以及气象条件等资源，银川市水产养殖业得到了迅猛发展。随着银川市水源地的保护条例实施，限养禁养范围的划定和环保要求越来越高，银川市的水产养殖业遇到了前所未有的挑战。一方面，富营养化养殖尾水排放对水体的污染已经到了不解决不行的地步；另一方面，大量尾水排放造成了水资源的浪费。

“善学者则进，不学者则止。循环渔业在宁夏来说是件新鲜事物，必须不断地学习养殖知识和养殖技能，才能提高循环渔业健康地向规模化、现代化推进。所以，只要区市县有新型职业农民培训活动，我都一定会去参加，以此来提高和充实自己，更好地带领合作社向前发展。”

薛华给笔者介绍。

水产养殖究竟怎么搞才有前途？如何提高产值才能让老百姓增加收入？这两个问题困扰了薛华好长时间，使她辗转反侧彻夜难眠。思路决定出路，学习使人开窍，领悟使人进步。在迷茫之际，薛华参加了西夏区农牧水务局举办的“新型职业农民培训”“产业扶贫培训”以及“农村实用人才培训”等创新技能培训。通过培训学习，薛华深刻领会政策，顿时思路大开，逐步掌握了要领。

“走出去，再带进来”是干好合作社的基础。薛华深入考察学习国内推广的“循环养鱼”工程的全部技术内涵，通过请教区内外专家，走访大专院校，参观学习外地成果的经验，使她对循环渔业这项事业胸有成竹。有了好的思路就得积极实践。薛华在西夏区农牧水务局的支持下，利用面积100亩的池塘，建设了国内领先水平的低碳高效循环水养殖流水槽8条，提升渔业现代装备，增强科技含量，提高互联网＋水产应用水平，为市场提供生产全程可控可追溯的安全水产品，保障食品安全，让广大消费者吃上绿色、环保、放心的渔业产品，由传统粗放式养殖向工业化智能化方向发展。

2018年，合作社投资273万元，新建渔业设施温棚10320平方米，增加了南美白对虾、台湾泥鳅等新品种园区培育，使合作社向前滚动发展。通过不断更新理念和建设规模，就渔业一项，年均纯收入可达150万元，不但辐射带动周围3000亩渔业新品种发展，还带动80多家农户走向致富奔小康的道路。

立足眼前绘美景，着眼未来画秀卷

“刚开始，也不懂养殖经验，造成大批鱼死亡，看到这些，我揪心难受。通过这么多年的滚打摸爬，总算懂得了养鱼经验，在附近也算专家了。”薛华说。

薛华的梦想是带领大家开垦咸碱滩，使大家有自己的事业。面对未来，薛华将循环流水养殖技术应用到苗种培育、驯化、商品鱼养殖领域，把所有的循环流水系统连接起来，将之打造成一个大的完整的循环流水系统，做到数据化管理、数据化养殖、工厂生产。在实际运用过程中探索方法、积累经验、搜集数据，最终通过科学的方法来分析，让它形成一套能够真正为银川的水产养殖户解决问题的方案。现如今，薛华实现了一大半梦想。

薛华的初衷，就是用自己新型职业农民的好经验感染大家、带动大家，让老百姓过上幸福的生活。“循环流水生态养鱼”初步获得了成果。薛华是一个立足长远的人，实施生态养鱼实现共同富裕是薛华最大的心愿。她将在“循环渔业”基础上做更多回报社会的事情，帮助更多的乡亲掌握养殖技术和养殖能力，认真传播经验，积极探索市场前景，让周边更多农户走上一条生态养殖致富的新路。

创业激励人生　奋斗成就梦想

——记永宁县新型职业农民李梦思

在宁夏永宁县胜利乡，有一位农村致富女能手李梦思，现年36岁，是永宁县绿思源农业专业合作社负责人。李梦思2004年毕业于华东师范大学国际贸易专业，先后在上海、广州等地从事企业咨询和企业融资等工作，虽然经济收入不错，但安逸的生活始终无法磨灭她心中的创业梦想，加上对家乡的思念及强烈的归属感，让她坚定地选择了回乡创业之路。

响应政策，立足农业

“大学毕业后，我先后在上海、广州等地从事企业咨询和企业融资等工作。2012年一个偶然的机会，让我接触到了农业种植行业，觉得蔬菜种植以后会是一个很好的发展方向，于是我不顾家人的反对，毅然辞去了上海的高薪工作，打算回到宁夏做一个地地道道的农民。”李梦思对笔者说。

所谓三百六十行，行行出状元，谁说做农民就不能出人头地？抱着这样的信念，李梦思于2013年在胜利乡先锋村承包了50亩土地种植西红柿。刚开始创业时，她对农业几乎一窍不通，她坦言当初之所以选择“做农民”，有很大一部分原因是觉得农业“门槛低，竞争小，投资不大”，但当她一头扎进农村后，才意识到，一切并非那么简单。创业初期非常艰苦，以前从来没有在农村待过的她，现在每天都要带着工人下地干活，工人们下班了，她还要继续加班，每天都要工作十几个小时，很多人都对她这种做法难以理解，“放着城里安逸的生活不过，干吗非要到农村来受这个苦？”让大家没想到的是她竟然坚持了下来；然而辛勤的付出并没有换来丰收的果实，由于种植技术的缺乏和管理经验的不足，使得创业初期的西红柿产量很低，种植成本也过高，在本来还算不错的市场行情下，李梦想还是亏损了十几万元。

但李梦思并没有因此心灰意冷意志消沉，调整好心态后，她积极参加了当地农牧局组织的农民技术培训班，学习先进的农业生产技术和管理经验。随后，她又对蔬菜销售市场进行了一番调查，发现近几年辣椒比西红柿的需求量要大，种植成本比较低，好管理。发现商机的她便在2014年带头成立了永宁县绿思源农业专业合作社，带领5户农民在胜利乡三沙源承包了300亩地种植辣椒。在县有关农牧主管部门的帮助和指导下，种植基地全部采用了水肥一体化节能灌溉，加上科学的技术管理，辣椒产量喜获丰收；但是，正赶上当年蔬菜价格整体下跌，李梦思种植的辣椒严重滞销。陷入窘境的她依然心系农户，为了减少农户损失，以每斤2.5元的价格收购了农户全部的辣椒，再自己想办法晒制干辣椒。到了冬季，天气冷，找不到工人，年迈的父母冒着严寒帮她捡了两个月的辣椒，手都生了冻疮，她心里觉得很愧疚，自己的努力不仅没让父母过上更好的生活，反而让他们跟着一起受苦，后来又因为品种问题，大部分辣椒不容易晾干，都坏掉了，最终亏损50多万元。

调整结构，改变思路

接二连三的失败让李梦思开始怀疑自己当初的选择，开始思考往后的道路该如何走下去。她已经把所有的精力和财力都投入到了这片土地上，她不甘心，更不想放弃。冷静下来后，她决定从哪里跌倒就从哪里爬起来。在永宁县农牧局领导的关怀下，她总结了两年来创业失败的原因，积极参加县市区组织开展的新型职业农民培训，通过培训学习，使她开阔了眼界。

“总结失败原因后，我发现，搞蔬菜种植，不仅要种好，更重要的是销路要好。经过调整思路后，我决定改变种植方向，通过到山东、江苏等地学习和对市场调查，了解到很多特色品种蔬菜具有价格稳定、营养价值高的特点，很受大众欢迎，于是我选择了具有广阔前景的特色蔬菜种植继续自己的创业之路。2015年几经周折向朋友融资了200万元，又把家里的房子抵押在银行贷了100

万元，在三沙源承包了1000多亩土地，种植了山药、结球生菜、秋葵等特色品种蔬菜和辣椒、西瓜等常规蔬菜水果。”李梦思说。2015年虽然辣椒价格一般，但是山药、结球生菜等特色蔬菜喜获丰收，行情很好，在市场上供不应求，基地也终于实现扭亏为盈，不仅弥补了前两年的损失，还盈利100多万元，这一刻，李梦思终于实现了自己的创业梦，她的辛勤付出和坚持终于有了回报。

经历风雨，终见彩虹

在稳扎稳打的经营布局下，截至2018年底，李梦思的合作社种植规模已经扩大到2100亩，年产值1300多万元，年利润300多万元，入社社员也达到15户。她的合作社为农户们提供技术指导和统一销售等服务，在农业中心的指导下，她将合作社、基地与农民结成紧密的联合体，实现风险共担、利益共享，从而化解了农民一家一户小生产与大市场间的矛盾。同时，还带动了农民年增收5万元的梦想。如今，她的基地解决了当地300多名妇女们的就业问题，年支出人工工资200万元，增加了当地农村妇女的经济收入。

有人说过，一个人的价值不在于他得到了什么，而在于他奉献了什么。挖掘自身能量的过程，也就是对社会做出贡献的过程。创业5年来，李梦思一路风雨历程，但始终坚持着诚信经营、回报社会的人生价值观，把带动农民就业和发展现代农业作为她自始至终的奋斗目标。李梦思的绿思源农业专业合作社在2016年被列为银川市永久性蔬菜基地，2017年被永宁县授予优势特色产业基地，2018年李梦思个人也被银川市授予“三八红旗手”和“巾帼创业之星”等荣誉称号。

不忘初心　扶贫帮困

——记永宁县新型职业农民刘红财

“从一个普通的创业青年，到现在我的企业与永宁县闽宁镇的脱贫攻坚事业密不可分，我想这是冥冥中的必然。说这话的人叫刘红财。

1971年7月出生的刘红财是个地地道道的宁夏人，也是宁夏壹泰牧业有限公司的现任董事长。他对自己的事业有规划，待人接物落落大方，很难看出20多年前他也是一个面朝黄土背朝天的农民。

“当时大家都是种田，我种粮食也是能吃苦的，产量什么的都比较稳定，但是20多岁的年纪也不想就当一辈子农民，1986年开始就经商了。”起初，刘红财做一些小生意，往返于农村和城市之间，从倒卖普通商品赚取差价到逐渐固定地做牛羊贩卖的生意。也许是有经商的天赋，也许是吃苦耐劳的性格，刘红财在风风雨雨中走出了自己的创业路，在永宁县城也小有名气。

资本积累后的转型

“1997年我开始养奶牛，当时用经商积攒的一些积蓄买了3头奶牛，卖鲜牛奶，效益不错，慢慢地牛群的规模越来越大。”从尝试投资到完全下定决心从事奶牛养殖，刘红财经历了几年时间，毕竟创业不易，需要谨慎对待，而事实证明他的选择是对的。牛群扩大了，收入增加了，他开始琢磨怎样带动周围的人一起致富。

“2003年创办了永宁县金牛养殖专业合作社，以饲养奶牛为主，兼顾养殖技术经验传授，技术咨询服务。一个人的力量很难把这个产业发展起来，带动大家共同合作才能让这个产业形成规模。”刘红财从收购、饲喂、繁育、挤奶、护理……在亲身参与养殖的各个环节的同时，刘红财还给合作社成员上课，传授养殖知识，介绍养殖经验，俨然是一位养殖奶牛的专家了。而合作社的发展也如他所愿，奶牛数量不断上升，乳品销量逐渐扩大，经济收入越来越多，逐渐走向了现代农业规模化的养殖。

随着财富的增加，刘红财开始履行他早就萌生的扶贫帮困的想法。“扶危济困、乐善好施是我的人生准则。我有能力就帮一把，对我来说可能是举手之劳，对别人来说就是雪中送炭了。”刘红财深有感触。由于自身的求学经历和后来的从商经历，刘红财深知贫穷对于求学的学子来说是一件多么残酷的事情，也深知知识、教育对于个人、社会、民族的意义，所以捐资助学是他做得最多的事情，小到帮助一个贫困学生，大到为学校赞助教育经费……他希望能用自己的微薄之力让更多的人接受教育，为社会做出一点贡献。除此之外，刘红财也积极参与尊老敬老、建设家乡等公益事业，以实际行动践行着一个农民企业家的社会担当。

肉牛托管模式丰富了扶贫形式

闽宁镇是一个移民乡镇，人们告别穷苦的家乡来到这里寻找生活的希望。2013年，刘红财的事业发展到了新的阶段，当他到闽宁镇进行调研时，看到了令他至今难忘的一幕：一户因病致贫的移民家庭，除了政府帮助建设的房屋院落和太阳能热水器外，家中几乎没有什么像样的家具或者电器，全家竟没有一个有劳动能力的人，生活全靠政府救济……而这样的家庭在闽宁镇还有1000多户，他们的贫穷深深刺痛了刘红财的心。

“我想每个人看到那样的场景都会有一些心里的触动，这不是同情心泛滥，而是真实地出于对生命和生活的尊重。我觉得我应该有能力做些什么来帮助他们。”

刘红财要将想法变为现实。2013年8月，宁夏壹泰牧业有限公司正式注册成立，专门从事肉牛养殖，选址就在闽宁镇。刘红财以这家养殖企业为载体主动承担起闽宁镇精准扶贫任务，承担肉牛托管养殖项目，采用“龙头企业+养殖基地+农户+专家+协会”的产业化经营形式，创建优质的肉牛养殖繁育基地，充分发挥地方资源优势，带动起周边贫困移民群众的种植与养殖发展，“肉牛托管，精准扶贫”模式初步形成。

现年36岁的马亚林告诉笔者，他2013年从固原市原州区张易镇移民搬迁到闽宁镇原隆村。在搬迁前，他是原隆村的建档立卡户，刚到原隆

村时靠外出务工养家糊口，日子过得捉襟见肘。但后来的“肉牛托管”扶贫模式让他得到了实实在在的好处。

“2015年，我在公司托管了2头牛，一年能分4000元；到去年年底，我一共拿到12000元肉牛托管分红款。”马亚林说。马亚林给笔者算了一笔账，他和妻子每月工资收入有7000元，加上托管分红和政府补贴，去年一年他家的存折上有8万元的进账。

刘红财告诉笔者，“肉牛托管”是闽宁镇政府探索的一种精准脱贫模式，采取“农户资金入股+政府资金配套+企业贷款”的模式，在农户自愿的情况下，以每头牛缴纳2000元的托管本金入股、每户由扶贫办补助又得到扶贫资金2000元。这样，每户可托管2头肉牛，由企业经营运作，托管以3年为1个周期，半年分红1次，每次每头肉牛分红1000元。

数据显示，肉牛托管模式对于企业和农户来说是一个双赢的好模式。截至目前，宁夏壹泰牧业肉牛月存栏达6000头，年收入8000万元，共实行了3批次的肉牛托管分红，共分红资金1382万。

闽宁镇的建档立卡户每户分红1~4头肉牛，托管户既不承担牛只饲养成本，也不承担养殖风险，每年参与两次分红，每年每户可增收

2000~8000元。2014年起壹泰牧业与闽宁镇的1537户建档立卡贫困户、304户残疾人家庭、76户特困户签订了“肉牛托管扶贫协议”，为他们托管肉牛3200余头。截至2018年1月，公司已完成第一期肉牛扶贫托管任务，已完成分红2000余万元，并在2018年继续开展第二期扶贫托管任务，在已签署的5690头托管肉牛中，新增了2696头，新增托管户859户。

路虽远，愿往矣

授之以鱼，不如授之以渔。为了鼓励移民群众发展肉牛养殖和饲草种植等产业，刘红财以壹泰牧业为平台和媒介，以“推广科技，开发人才，科技兴农，科技富民”为宗旨，为农户集中开展青贮、稻草、苜蓿等饲草种植技术培训；多次组织肉牛养殖户到养殖基地进行现场观摩教学，树立农户发展养殖业的信心；邀请专家教授就肉牛养殖新品种、养殖新理论、养殖新方法进现场授课，合计参加人员2000余人次，常年为闽宁镇肉牛产业输出大量人才，促进永宁县肉牛养殖业向标准化规模化发展，为脱贫攻坚激发内生动力。

如今的宁夏壹泰牧业有限公司已经形成了自己的产销体系，发展成为当地的“精准扶贫”示范企业，公司在2017年被评为“自治区第八批农业产业化龙头企业”，刘红财本人也先后荣获永宁县“青年致富能手”、银川市“青年创业致富能手”、银川市第二届“银川市优秀青年农民”、“银川市优秀青年”、永宁县“产业结构调整带头人”、永宁县“优秀农村科普带头人”、全国第八届“优秀致富带头人”、全国农村青年致富带头人、宁夏回族自治区劳动模范工作先进者等荣誉称号。

敢为人先　志在高远

——记永宁县新型职业农民刘维平

新型职业农民主要是指在农村中以从事农业生产经营和管理为主，掌握农业专业技能，拥有一定生产经营规模，具有一定的文化基础和发展潜力，能起到示范带头作用的职业农民。

2018年出台的中央一号文件明确了实施乡村振兴战略“三步走”的时间表，提出让农业成为有奔头的产业，让农民成为有吸引力的职业，让农村成为安居乐业的美丽家园。在刘维平看来，新型职业农民就是，利用新技术、新材料、新方法，遵循市场需求生产出标准化产品，并通过产品的交流来实现自身经济增收的农民。

与传统农民不同，“新型职业农民的典型特征就是了解市场需求、了解并接受新技术，而且能够完成标准化商品交换，还拥有一定生产经营规模。”刘维平说。

与笔者“侃侃而谈”的这位农民叫刘维平，现为永宁县鸿博蔬菜种苗专业合作社负责人。他不甘心一辈子生活在封闭的农村，于是外出闯荡，曾干过汽车修理工、跑过货车运输，凭着一股吃苦耐劳的精神，不怕输的创业精神，不断进取，终于有了为之奋斗的事业，带领周边群众共同致富，成为当地远近闻名的新型职业农民创业致富带头人。

创新思路谋发展

“早些年，未成立合作社之前，和同乡一起种植和销售蔬菜种苗，种植面积小，收入也稳定。”谈起之前的生活状态，刘维平觉得平平淡淡。

纸上得来终觉浅，绝知此事要躬行。近年来，刘维平先后参加了县市区组织开展的农村实用人才培训和新型职业农民培训，使他的思想观念发生了极大的转变。

“时代在发展，种苗种植会越来越多，机械化程度也会越来越高，必须为下一步发展打好基础。”刘维平借助自己在多次培训中学到的种植技术和经营能力，开始在交通运输便利、地理环境优越的永宁县望洪镇租用大棚种植蔬菜。截至目前，鸿博蔬菜种苗专业合作社总面积3000亩，注册资金110万元；目前拥有社员260人，日光温室、阴阳棚、半冷式棚、小拱棚4种室棚共1000多栋；主要种植品种有西红柿、茄子、辣椒、黄瓜、芹菜等。现有大型农机设备拖拉机、旋耕机、播种机、施肥机等农业机械。刘维平说，要进一步提高种植蔬菜的收入，就要扩大蔬菜种植面积，也迫切需要进一步提高种菜水平，这不仅要懂得蔬菜生产知识，还要懂得市场营销知识，打造蔬菜品牌。

刘维平讲起话来声音洪亮，对农机农艺很专业，法律政策很熟悉，经营管理很有一套，特别有豪情和气魄。谈起今年的收成，刘维平乐呵呵地说："看得见啦，好得很啊，又是一个丰收年！"作为永宁县蔬菜专业合作社的龙头——鸿博蔬菜种苗蔬菜专业合作社并非"浪得虚名"。打铁还需自身硬。刘维平给合作社定了"铁律"，在不断壮大的过程中他总结出一套"六统一"经营模式，"统一供种苗，统一时间定值，统一田间管理技术交流，统一生产资料供给，统一农残检测，统一分级包装，走不同市场销售"。

农民合作社存在的价值之一就是将"X无效率"降低到最低程度，促进农民合作社在强化法人治理的过程中，能够提高社员的民主办社能力。在刘维平的办公室，拿出合作社自制的一本手册告诉笔者："鸿博蔬菜种苗蔬菜专业合作社发展到今天，'六统一'经营模式起了决定性作用。"

"六统一"经营模式都有哪些，让我们来目睹一番。

统一供种苗：实行统一供种苗即合作社加强与区市业务主管部门、农业科研院所的联系，在品种选择上，选择抗病、优质、高产、商品性好、适合市场需求的品种。冬春、早春、春提早栽培选择耐低温弱光、对病害多抗的品种；春夏、夏秋、秋冬、秋延后栽培选择高抗病毒病、耐热的品种；长季节栽培选择高抗、多抗病害，抗逆性好，连续结果能力强的品种。并委托本社种苗公司，实行工厂化育苗，统一供应给社员。

统一时间定值：实行统一时间定值即为避免社员因不同时间定值而导致不同时间上市，不能形成规模，进而不能统一销售的弊端。

统一田间管理技术系统：实行统一田间管理技术系统即合作社直接提供产前的种苗，产中的农药、化肥等生产资料和生产技术的指导，产后的销售等服务。合作社选派有一定蔬菜管理经验的技术人员，负责常年指导基地生产。同时定期聘请区市县农业局有关专家进行技术培训和实地指导，提高广大社员的生产管理水平。

统一生产资料供给：实行统一生产资料供应，即为避免社员误用劣质农药、化肥，蒙受损失，合作社统一从厂家进货，保证农资的质量，并批发价供应给社员，让社员买得省心，用得放心。

统一农残检测：实行统一农残检测。即为了保证无公害农产品生产的顺利进行，在病虫害防治上，统一标准，严格用药管理。提倡采用防虫网、黄板诱杀、高温消毒、杀虫灯诱杀、利用天敌等物理、生物防治方法。在药剂防治上，推荐使用生物药剂，不允许使用剧毒、高毒、高残留农药。优先采用粉尘法、烟熏法。注意轮换用药，合理混用。严格控制农药安全间隔期。

统一分级包装，走不同市场销售：实行统一分级包装，走不同市场销售。即为拓宽销售渠道，本社成立蔬菜产销专业合作社，并牵头与农产品加工龙头企业签订生产合同，保证蔬菜生产销售的科学规范经营，为农民销售蔬菜拓宽市场领域。通过统一分级包装，提高产品的卖点，使我们的产品最终走向不同的市场。

正是这项统一经营模式，让鸿博蔬菜种苗蔬菜专业合作社“名声大噪”，2015年被银川市评为市级示范合作社，2016年被自治区评为自治区级示范合作社。

发家致富不忘本

刘维平采用的“六统一”经营模式为社员解决了选种难、选肥难、选药难、管理技术流程化难和销售难的问题。这些年通过统购统销，使农户的散乱不成规模的生产变得有组织化、规模化、品牌化，让农户在合作社的带动下形成凝聚力，让农户能真正享受社会发展的好处。

“通过合作社的统一经营，既保障了农户的利益，也保障了购买商的利益。同时，积极组织社员参加各类的农展会、农博会，有组织有计划地在外地设立直销窗口，举办品赏推介活动，引进经销商，发展订单产业，促进果品增产增收。”刘维平告诉笔者。2016年，在社员的积极努力以及配合下，永宁县鸿博蔬菜种苗专业合作社实现了跨越式发展，不仅带动农户增加收入，而且对当地农业的发展起到了带动作用，并且实现了永宁南部的“两个第一”，即“第一次”杜绝了小商贩对农户产品的恶意压价，引进了大客商；“第一次”改变了农户怕量大而滞销的思想误区，不是量大不好卖，而是量大更好卖。他认为只有形成一定的规模，他们才能引进大客商，产品才能走向大市场，农户才能真正地得到实惠。

豪情满怀向未来

刘维平的合作社坚持“诚信守信，务实创新，质量第一”的原则，不断发展，不断完善，强化内部管理机制，逐步走上了规范化、可持续发展轨道。精心打造生态、绿色、安全、放心的蔬菜，产品远销上海、广州、深圳、西安、成都等城市。2016年合作社实现销售收入3900万元，实现利润1500万元，带动成员实现增收利润达150万元。

全心投身农业　开创绚烂人生

——记永宁县新型职业农民史建文

现年29岁的史建文，是银川市永宁县建文农副产品合作社的负责人。2011年，史建文成立建文农副产品合作社。2013年大学毕业后，他正式开始创业，在永宁县李俊镇丰登村流转土地1200亩进行蔬菜种植，成立了宁夏永宁四季兴农农业开发有限公司，致力于打造千亩标准化瓜菜生产基地。经过几年的努力，他带领合作社农民种植的甘蓝、西红柿等蔬菜，因品质、货量有保障，吸引许多客商前来收购，其中近90%销往上海、北京等一线城市。

从“门外汉”到种植能手

2013年3月，年轻的史建文即将告别大学校园生活，迎来难忘的毕业季。这时，同学们得知了一个令人瞠目结舌的消息——在北京化工大学电子科学与技术专业学习了四年专业知识后，史建文没有接受大城市的工作，而是选择回乡创业。

其实，这个看似唐突的消息实际上是史建文经过深思熟虑后的决定。他发现，近年来国家鼓励大学生创业，不断加大支持农业转型的政策力度，新型农业发展模式正在成型。大学期间，他一直坚持学习，涉猎了很多农牧行业的书籍，对中国农业的发展状况有所了解。为了更好地开启创业道路，他在大学期间辅修了一门国际贸易专业的课程。国家政策的鼓励、专业知识的积累、个人兴趣的指引……这些因素在他的脑海中一遍又一遍地盘旋，终于鼓励他勇敢地迈出第一步。

作为村里为数不多的重点大学毕业生，他返乡带领农民种地引来不少争议。许多村民觉得大学生种地很屈才，浪费了学习到的一身本领，丰登村村民王林东却说：“他毕竟是上大学回来的，有文化，懂技术，并且诚实守信，也爱钻研，我看好他。”对于这些争议，史建文觉得：“有争议我反倒觉得是幸福的，意味着别人都在关注我。”

刚刚毕业的史建文，走在农业创业这条路上，虽然具备一定的书本知识，但由于大学所学专业与实际不对口，所以面对一大片黄土地，他觉得有些力不从心；不过，他明白一个道理：“只要用心学习，永不放弃，所有的困难与无知都是暂时的。”就这样他完全放下自己是一名大学生的身段，化身为一名踏踏实实的农民，虚心向老农学习，亲身实践；同时还积极参加区县市组织开展的新型职业农民培训，开眼界，长见识，闲余时间钻研农业类书籍，请教农业专家，不断掌握科学生产技术，提高经营管理能力。笔者第一次见他的时候，他穿着一身沾有泥水的迷彩服，大大的遮阳帽下是一张晒得黝黑的脸……经过自己的勤奋好学、不懈努力，史建文最终由一个“门外汉”变成现在的种植能手。

为乡亲搭建销售平台

掌握了熟练的种植技术，种出了优质的蔬菜，但销售难的问题又摆在了史建文面前。看到自己和乡亲们辛辛苦苦种出来的蔬菜、瓜果卖不上不好价钱，史建文心里开始盘算着怎么解决这个难题。面对竞争激烈的市场，要能站稳脚跟并深深扎根，谈何容易？一次次的碰壁、无数次的失败，不但没有击垮史建文的进取心，反而成了他奋勇向前的动力。

通过总结教训，史建文发现，外地客商来收购瓜菜主要会遇到两大难题：首先，因为农户分散种植，面积小，出货量达不到大客商的要求；其次，外地客商来长期收购，需要住宿，需要收购的辅助设备。如果解决了这两个问题，一定会吸引很多客商来收购，所以他觉得建立一个“田头市场”可以很大程度上解决销售难的问题。于是他用自己几年下来赚的一些钱以及向银行申请下来的贷款，筹建了占地10亩的“四季兴农”瓜菜集散地，用于园区及周边果蔬的流通销售，集散地还配套建设了蔬菜保鲜库，蔬菜分拣厂房、农机具库，硬化了粮食晒场，完善了相关的农业设施，吸引了大批外地客商，每年从这里走出去的蔬菜瓜果有4000多万斤。依托自身销售平台及销售渠道，几年来，史建文尽心尽力地为当地农户引进大量瓜菜收购客商，还为当地种植户解决了一定的瓜菜销售问题。

在2014年和2016年，露地西红柿价格低迷销售困难，第一茬西红柿几乎没有客商收购，史建文积极与收购商协调，他还提出给予收购商每斤5分钱的补贴，以帮助销售农户囤积的西红柿；2015年，西红柿价格上涨时，他瞄准机会，从外地邀请几位有实力的西红柿收购商，在供小于求的情况下，农户们种植的西红柿出现多次抢收的局面。另外公司注册的“万家厨园”牌果蔬商标，经过4年的推广，已在地方小有名气。

秋季，蔬菜都已经被采摘并销售完毕，正在修建的滴灌系统也在为明年的种植做着准备。合作社的农民现在也可以投资入股，到年底分红，收入一天比一天高。史建文的农村创业之路也正朝着养殖等领域多元化发展。

带动乡亲共同致富

在种植过程中，史建文发现农户分散种植规模小，蔬菜总量达不到客商的要求，于是，他贷款100万元，成立宁夏永宁四季兴农农业开发有限公司，筹建占地10亩的蔬菜集散地，另外还配套建设蔬菜保鲜库等相关设施，吸引大批外地客商前来采购，每年从这里运出去的蔬菜有2000多万公斤。

史建文为农民搭建起从购买生产资料到销售产品的一条龙服务，带领农民不断试种新品种，率先引进西红柿绑枝技术，推广膜下滴灌技术，实行标准化生产，使农民每亩增加收入700元。通过雇用当地失地农民打理土地，有效解决300多人的就业。参加合作社的农民也从开始的30户，发展到今年的

102户。他用行动和成果证明了自己选择的正确性。

常年劳作在田间地头，史建文从一个有“争议”的返乡种地大学生，到现在的农业开发有限公司老板，但挂在他嘴边的一句话却始终没变：“为农民办实事，就是和他们相处的最好方式。”

通过不断的实践与学习，他认识到让乡亲们抱起团来搞生产的重要性，于是依托合作社带动乡亲们发展特色种植，为想种、能种地的农民能手提供从购买生产资料到销售产品一条龙服务；雇用当地失地农民，这些员工里面还有不少60岁以上的老农。几年来，他的公司累计发放劳务工资780余万元，发展合作社社员近100户，每户平均增收8万元，累计800余万元。

与此同时，史建文还非常热心参与公益事业。2016年，合作社种植的西瓜上市了，史建文给杨和镇养老院和周围老年饭桌的老人们送去了1万多斤西瓜。回忆起当时的场景，他说：“当时最难忘的就是老人们传瓜，大家都乐呵呵地抱着瓜一个一个传到门口。我看到这种情景也很开心。做这些事乐在其中，不为求得什么回报。”妻子刘佳也对丈夫的行为非常认同：“我很支持他做公益。他这个人也比较有爱心，帮助别人，我也很高兴。”

奔走在致富路上的“领头羊”

——记永宁县新型职业农民索立佳

见到眼前这位职业农民，还是在今年永宁县举行的“农民丰收节”现场。“农民丰收节是我们农民自己的节日，让我们能够将辛勤耕耘的一面展现给大家，让我们有种荣誉感、幸福感、获得感。”从事设施农业11年的农民代表索立佳说。

索立佳原本是永宁县望远镇板桥村七队的一名普通村民，自2008年加入设施蔬菜生产种植，现在已成为永宁县设施蔬菜界一位很有名气的种植专家。

“菜”字上找出路

2008年，在永宁县政府调整农业产业结构大搞设施农业的号召下，索立佳在父亲的支持下，申请银行贷款50万元，新建日光温室32栋，温室当年全部投入使用并种植了番茄和辣椒等作物。由于当年冬季气温低，蔬菜的市场价格好，索立佳尝到了种植设施蔬菜的甜头，也勾起了他对蔬菜种植的浓厚兴趣。

笔者来到银川市永宁县佳蕾种植专业合作社的设施蔬菜标准化园区，还未进日光温室，就已听到欢声笑语。循声而入，只见合作社负责人索立佳正和村民一同打理温室内的樱桃西红柿。30多岁的索立佳动作娴熟，谁能想到他之前的职业是美容美发师。

2008年，索立佳回到永宁县望远镇板桥村，跟父亲学种菜，成为一名“新农民”。

板桥村共有530户2360人，蔬菜种植面积占耕地面积的70%。虽然自然条件优越，但受制于各家各户独立种植，生产流程不统一，农民一度赚不到钱。2009年佳蕾种植专业合作社成立，在村上流转土地建日光温室种西红柿，由合作社统一菜苗供应、种植流程，目的是提升西红柿品质，增加农民收入。2016年，索立佳以建设标准化、管理规范化、运营市场化为目标，把股份制合作引入生产经营。83户农户以土地承包经营权入股，52户农户、4家销售商以资金入股，参与利润分红。

“干农业虽然辛苦，但有奔头。”对自己的选择，索立佳一点不后悔。

随后索立佳便利用闲暇时间，潜下心来收集各种蔬菜种植技术的材料、书籍，摸索蔬菜的种植技术，然后到田间一项一项实践。在县农业局技术中心的指导下，他通过对番茄生产特性的详细记录，总结出了番茄施肥的方法；通过对番茄果穗膨大规律的深入观察，总结出番茄疏花疏果的经验；通过对温室斑潜蝇繁殖的特性，总结出番茄苗期斑潜蝇的防治措施。就这样通过一点一滴的积累，索立佳种植番茄的技术越来越成熟，成了板桥村远近闻名的种菜能手。有些没经验的农户都纷纷来向他请教，慷慨的索立佳毫无保留地把学到的知识和技能教给当地的农户们，并为他们免费提供番茄种植产前、产中、产后的一系列技术指导和帮助，俨然变成周边农户非常拥护的指导老师。

2012年索立佳被聘为永宁县科技特派员；2013年获得永宁县优秀劳务经纪人；2016年获得“银川市优秀职业青年农民”称号；2017年获得永宁县“十佳农民创业标兵”称号。他对农牧科学技术的执着和探求以及对家乡农民朋友的深情关照，使他成为望远镇及周边乡镇带领农民科技致富的“领头羊”，深受乡亲们的信赖和拥戴。

“农”字上做文章

为了获得更广阔的发展平台，做大做强设施蔬菜产业，索立佳带领当地从事设施蔬菜的工作者、生产者和经营者，成立永宁县佳蕾种植专业合作社，并由他担任理事长，注册了“老索”蔬菜商标，还建立了农残检测室和农产品质量二维码追溯体系。这让他的创业致富又上了一个台阶。成立合作社后，索立佳把在新型职业农民培训班里学到的各种先进农业生产技术运用到了自己的生产基地，还积极地与农牧局的多个农业专家对接，建立果蔬农药残留检测站，并成功引进银川市信息服务中心，为社员提供蔬菜种植的先进技术、市场销售价格及行情等信息。

2016年，佳蕾种植专业合作社跻身于宁夏首批“供渝蔬菜基地”行列，广州客商也青睐他们生产的西红柿。

2018年，索立佳在板桥村流转土地1000亩，新建高标准设施拱棚240栋，永久性露地蔬菜基地450亩，同年合作社基地被列为永久性蔬菜基地。他不断示范推广番茄、芹菜、辣椒等蔬菜的新品种和生产新技术、新设备，极大地提高了板桥村农业综合生产的能力。合作社针对即将上市的蔬菜，组织大家讨论销售中存在的问题，了解蔬菜的市场行情，给农户提供销售渠道，把蔬菜顺利地销往杭州、广州、重庆、南京等城市。这样，就使得农户的设施农业由传统的设施蔬菜种植向高效、高标准的设施方向发展；解决了一家一户“卖菜难”的问题，改变了农民的弱势地位，合作社每年组织收购销售西红柿5000多吨，价值800多万元。合作社不仅带动了当地包装、运输、服务等行业的发展，还创造了众多就业机会，提供了多种就业岗位，解决了周边部分农民的就业问题，至今，佳蕾种植专业合作社已带动周边200多户村民参与设施温棚种植行业，不仅激发了当地村民种植蔬菜的积极性，还不断扩大了板桥村蔬菜种植的规模，目前板桥村设施温棚规模已发展到4000多亩，成为板桥蔬菜园区。

做一流的现代化农业

——记永宁县新型职业农民王保利

2018年6月20日，在永宁县望洪镇史庄村玉米田间，笔者见到了王保利，他是永宁县宏源达农机作业服务有限公司董事长。

眼前的王保利正在查看玉米的长势情况，他有些忧虑地说："4月中下旬两次小到中雨，导致玉米田土壤表层普遍板结，造成玉米窝苗现象。经过慎重考虑我们及时毁地重播，而这个月初又出现了几次大风、短时强降水天气，玉米出现了不同程度的倒伏，我不放心啊！这不一大早来就来到地里看看情况。"

穷则思变，抢抓机遇

1983年，王保利从山东老家来到宁夏永宁县落户，成为一名地地道道的农民。当时的种田收入水平只能解决温饱，基本没有什么余钱。贫困的生活现状使得王保利想到了改行——既然种田不能富裕，为什么不另谋出路呢?

2008年，王保利开始承建农村水利工程，成为一名包工头。靠着他的聪明灵活和吃苦耐劳，几年的时间里积累了一定的财富，成了远近闻名的能人、富裕户。随着时间的推移，工程越来越不好干，工程款越来越难要。再加上王保利已步入中年，后半辈子怎么办？还能再做点什么？王保利把目光又投向了农田：国家对粮食用地画出了红线，各项农业补贴越来越多，越来越完善，可是农村劳动力几乎都外出打工，留在家里的都是老弱病残，有限的土地很难发挥最大的效能。要不然，还是回农村发展?

万事开头难，做什么呢？随着永宁县城镇化建设的推进，农业机械化程度不断提高，善于思考的王保利发现，农忙时节农村急需劳动力，可以用农业机械化的生产来弥补。为什么不发展现代化的农业呢？2014年4月，王保利不顾家人的反对和劝阻，毅然放弃了主营的建筑工程行业，成立了永宁县宏源达农机作业服务有限公司，筹措资金800万元进行基础设施建设，建成标准化的机库、机棚、配套齐全的办公服务场所，购置大型轮式拖拉机、播种机、收获机、激光平地仪等农机具，并在望洪镇史庄村承包840亩地，坚定地走上了现代农业发展之路。

在永宁县宏源达农机作业服务有限公司，笔者看到，激光平地机只用10分钟，就平整完1亩农田，且在500米范围内的平地误差不超过3厘米。“作物水深均匀，既可节约水资源，又能提高产量。”王保利告诉笔者，一旁的玉米收获机可实现籽粒直收，机器下地，这一边还是笔直饱满的玉米植株，转眼就变成籽粒，1小时收获8~10亩，高于人工效率数倍。近年来，通过政策补贴，企业采买了20多种农业机械，实现了玉米、水稻、小麦的全程机械作业，下一步企业将引入无人驾驶拖拉机，逐步实现农业机械的智能化。

“现代农业的显著特点就是减人、增产、增效。”永宁县农机安全监理站站长陈银说，截至目前，全县的主要粮食作物综合机械化水平已达到94%，其中小麦、水稻实现了100%机械化。

学以致用，创新发展

“农业要想创造高收益、发展得更好，就必须靠政策、靠科技、靠知识、靠科学管理。”王保利说。2014年11月初，王保利得知永宁县农牧局将举办新型职业农民培育班的消息后，积极报名参加学习。在培训班里，他像海绵一样，如饥似渴地吸收着农民创业、农村电子商务、管

理、市场营销等各种知识。每次听课，王保利总是第一个到，课间和课后还缠着老师请教没有听明白的问题。在一些知识点上，他和同班学员争得面红耳赤，最后不得不请来老师做出评判。就这样，通过新型职业农民专业化、系统化的培训，王保利了解了国家新型职业农民培育工程的有关政策与国家对现代农业发展的大力支持，学习了各方面的先进理念，更新了知识结构。

在永宁县宏源达农机作业服务有限公司办公楼的一面墙上，镌刻着“诚信的理念，优质的服务，公道的收费，一流的作业”二十五个大字，这是王保利的经营理念，也是王保农机作业服务公司的服务宗旨。此后，永宁县宏源达农机作业服务有限公司的作业足迹遍及永宁县，还跨地区辐射到吴忠市、青铜峡市等周边县市，赢得了广大服务对象的好评和信赖。

2015年12月，永宁县宏源达农机作业服务有限公司被评为自治区三星级农机作业服务公司。表彰会上，王保利从自治区农牧厅领导的手里接过了“三星级农机作业服务公司”牌匾。王保利说：“我是个农民，不会说话，但我知道，只有把学到的科技知识应用到实际生产过程中，只有为农户提供实实在在的服务，农户满意了，我的公司也就算经营好了。”

2016—2017年，永宁县宏源达农机作业服务有限公司均承建自治区优质粮食（玉米籽粒直收）农机农艺融合示范园区，承担了实施自治区粮食烘干项目和示范推广农机新技术新机具项目。2018年，王保利共承包3000余亩耕地，拥有农业机械达67台（套），用专业的服务团队开展“耕—种—管—收—贮”一条龙农业社会化服务，年均开展农机作业服务10.5万亩。目前，王保利的作业公司已成为永宁县农业机械装备数量最多、功能最齐，耕、种、管、收、贮全程机械化作业服务最全面的农机社会化服务组织。王保利本人也成了永宁县知名的农机大户、种粮大户，他的作业公司成了银川市农机经济服务组织的排头兵。

王保利一直希望通过创新思维使自己的农业事业能够快速发展。自2016年开始，在发展种植业、农机服务的同时，王保利不断创新思路，在传统玉米高产种植与家禽养殖相融合的种养结合模式上，开创了“种植玉米+农田养鸡+鸡粪还田+收获玉米籽粒+农家鸡销售”的新路子，实现了家禽养殖年生产销售优质土鸡、芦花鸡5000多只的新目标，促进了农机农艺的有效融合。

扶弱助困，引领带动

在农业现代化发展路上越走越宽广的同时，王保利时刻牢记自己是一名共产党员。他没有忘记那些需要帮助、渴望发展的乡亲们。在农忙作业时，他总会碰到一些劳力缺少、家庭困难的农户，同一生产小组的老人祖秀英便是其中一个。看着这些请不起农机作业、起早贪黑耕作的老人们，王保利总是尽最大努力挤出时间，协调调配农机具，给予他们无偿帮助，至今已有100多户贫困户得到过他的帮助。同时，王保利积极践行党员义务，每逢特殊节日，他都自掏腰包，积极主动地向村集体和困难群众捐款捐物。王保利用自己的实际行动帮助周围困难群体，村民们都称赞王保利做事实在，肯为老百姓办实事。据粗略计算，永宁县宏源达农机作业服务有限公司近几年累计减免困难群众的农机作业服务费和捐款达15万元。

移民创业路上的“领头牛”

——记永宁县新型职业农民王瑞刚

见到王瑞刚时，他在自己的肉牛养殖基地里，领着一家企业的负责人参观，为了展示肉牛的健康程度，他从护栏的缝隙里钻了进去，踩着栏里的牛粪过去拍打牛背。

王瑞刚属于闽宁镇的第一批移民。1991年，他离开了西吉老家的大山，来到了位于银川市永宁县境内的一片戈壁滩，一步步从一个打工仔成为一名移民创业的“领头牛”。

青年移民拓荒路

王瑞刚出生在西吉县兴平乡高崖村，这里因广泛分布红胶泥而闻名，正是这不起眼的红胶泥束缚住了村民脱贫奔小康的步伐。“沟壑纵横，土地贫瘠，靠天吃饭，生活困难”是该流域贫困落后面貌的真实写照。

坐在办公室里，王瑞刚指着一张30多年前照的全家福告诉笔者，他们家一共有兄妹10人，在他15岁之前都没穿过一件新衣服，从小到大穿的都是游商贩卖的故衣，要么是不合身，要么就是浑身上下打满了补丁。1993年，王瑞刚带着年老的父母和尚未成年的弟弟妹妹一家10余口从宁夏南部的西吉县黄土高原深处移民搬迁至宁夏北部贺兰山东麓的戈壁荒滩，开始了移民拓荒路。从一名吊庄移民到闽宁镇劳务经纪带头人再到闽宁镇肉牛产业“领头牛”，25年的风沙移民路，他以无私奉献和坚忍不拔的共产党员精神，在个人脱贫后返乡创业，反哺父老乡亲，带领村民脱贫致富，在建设社会主义新农村和“两个百年”目标的征途上脚踏实地、务实创新，成为一名新型职业农民，一位新一代农民企业家。

通过12年的坚持和努力，王瑞刚于2008年注册成立了闽宁镇瑞刚劳务派遣公司，年劳务创收200万元以上。2007—2009年他连续三年被闽宁镇党委、闽宁镇人民政府评为“劳务输出带头人”，并在2008年获得银川市扶贫办颁发的“优秀劳务经纪人”证书。2010年，他的劳务派遣公司被银川市扶贫办授予移民地区“优秀中介组织三等奖”。他个人又在2011和2012年连续两年被闽宁镇党委评为党员“双带”致富典型，2012年4月还被自治区政府评为“全区优秀农民工”。

返乡创业“反哺”农业

“三年来，我参加了永宁县农牧局举办的新型职业农民创业兴业培训班，学习数字农业、智慧农业、园艺农业和休闲农业等课程，还实地考察了山西、山东、甘肃、内蒙古等地的很多农业合作社和农业企业，学习肉牛养殖经验。”王瑞刚全身心投入到闽宁镇肉牛养殖产业大发展的浪潮中，并于2014年在永宁县农牧局的大力支持下成立了永宁县毅诚农业专业合作社，带领闽宁镇农户积极从事肉牛养殖产业。2015年8月王瑞刚注册成立了宁夏犇旺生态农业有限公司，作为一家重点养殖企业正式落户在闽宁镇万亩草蓄产业带。

在永宁县闽宁镇园艺村西干渠畔有一片沙窝荒滩，公司自筹资金于2015年整理出荒地300余亩，植树造林60余亩，移栽各种树苗2.6万余棵，建设养殖牛棚、草料加工厂、污粪处理厂和住宿办公场所总面积达20万平方米，于2015年底建成占地300余亩的标准化肉牛规模生态养殖场。截至目前，总投资约7500万元，按照《自治区标准化肉牛场建设规范》已建设标准化牛舍32栋2.5万平方米，青贮池1.9万平方米，饲料库房0.38万平方米，综合办公区1200平方米，厂区绿化2万平方米，配套粪污无害化处理设施等。在县畜牧水产中心的指导下，公司的养殖场集新品种肉牛的引进、繁殖、培育，新技术新方法的试验、示范和科普教育等多种功能为一体，实现了经济效益、生态效益和社会效益相统一，具备了很强的示范推广价值。公司每年可存出栏安格斯和西门塔尔等高品质肉牛4000余头。

进军现代畜牧业

走进宁夏犇旺生态农业有限公司的养牛场，干净宽敞的牛圈内，刚刚吃罢“午餐”的牛晒着太阳或卧伏休息，或闲庭信步。王瑞刚告诉笔者，目前公司实施了畜牧物联网技术推广项目，对家畜活动、发情、疾病、饲养等进行全程监测，通过数字化管理模式，不仅节约了人工成本，且全混合日粮投喂准确率提高20%，减少饲料浪费10%。

通过多次参加新型职业农民创业培训后，王瑞刚的发展思路和创业理念都有了质的飞跃，他本人在2017年9月、2018年2月先后分别被评为“银川市科普带头人”“银川市十佳新型农民”，他的公司2018年被评为“自治区扶贫龙头企业”“银川市第十四批农业产业化龙头企业”，公司采取“龙头企业+专业合作社+种养殖基地+园艺农庄+农户+技术专家”的新型多元产业化组织和发展模式，采用国际领先的生产技术实行节本增效目标管理，实施良种肉牛繁育、全株玉米青贮、TMR全混合饲

料精准饲喂、循环水装备控制、污粪循环处理、畜牧物联网和数字信息化管理等先进技术并辐射带动了园艺村2000多个养殖户，带动种植基地1万余亩。

此外，王瑞刚还积极与宁夏农林科学研究院的技术专家团队合作，在公司联合实施了“肉牛高效养殖与循环农业技术研究与示范”的项目，共同探索形成粮草兼顾、农牧结合、循环发展的新型种养结构体系。

“扶母还犊”创新帮扶项目

在王瑞刚的心中，让移民村所有父老乡亲富裕起来是他心中最大的愿望。2017年8月，他带领公司实施“扶母还犊”的创新帮扶项目，由公司下属的合作社与闽宁镇的农户签订“扶母还犊”帮扶协议，同时带动帮扶农户成为合作社新成员。在帮扶期间公司免费为农户的牛提供人工授精服务、疾病的防治技术指导、饲养指导和农民技术培训等服务措施，以此提高农户的肉牛养殖水平。待母牛产犊后，公司又以高于市场价5%~10%的价格回购农户的犊牛、架子牛和淘汰母牛，为农户提供销售市场。

“我拉了5头牛去养，全部是贷款，自己没有出钱，贷款下来5头牛61000块钱，暂时还没有利息。现在就是务工，上了年龄也没人要，工地上干活找不上活，以后就是以发展牛为主，跟打工相比养牛可以轻松一点。”对于闽宁镇园艺村村民王俊来说，“扶母还犊”创新帮扶项目无疑是雪中送炭。王俊告诉笔者，这5头母牛来的时候，孕期最长的3个月，最小的1个月，到明年年初生下牛犊，再养七八个月，犇旺公司会根据协议，以高于市场价5%的价格将牛犊回购，对农户来说，养殖成本低了，收益高了。

截至2018年10月，公司已与园艺村40户农户签订协议，向农户扶持基础母牛200余头，价值300余万元，农户首付50%的基础母牛费用150万元，公司自筹资金150万余元帮扶农户，2年内农户通过犊牛方式还付。未来三年，公司还计划与闽宁镇6个生态移民村中的1000余户农户签订“扶母还犊”帮扶协议，帮助更多贫困移民走上富裕的道路。

在整个养殖过程中，企业也会举办培训班，提供技术指导，在营养配方、疾病预防、品种选育等方面给予跟踪式服务，确保“扶母还犊”项目的顺利进行。王瑞刚告诉笔者：“一批带动园艺村大概是20户，第二批计划是带动100户今年在这儿。赶到2020年，我们整个辐射闽宁镇4个村，以园艺村为主带动4个村辐射1000户，1000户养5000头母牛生犊4000头，我们全部收回来集中育肥。”

这一创新模式不仅实现了公司增盈和农民增收的双赢局面，还推动了永宁县设施农业和特色养殖产业化的发展，同时对精准扶贫起到了很好的示范带动作用。在发展经济的同时，王瑞刚与时俱进，积极向党组织靠拢，思想进步的同时，也于2006年光荣地成为一名共产党员。此后，他便以党员的高标准要求自己，带领百姓脱贫致富，投身公益和慈善事业。

谈及发展规划，王瑞刚告诉笔者，未来的三到五年，计划在发展种植农场和生态养殖场的基础上，调整产品结构，扩大草料种植基地和养殖园区规模，将闽宁镇园艺村农户整体纳入发展规划，打造数字化综合循环生态园区，创办有机饲料加工厂和有机肥料加工厂，创建牛肉加工厂和储藏基地，创办农业培训学校，创建生态移民和农业博物馆，塑造公司文化和打造产品品牌，发展园艺村休闲农业和乡村旅游。带领企业和合作社农户努力在现有养殖园的基础上，打造成国内一流的的数字化综合循环生态园，带领更多的老百姓脱贫致富。

职业农民唱响“希望的田野”

——记永宁县新型职业农民王生保

自幼在农村长大，就是一个普普通通的农民，却对对农业、农村有着深厚的情感；虽说是农民，却通过中央农业政策扶持和自身不断的努力奋斗，在粮食种植方面拼出自己的名气。此人便是“种粮大王”王生保，一个新型职业农民，一个有理想有抱负、在永宁县农业界小有名气的农民企业家。

带着“种粮梦”在农村大展拳脚

在改革开放的时代洪流里，许许多多的普通人虽是沧海一粟，但也是这个伟大时代的亲历者与得益者，他们的青春如同一滴水，注入了浩浩荡荡的洪流中，见证着历史。青年时期的王生保一直在家靠种几亩薄地过日子，可他就不甘于让自己只是个普通的农民。凭着自己对农业知识的热衷和一股闯劲儿，2002年王生保干起了一件让人匪夷所思的事——成立一家民办的企业协会。

“当时成立农民种植业科技协会，一是因为经常接触一些专家和技术人员，久而久之地也就对与农作物栽培种植技术有了很多的了解；再加上我本身就是一个农民，我了解农民为啥打不上高产量，挣不到更多的钱，其实就是因为信息不全面，造成了当时有产品没市场，有市场没产品。所以，开办这家种植业科技协会，就注定了我这以后要在农业方面发展下去。”王生保向笔者讲述办协会的初衷。

永宁县种植业科技协会，在当时算得上是一家动静不小的企业协会。在协会成立之初，主要就是以联合瓜菜种植大户、粮食种植户，为其提供科学种植栽培技术和作物新品种示范推广。在王生保的带领下，协会发展前景良好。为帮助种植农户挣得更多，协会建立起绿色果蔬食品生产线，就是要让种植户在销售期间省去中间环节，直接和市场对接，真正做到利润最大化。

在2007年，因协会发展需要，王生保在永宁县承包了500余亩土地，为协会生产绿色蔬菜和优质粮食。到2009年，他连续三年荣获“全国粮食生产大户”的称号。后来因国家对于农业的相关政策的出台，农村经济合作社得到中央的认同，成为新型农业起步的出发点，于是在2009年初，王生保在永宁县首家流转土地2500亩，实实在在地成为粮食生产大户。通过对政策文件的仔细学习和认真解读，在县农牧局的大力支持下，同年9月，他成立了永宁县首批农业合作社之一的永宁县惠丰现代农业种植专业合作社。

职业化让种粮之路越走越宽

时值初秋，行驶在永宁县的农村道路上，窗外掠过一片片泛黄的稻浪，远处成排的设施大棚在阳光下反射着银光。土地还是那片土地，但是产出跟过去相比却大为不同，无论是品种、数量、质量，还是生产方式、组织结构、营销手段。关键是人的作用发生了巨大变化，一大批爱农业、懂技术、善经营的新型职业农民正在涌现。

如果说2002年王生保成立种植业科技协会让人感到匪夷所思，那么，2009年成立现代农业种植专业合作社则“升华”了王生保的事业。王生保信心十足地告诉笔者：“如果说成立种植业科技协会是我真正迈向新型农业的一个重要的开端，那么成立合作社就是我成为职业农民的新起点。”经过他多年努力奋斗和专心经营，王生保和他的合作社荣获“创业明星”“优秀合作组织”“优秀经纪人”“明星企业”等称号。2012年在县农牧局和农技推广中心的推荐下，永宁县惠丰现代农业种植专业合作社，由于经营效益良好，被评为“国家级示范合作社”殊荣。面对这一份国家给予的荣誉，他说：“荣誉越多，社会责任也就越大。荣誉，既是压力，却更是动力。”

近年来，农业结构调整、粮食价格下跌、劳动力成本增加、农业环保问题等一系列矛盾都摆在王生保的面前，但他毫不退缩，积极努力地和全国各地的种植合作社相互交流，学习对方在农业产业结构调整的环境下如何发展和壮大自身特色产业。从安排生产和市场调研方面，再到具体技术环节，他也都主动向县农牧局和农技推广中心的相关专家悉心咨询，积极地与农业专家们对接，每一次的交谈学习他都能从中学到新知识、领悟到新观点，他表示：“企业的发展就是要根据现遇到的瓶颈而及时地做出调整，不能怕走弯路，弯路起码是一条路。如果不调整，企业发展的瓶颈就成了最后的一条死路。”

从2014年开始，王生保积极参加县农牧局组织的新型职业农民创业培训班，转变发展思路。通过调查后王生保发现，宁夏种植的水稻国优品种宁粳43号在市场上非常受欢迎，但收购商的出价并不高，于是在2016年他注册了“黄河仓”有机大米品牌，打算利用优质水稻品种结合宁夏本地适宜的气候条件加上标准化的基地管理，以代加工的方式联合一家优质加工企业，形成生产、销售相结合的模式，将“黄河仓”有机大米品牌推向市场；同时，在有机水稻示范田里进行稻田养蟹、排水沟养鱼、养鸭，通过种养结合来增加效益，同时实现了以鸭除草杀虫、鸭粪肥田的生态循环体系。

“2016年水稻收获后又种植了一茬‘冬牧70’黑麦，除去成本，每亩增收80元以上，同时又实现了秸秆还田、减少投入有机肥的使用、培肥土壤的目的。另外，合作社还利用冬牧70秸秆和水稻秸秆，发展肉羊饲养200只，实现种植养殖效益双丰收。”王生保给笔者算了一笔客观的收入账。

让农业成为越来越有奔头的产业

“村里人都说我是一个农民企业家。这我不敢说，但要是说我是一个典型的新型职业农民的话，那么我绝对可以算得上一个。因为我热爱农村，热爱家乡的这片热土。”谈起对新型职业农民，王生保滔滔不绝。

为探索更多的种植模式、更高的经济效益，2018年，王生保与贵州一家酒厂签订了1000多亩地用来种植酿酒高粱的订单，但由于缺乏管理经验和气候等因素的影响，今年的效益不是很理想。但王生保没有气馁，他认真总结经验教训，向区农科院的专家虚心请教，找到了问题的症结，来年准备再大干一场。他准备将合作社建设成为优质水稻现代化生产基地和釀酒高粱高效生产模式示范基地、实现稻田养蟹、排水沟养鱼的水稻种养结合、高效示范以及酿酒高粱和优质水稻轮作倒茬生态循环，以合作社为龙头，强化酿酒高粱产后服务，带动全县种植酿酒高粱2万亩，引领全县粮食产业向高质高效现代化迈进。

回顾王生保走过的创业路，既有成功，又有失败，但每一次的失败对王生保来说都是一次锤炼。如今，53岁的王生保对未来充满期望：“我一定会把这件年轻时就在追逐的事业执着地做下去，尽管其中有艰辛、有苦楚、有挫折，我也会一如既往地领着全家走下去，不能因为眼前的苦难就放弃掉那份一直保留在内心深处的坚持，一定要不忘初心，继续努力，坚持奋斗下去。到那时，我们合作社定能够成为一个环境优美、生态和谐的合作社。”

粒粒皆在勤　汗滴酿幸福

——记永宁县新型职业农民杨占福

“有了农户的信任，有了乡亲的支持，才成就了我这‘葡萄大王’。没有他们，就没有粒粒在勤果蔬专业合作社，我也就是一个普通的果农。只要大家愿意，我杨占福就肯定会带着大家一起致富。”笔者眼前的这位农民，正是永宁县赫赫有名的“土专家”“葡萄大王”杨占福。

我的根在农村

现年38岁的杨占福是远近闻名的“葡萄大王”。年纪轻轻的就拥有这般名号，这可不是随便得来的，这不仅是因为他在永宁县李俊镇、望洪镇等地种了近20年的葡萄，更是因为他通过种葡萄发家致富，还成立了“粒粒在勤”果蔬专业合作社，带着乡亲们一起发展葡萄种植产业，是名副其实的致富带头人。

“合作社是2014年成立的，当时我自己种葡萄的收益不错，但是周围一样种葡萄的乡亲却因为设施条件不好、信息不畅等原因导致效益不好，我是真着急啊，干脆牵头成立了合作社。俗话说‘众人拾柴火焰高’，我觉得大家只要心往一处想，劲儿往一处使，肯定会比咱们单打独斗好得多。至于为什么叫‘粒粒在勤’，咱们农民都知道，想要把地种好就一定要吃得了苦，手脚要勤快，这样才能得到颗颗饱满的果实。土地是有灵性的，我把自己深深扎进土里，它一定也会给我们收获的。”

杨占福始终强调自己是个农民，自己的根在农村，自己的财富是这片土地给予的。他固守着一个“老农民”的情怀，也用实际行动诠释着什么是新时代的“新农民”。

我们是新农民

永宁县的果树种植历史由来已久，且远近闻名，但是因为大多数农民的思想观念比较守旧，导致种植品种、管理技术等比较落后，果树种植产业发展一度停滞不前甚至有倒退迹象。看到这样的现状，杨占福坐不住了，他认为随着时代的发展，有些事物必须做出改变。只有勤于学习，敢于创新才能跟得上时代的潮流。

“虽然千百年来大家都认为农民应该是面朝黄土背朝天的样子，但是我不这样认为，如果大家都在往前走，我们留在原地那不就相当于是倒退了吗？”想法有了，但是怎么跨出第一步却成了难题。为了寻找到前进的方向，杨占福开始积极参加区市县有关部门组织开展的农村实用人才和新型经营主体培训，通过理论学习、现场操作、观摩交流等活动，使他在棚架栽培模式种植、农民合作社经营管理能力方面，有了极大的提高，也对如何利用合作社帮助村民致富有了更多的心得。看一看，听一听，学一学……这让他对如何发展现代农业有了更多更具体的认识。

“现在打开电视看看新闻，都在提倡创新、高科技、智能……我就觉得，农业也可以往这个方向走，像电视里的农场、种植基地一样现代化；而我们缺少的是有文化、有技术、会经营的新型农民，当然这也不是十天半个月就能实现的，我们也需要脚踏实地地一步步去做。”杨占福的第一步，就是大胆尝试绿色种植。他在合作社社员中大力推广使用有机肥、生物菌肥，减少使用化肥和农药，环境改良土壤，以此来保证葡萄的绿色健康和高品质，让从自己田地里出去的葡萄成为人们餐桌上

的放心水果；与此同时他也在提倡科学标准化生产，不断规范葡萄种植管理方法，扩大种植规模，把控种植品种，打造区域品牌，实现产品价值转化的同时不忘提高鲜食葡萄的附加价值，真正让葡萄种植成为产业。

杨占福告诉笔者：“下一步我们要做的是怎样把设施葡萄打造成休闲农业。现在人们都喜欢旅游，我们打算搞立体栽培种葡萄，干净卫生好看好吃，还能让游客亲手采摘。大家来观光旅游，既能使我们有收入，也能让他们看看现在新农业是啥样的。”

团结就是力量

“首先就是农资采购的问题。以前大家都各干各的，各买各的，价格高不说，还容易出现买到假货、次货的情况，这样一来有可能一年的努力都要白费。合作社联合采购农资都是通过正规渠道，质量有保证价格也能低一些，降低风险也降低种植成本，我们常说省下的就是赚了的，大家在一起就赚了更多。”粒粒在勤果蔬专业合作社的成立是杨占福成为望洪镇前渠村致富带头人的重要标志，因为合作社的成立，周边139户农民的种植难题得到了解决。

为了将设施温棚里的鲜食葡萄价值最大化，合作社不断进行品种改良和新技术实验，以往5月中旬才能上市的葡萄，现在可以提前1个月上市，价格也由2013年的10元1斤提高到了现在的15元1斤，这为杨占福带来了更加可观的经济收益，也充分调动了更多农民的积极性，越来越多的人愿意从事葡萄种植。几年来，合作社不断发展壮大，由最初5名成员加入已经发展到现在入社成员139户。合作社的高效运行，增强了种植户抵御风险的能力和市场竞争力，降低了成本，提高了效益。仅2017年到2018年这两年，合作社为139多户近200多个棚进行统一管理和化肥农膜等物资统一采购，实现每棚降低生产投入成本1500元左右，增加收入3000到15000元不等。而在销售渠道方面，合作社也具有明显的优势，信息集中后销路也打开了，买家市场变成了卖家市场，农民再也不愁自己的产品卖不出去了。

乡村振兴既是机遇也是挑战

“从一个人种到带着大家一起种，从一个人的生活好起来到大家一起赚钱，从一个普通的果农到果蔬合作社的副理事长，我一直以为这就是所有了，没想到乡村振兴战略让我看到了更加广阔的前景，我觉得我还要和这些乡亲们继续努力奋斗，让我们的农村更好。”随着近年来国家对乡村振兴战略的不断推进和完善，杨占福越来越感到身上责任的重大。

杨占福是现代农业发展大环境下的新型职业农民，有技术，有能力，有梦想。相信在未来的日子里，他会带领村民们继续发扬吃苦耐劳的“老农民”精神，通过不断的尝试和改变，做时代的“新农民”，把葡萄种得越来越好，把日子过得越来越红火。“其实我们做的事情很简单，就是勤勤恳恳地把该做的事情做好。只有把握好当下，才能铺垫一个更加美好的未来。这和种地是一个道理。只有做好每一个环节，才能收获最甜美的果实。”杨占福说。

杨占福在为他的“葡萄王国”忙碌着。种葡萄这件事对杨占福来说是一件小事，因为他经验丰富，驾轻就熟；但这也是一件大事，因为这是他的“致富经”，是粒粒在勤果蔬专业合作所有成员的“致富梦”，是实现乡村振兴的“中国梦”。在实现这些“梦”的道路上，相信没有一个人会掉队。

“三产”融合绘美景　情系农民共致富

——记贺兰县新型职业农民赵建文

美丽的稻田颜色各异，水稻间鱼儿穿梭……这些精彩看点先后通过中央电视台新闻频道《新闻直播间》和农业频道《农广天地》展现在全国观众面前，让贺兰县“稻鱼空间”一再成为焦点，也让“赵大米”成为焦点。“稻鱼”如何共生共存？“三产”如何融合发展？这里大有文章。做大做强做优这篇农业文章的，就是土生土长的贺兰农民，“全国农业劳动模范”、全国“十佳农民”、自治区第十二届人民代表大会代表、自治区“十佳农民”、自治区“十佳农民企业家”，被当地农民称作“赵大米”的贺兰县常信乡四十里店村农民赵建文。

善于解放思想，勇于更新观念

赵建文是一个地地道道的农民，1994年开始创业，2005年创建了宁夏广银米业有限公司。凭着勤劳的双手和聪明才智，赵建文艰苦创业，仅仅用了9年时间，就把一个占地不足50平方米的粮食加工小作坊，一步步发展成为拥有年加工水稻5万吨全自动化生产线的区内知名企业。又经过13年的转型升级，公司发展成为集稻渔立体综合种养、粮食仓储及加工生产、生态休闲观光、农业社会化综合服务为一体的一二三产业融合发展的自治区农业产业化重点龙头企业。

为做强做大企业，实现一次次突破，多年来赵建文频繁参加区内外各类新型职业农民培育、产业扶贫培训及农村实用人才培训，求知如渴，解疑解惑，学先进理念、种植技术、市场经济、企业管理。通过参加培训，他结识了一批和他一样有着远大理想、富于创造与实干的农村青年、农业科技示范户、科技致富能手等，通过项目培训，互学互促，实现科技成果转化。

每年的中央及自治区农业农村工作会议召开后，赵建文总能从“一号文件”中寻找到“真金白银”，特别是在获知第一手信息后，他总会抢抓机遇，占得先机。每一次发现创业的商机，他都迅速行动，直奔东北、辽宁、台湾等水稻种植技术先进地区，进行大量艰苦细致的考察调研。通过多年的反复考察、论证以及积极准备，无数次与农业专家学习、交流，全面掌握了“稻渔共生”综合种养模式。他认准了，吃定了，要把路越走越宽。借款筹资，扩大规模，有了新方向，添了新动力。

2012年，赵建文流转土地6600亩，建设一二三产业融合发展示范园区。“一产”重点开展有机水稻立体生态种养、水稻工厂化育秧、旱育稀植栽培、质量可追溯等关键环节技术示范推广，生产出更多优质水稻和绿色水产品。“二产”重点开展粮食银行运营、粮食仓储以及水稻加工等，减少农民储粮成本，规避粮食市场风险，实现粮食加工收储保值增值。2017年实现销售收入7600万元，创利税1243万元。2018年预计可实现销售收入8000多万元，创利税1500万元左右。“三产”通过牵头成立贺兰县有机水稻产业联合体，建设了农业社会化综合服务体系，为直接从事稻渔种养生产的新型经营主体和广大人民群众提供产前、产中、产后的方便快捷的服务，重点开展了金融服务、土地入股、农资植保等社会化综合服务，2018年开展各类服务面积达到3万亩，带动农户实现增收360万元。通过联合体设立的担保基金发放贷款3500万元，受益企业及合作社达到20家。

善谋发展商机，勇转实施战略

自2015年做出打造稻渔综合种养示范区的重大决定以来，赵建文把全部精力投入到示范区建设和发展上来，坚持高起点规划、高标准建设、高水平管理、高效能运作，稻田养蟹、养鱼、养鸭、养泥鳅、养小龙虾等五种模式经济效益明显，生态效益长远，独具发展特色。每年可向周边地区提供扣蟹苗种2万公斤，直接带动稻蟹种养1万亩，实现一地两用、一水多收、节本增效的目标，辐射带动485户农民实现增收2300多万元，取得了显著的经济效益和社会生态效益。

“绿水青山就是金山银山。我们职业农民得吃透中央政策精神，也要迅速转换为行动。”赵建文说。2017—2018两年间，赵建文投资1000多万元打造“稻鱼空间”生态休闲观光园，依托农业原生态田园

景观，建设稻田画景观区、农事活动体验区、玻璃栈道、农耕文化展示及科普教育长廊、爱粮节粮教育展示长廊、休闲娱乐及垂钓餐饮区、有机瓜果采摘园等。“这两年，先后举办了两届农耕文化插秧节、摄影大赛、秋季丰收节等休闲节庆活动，每年接待各类学习观摩等活动100多次，旅游观光人数达到了20万人次，解决了周边85名农民的就业问题。”赵建文娓娓而谈，脸上流露出幸福的微笑。

乐于共同富裕，甘于奉献社会

“一人富裕不是富裕，只有共同富裕才是真正的富裕。”帮民富裕，服务社会，是赵建文做人的原则，更是他发展企业的理念。

他的思想在不断解放，理念在不断更新。如今，赵建文所在的贺兰县有机水稻产业联合体“农民田间学校”，以农民为中心，以田间为课堂，几年来先后培训农户4350人次。实行“公司+合作社+农户+基地”的先进经营模式，成立了土地股份合作社，鼓励农民参加土地入股分红，入股农户115户，面积达到1512亩。2017年每亩实现收益840元，2018年预计每亩实现收益可达860元。

如今，赵建文带动周边农民走上了现代农业发展的致富之路，为当地农民树立了艰苦创业、勤劳致富的好榜样。但成功的喜悦和丰硕的成果没有使他满足，一个更大的发展蓝图又在他的脑海中形成，他决心要开创一片新的天地，建设集循环农业、创意农业、农事体验于一体的“田园综合体”，将“田园综合体”建设成为包含种养殖、仓储、加工、乡村旅游、金融服务等行业的“三产”融合体和城乡复合体。确保农民参与和受益，带动农民持续稳定增收，让农民充分分享发展成果，“让农业成为有奔头的产业，让农民成为有吸引力的职业，让农村成为安居乐业的美好家园。”“三产”融合绘美景，情系农民共致富。这就是赵建文，一个农民企业家朴素的财富观。

领航农业促服务　强措兴技助发展

——记灵武市新型职业农民谢利民

“农民需求的，市场需要的，就是自己要不断追求和不断完善的。”谢利民说的这句话，是他干事创业的准绳。作为一名老党员，一名新型职业农民的带头人，多年来，谢利民和自己的团队从事农业科技化服务工作，通过不懈努力，取得诸多成绩和效益的同时，也收获了不少荣誉。

现在的谢利民，重归原行，操守旧业，在做好一名普通农民的同时，也是银川市甚至宁夏的资深农资专家。“一个人富了不算富，得带领众乡亲富。”这是他道给笔者的心里话。现如今，他引领灵武市农业科技社会化服务新风尚，既是灵武市的农民致富带头人，也是全区农业社会化服务的领路人。

勇于大胆尝试，创业初见成效

谢利民说，他自己出身于农民家庭，经历过农民生活的贫穷和艰辛，这成为他从事农业经济、带动农民增收致富的深层原因。

万事开头难，创业是一个艰辛的过程。2003年，他和妻子自筹资金，在灵武农场开了一家农资经销店，从此开始了他的创业之路。随着农资店经营规模的不断扩大，逐渐由农资零售转为批发。2007年，根据农资市场需求，谢利民积极响应国家政策，牵头成立了宁夏农利达农资有限公司，并在灵武市各乡（镇）和自然村建成农资农家店78家，其中直营店36家，加盟店42家，另在青铜峡、红寺堡、同心等各乡（镇）和自然村建有农资农家店89家，批发业务辐射周边各市县及陕北、陇东和蒙西，年销售化肥、种子、农药各类农资产品1.3亿元。

创新发展模式实现产业升级

2013年，为了适应市场新的发展变化，谢利民主动探索开展社会化全程服务，以新的发展思路和市场运作模式，积极改革公司发展方向，成立灵武市农利达农业社会化综合服务站，从传统的农资批发零售，转型为以农资购销、金融担保、统防统治、土地托管、农技培训等服务为主的综合社会化服务站。同时在灵武市农牧局的帮助下，成立非公企业党支部并担任党支部书记。谢利民说：“2017年至2018年，我先后两次参加了灵武市农牧局、银川市农广校组织举办的新型职业农民、经营主体带头人等培训班，通过培训学习，观摩交流，觉得自己在思想上发生极大的转变，经营能力也得到了进一步的提升。”同时，谢利民感觉到一个人带领大家共同致富力量有限，必须发挥党支部的战斗堡垒作用。“党支部成立后，我们积极宣传党的十八大、十九大精神，引领大家改革创新，在乡村振兴战中发挥农业现代化的生力军作用。”

实践是检验真理的唯一标准。在创新发展中，谢利民带领公司和团队积极实施经营服务创新，以市场为导向，以促农增收为目标，创新发展服务方式，服务对象从单一的农资批发商、零售商增加为农业产业化龙头企业、家庭农场、专业合作社、种植大户。在服务模式上，主要开展病虫草害统防统治及绿色防控技术推广，为农户提供专业化、标准化的统防统治技术服务；在农业防治上，推广生态控制、生物防治和化学防治相结合的技术，科学选配绿色环保农药，应用新型施药机械，聘请农业技术专家和农技指导员，购买新型植保打药机械23辆，植保无人飞机12架，培养机手15人。

提高服务质量，带领乡亲致富

“政策往往决定自己创业的策略。我们干农业服务这行的人也要读懂政策，也要与时俱进，不能太死脑筋，得讲大局意识。”这是谢利民取得成功的关键。

随着国家农业事业的发展变化，土地政策的变化也是谢利民事业转型升级的主要因素。近年来，谢利民调整思路，延伸了土地全托管、土地半托管、土地入股三种新型服务模式，为种植大户、合作社、家庭农场及广大农民实现节本增收和高产高效做出了积极贡献，推动了现代农业发展。2018年推广测土配方施肥8万多亩，配方成品肥推广3400多吨，平均每亩较传统施肥方式节省费用28元，为农户节省费用168万元；推行土地全程托管服务面积2510亩，菜单式托管服务11万亩；开展农作物统防统治服务9.8万亩，降低了农药投入成本，提高了防治效果，亩节约成本4元，总节省费用39.2万元。

谢利民通过自己多次参加培训，深刻地认识到新型职业农民培训对农民的意义。因此，谢利民的服务站经常举办农民科技知识普及和先进农业新技术推广培训班。近几年来，累计各种培训130多场，培训2000人次，印发农业技术书籍1000套，受到群众的普遍好评。

“钱是办事的坎儿，大家都在为资金的事闹心。”谢利民说。在长期服务农民的过程中，谢利民发现很多农民为贷款而发愁的情形。为了更好地解决农户贷款难、利率偏高等问题，他积极同宁夏银行、宁东本富村镇银行、农业银行等合作，为服务对象提供银行农资担保贷款，做农户金融服务重要平台和桥梁。2017年累计贷款人数60人，累计贷款达到2000万元。近年来累计完成贷款1亿多元。

老百姓感慨地说，谢利民起了个好名字，他办了利民利众的事情，他们从内心感谢他。每当农民农户说这些的时候，谢利民脸上绽放出憨实的笑容，他的内心无疑是幸福的。

吃水不忘挖井人　共同富裕不忘本

——记灵武市新型职业农民曹兵

“不管一个人取得多么骄人的成绩，都应该饮水思源，吃水不忘挖井人，感恩一切。”曹兵心直口快地说。他的诺言在他的人生中和事业上践行着，他在自己致富的同时，也带领乡亲们走上了致富之路。

现年43岁的曹兵，脸面黝黑，看上去坚韧有力，他是土生土长的农村人，而且是一名优秀的共产党员。作为一名北方汉子，他体内流淌着地道的农民的血液。和这片北方土地上的农民一样，他能够坦然面对面朝黄土背朝天的辛苦，他也能够面对农民生活的艰辛与平凡。但是，他不甘于平凡、不甘于平庸。祖辈的言传身教和他的亲身经历使他深知农民生活的艰辛与无奈，感到无奈的同时也激发了他身上那种不服输的精神，他下定决心要通过自己的努力改变自己的命运，改变这方生他养他的土地上人们的命运。

敢吃常人之苦，敢走创业之路

1995年曹兵开始创业，当时他年仅20岁，从一头母猪起家，到现在发展成万头猪场。创业期间，他经历了1998年暴发的“五号病”，人人谈猪色变，猪肉贱价出售无人过问，养殖户损失惨重，很多猪场濒临倒闭。2005年，他又经历了“蓝耳病”的暴发，一时间“无名高热”成为网上热门词，养殖户闻之色变，全国各地大型猪场再次遭遇严重损失。

“在经历这两次的生死考验中，自己有过无数的不眠之夜，背地里默默流过很多泪，甚至萌生过放弃的念头。”曹兵回忆他的创业历程时说。在他事业最困难的时候，灵武市畜牧局和郝家桥镇信用社及时给予他技术和经济上的指导支持，共同帮助他渡过了难关。

2006年开始，曹兵的养猪事业步入正轨，生意越来越顺，事业越做越大。2008年3月，“灵武升旺养殖场”建成投产，养殖场占地面积60多亩，建有封闭式标准化猪舍29栋，共1万平方米，配备先进的生产设备，饲料加工车间600平方米，养猪规模达到万头。是当时灵武市养猪规模最大的猪场，拥有技术、管理、饲养人员28人，直接带动农民工和下岗职工21人再就业脱贫致富。“灵武升旺养殖场”每年向灵武及周边县市提供优质三元仔猪1万多头，间接带动100多家农民工和下岗职工再就业，依靠养猪实现脱贫致富。

按照社员入社自愿的原则，同年8月，“灵武市升旺生猪养殖专业合作社”成立，本着“服务社员，谋求全体社员共同利益”的宗旨，坚持退社自由、地位平等、民主管理，自负盈亏、利益共享、风险共担的机制，社员联合起来共同抵御市场风险。

勇于开拓创新，成就致富之路

2015年以来，曹兵多次参加灵武市农牧局举办的新型职业农民培育班，通过培训，他更加了解国家关于对新型职业农民的优惠政策，学习了各方面的先进理念，在思想和认识上有了质的飞跃和提高，使他再次萌发了扩大规模的想法。曹兵认为：“要么不干，要么就大干。”因为自己干得越大，就越能带动更多的人走向富裕。为了更多的农民们能够摆脱贫穷，发家致富，曹兵毅然决然迈出了一大步。

让自身事业的快速发展与高科技相结合，做现代化生猪产业就是曹兵迈出的这一大步。现代化生猪养殖就是选用优良的猪品种，世界一流的养猪圈舍、设备，世界一流的生产管理技术和疾病防治方案，进行规范的养猪生产，从而实现养猪生产圈舍现代化，品种优良化，营养标准化，生产管理技术标准化，最大限度地发挥养猪效率。带领更多的农民工和下岗职工通过养猪实现再就业得到脱贫致富的同时，也极大地减轻了养殖工的体力消耗。于是，曹兵抓住各种学习的机会，多次到甘肃省武威市闽清县现代化猪场考察学习，到泰国现代标准化猪场考察学习，在兰州正大公司学习饲养模式猪场改进，到武汉科前疫苗厂学习猪的伪狂犬净化，到北京育种中心考察种猪，他考察学习的足迹遍布河南、河北、西安、天津、重庆等地。

任何时候，养殖业都是存在风险的。2013年和2014年两年，部分养殖户退出生猪养殖行业，在生猪养殖深度亏损的环境下，曹兵仍然对生猪养殖行业抱着坚定的信念。2015年1月，开始筹建现代化猪场。2015

年9月，在投入巨大的人力、物力、精力、时间和克服资金短缺的困难下，坚持投资1200万元，投建“盐池县升达生猪养殖有限公司”。2016年5月建成千头母猪场，占地面积200亩，拥有现代化标准化全封闭式猪舍5个单元，配备有猪群自动饲喂系统，猪舍安装有漏缝地板水泡粪设备和全自动循环通风设备，以及中央空调温度控制系统等，同时配备饲料加工车间1间，职工宿舍楼1栋，化粪池粪尿三级沉淀全套设备。同年6月，又从甘肃景泰正大公司引进优秀新美系公母猪900多头，现拥有技术、管理、饲养人员15人，在2017年实现年出售优质三元仔猪2万多头，直接或间接带动200多家农民工和下岗职工再就业，依靠养猪脱贫致富。

吃水不忘挖井人，共同富裕不忘本

生猪养殖需要建设化粪池、污水处理等诸多设施，但是有许多农户在自己家院子里搞养殖，设施设备相对落后陈旧，造成气味污染严重等矛盾日渐突出。2016年，作为灵武市人大代表的曹兵向灵武市人大提交了《关于规划建设大型生猪养殖园区的建议》，市人大立案后各部门加快规划审批力度，在白土岗乡和马家滩之间规划了10万亩养殖园区，目前项目已经完成了规划审批等工作。曹兵相信通过政策扶持和园区建设，将会加快生猪养猪户入园的速度，通过集中养殖、环保养殖等多种方式带动农民致富，促进农村人居环境持续改善。

如今合作社已拥有社员80多人。为了带领合作社广大社员共同致富，走规模化、标准化、科学化、产业化发展之路，并加快新农村建设，不断调整产业结构；合作社聘请专人定期给社员及周边养殖农民培训养猪技术、传授养殖经验、提供优良的种猪及饲料等，真正保障了养殖户的利益，减少了养殖户的风险，切实为增加社员和农民收入做出了

巨大的贡献，让跟着曹兵发展养殖业的社员尝到了甜头，得到了实惠，摆脱了贫困，实现了富裕。

不仅如此，截至目前，“灵武市升旺生猪养殖专业合作社”累计为社员及周边农民提供优质三元仔猪15万头，直接或间接带动2000多名农民工和下岗职工通过养猪脱贫致富。

曹兵通过养殖生猪走上了富裕的道路，可是“吃水不忘挖井人”，他始终没有忘本，没有忘记养育他的土地和父老乡亲。在自己致富的同时能够带领周边的人共同走上致富之路，这条路曹兵会勇往直前地走下去。

全心为农户　齐心谋出路

——记灵武市新型职业农民李林

“蓝老板过来啦。欢迎，欢迎！”人还没到，声音就到了，随声而来的是一个皮肤黝黑、短发平头的中年男子，乍一看这个中年男子和其他的青年农民也没什么分别，仔细一听他和孔老板的聊天内容：“今年温州白菜的行情不行，要走福建、厦门……”这才发现中年男子的不凡之处，他居然对全国蔬菜的行情如此了解！

他叫李林，1982年10月生，中共党员，灵武市的一名农民，是全市蔬菜行业远近闻名的“李甘蓝”。其实，几年前他和其他的青年农民都一样，每天日出而作日落而息，偶尔外出往周边的盐池、定边贩运一些米面、蔬菜、瓜果等，直到偶然一次的谈话后，使他的人生从此发生了巨大的变化。

北菜南运赔了钱，痛定思痛苦钻研

有一天灵武市农牧局开展政策下乡活动，李林听到工作人员说：“我们宁夏条件好，灌黄河水，种的菜在南方市场很受欢迎，供不应求……”回家后，他就一直在想既然我们宁夏的菜这么受外地人欢迎，为什么不能把蔬菜拉到南方市场呢？说干就干，他借钱购买了东风汽车从河忠堡村收购了一批西红柿，运往重庆销售。一路上风餐露宿，运到市场后，并没有出现他想象中人们抢购的场景，不赚钱反倒赔了不少。

痛定思痛，李林不断地反省自己，这次失败的原因很多，但最主要的是他不懂蔬菜、不懂市场。天生不服输的个性让他决定要“拜师学艺”。于是，他一边四处打听哪里能教他种菜认菜，教他学做生意之；一边自己整天地往农户菜地里跑，甚至半夜也去菜地里看菜。功夫不负有心人。经过多次参加灵武市农牧局组织的新型职业农民培训课程和农村实用人才培训后，他逐步掌握了新型职业农民的理论知识，同时通过不断向经验丰富的老菜农请教种菜知识和自己的摸索，他现在已经能熟练掌握西红柿、茄子、辣椒、甘蓝、娃娃菜、大白菜等常见蔬菜20多个品种和秋葵、红笋、盘菜、QQ南瓜等南方新品蔬菜的种植和蔬菜品性特点。

联合农户寻客商，形成蔬菜产业链

为了把周边农户的蔬菜及时销售出去，给农户增收，2015年，李林联合河忠四队5个农民成立宁夏红宝富民农牧专业合作社，吸纳社员200多户，专门种植、收购、销售瓜果蔬菜。尤其是在2016年，宁夏灵武西红柿大量滞销，他通过多方联系与福建莆田、龙岩蔬菜经销商达成合作关系，直接解决了2400多吨西红柿的销售问题，避免了农户遭受更大的损失。

为了进一步扩大销售规模，适应南方市场的要求，带动更多的农民发家致富，2017年李林又成立了宁夏绿禾鲜蔬菜销售有限公司。该公司成立的目的就是收购、销售适销福建泉州、厦门，广东广州，浙江温州等南方市场的蔬菜。“公司+合作社”的模式就应运而生，就这样李林从种植及推广示范到收购蔬菜，再到销售蔬菜，形成了一条比较完善的蔬菜产业链条。

引导农民转思想，开展蔬菜商品化

多年来，当地农户种植蔬菜的思想观念就是：蔬菜是用来吃的，只要种出来就行。可是在当今市场环境下，要想靠蔬菜种植致富，蔬菜仅仅达到“能吃”的标准是远远不够的，还要“能卖”，更要卖个好价钱，这就需要有人带领周边农户来开展蔬菜商品化工作。为此，李林从甘肃兰州聘请了技术员，在陶家圈村二队流转了200多亩土地进行适销南方蔬菜的试种、示范推广。

蔬菜的种植、收购、销售工作都已开展，新的问题又出现了，那就是当地装车好的蔬菜在销往南方市场的路途中就已经出现发热、霉变的

情况，根本到不了南方市场。通过去兰州定西蔬菜市场的考察，李林发现，如果提前把蔬菜预冷处理就能使蔬菜长途运输。为此他又筹资建成了6栋高端冷藏保鲜库，年可预冷处理蔬菜3万吨。后续计划再建蔬菜分拣车间、蔬菜交易大棚，购置电子磅、蔬菜专用冷链运输车等，不断完善冷链基础设施。

要想拓展蔬菜销售渠道，只有与南方市场龙头企业共同经销，才能合作共赢。2018年1月25日，李林自费带领5个农民到福建考察蔬菜行情，选择新品、适销的蔬菜，并与当地的农业龙头企业百汇绿海集团、泉州绿佳源农产品发展有限公司达成合作关系，直接解决了农户蔬菜销售不畅、价格较低等问题，还带动了一批以蔬菜产业为生的农户贩运蔬菜共同致富，提高了崇兴镇、梧桐树乡、叶盛镇等周边地区1050多户农民种植蔬菜的积极性，解决了农村的剩余劳动力6200多人，涉及蔬菜种植面积4800多亩。为社会的稳定和谐做出了一定的贡献。

严把蔬菜质量关，电商销售出路宽

李林深知“质量是企业的生存根本”，只有不断提高蔬菜的品种和质量，完善农残检测仪、重金属检测仪等检验检测设备，提高管理水平，严把蔬菜质量安全关，才能谋求生存；只有发展无公害、绿色、有机蔬菜，才能进一步成长。

在“互联网+”大环境下，李林还积极学习电商管理知识，主动申报参与国家电子商务进农村综合示范县项目，建立“陶家圈村服务站”，不断开辟销售渠道，发展电子商务交易。将来会在灵武市各大小区门口建立蔬菜配送店，依托合作社在滨河大道开辟蔬菜种植基地，通过与灵武市市民签订订单达成合作关系，市民每年只需缴纳一定的资金，就可在家门口蔬菜配送店领取新鲜蔬菜，不仅方便市民，也能带动基地农户增收。

“抓住市场，实现农业增效和农民增收。”是李林一直喊的口号，他也付诸实施，并发挥了“致富带头人”的作用，不断地带动农户走上致富的道路。

驾驭信念之舟　引领农民致富

——记灵武市新型职业农民王刚

“信念是人生的支点。”这句话是王刚的座右铭。对于信念，每个人的态度是不同的。有人坚定了信念就倾注毕生的精力为之奋斗；有人信念闪现时信誓旦旦，遇到点挫折后就偃旗息鼓。但对于灵武市新型职业农民王刚来说，无论经历多少坎坷他都默默地驾驭着信念之舟，在波涛汹涌的人生江河中迂回前进。

思想决定出路

现年43岁的王刚，是中共党员，也是一个地地道道农民。虽然他经历了自包干到户以来，农村及农民生活发生的翻天覆地的变化，但他深知农民面朝黄土背朝天，早出晚归与土地打交道致富增收的艰辛。他想，要想在农村这片希望的田野上干出一番事业，就得成立一个社会化服务组织，引领农民从一家一户繁重的生产劳动中解脱出来，让他们“土地托管”和打工挣钱两不误。

灵武市是国家商品粮种植基地和自治区畜牧养殖大市，农作物种植是当地农民致富增收的支柱产业。2005年，王刚开始经营农资产品，主要零售农药、化肥、地膜、器械等。2010年，正式成立了宁夏双鑫农资有限公司，王刚凭借着一股吃苦耐劳、永不服输的创业精神，诚实地经营着这家农资公司。他明白，农村经济发展到一定程度就得走社会化服务之路，只有大家协作发展才是出路。于是本着“信用联保经营联盟”的原则，他与灵武市及周边地区多家农资店店主合作，在投资上面相互信用担保支持，在经营方面，减少流通成本，保质保量，市场资源共享，极大地降低了经营风险，为农民创业提供了良好保障。正是王刚这样的经营视野和创业精神，形成了很好的农村创业致富氛围。王刚自己也常说，创业致富了，主要是赶上了好形势，如果没有党的好政策，没有各级党委政府的培训扶持，就不会有今天的发展。所以要感恩，要带领大家共同致富才是真正的创业，才能踏踏实实地做个好人。

学习助推前行

随着经济的发展，随着科学技术在农业生产中的大力推广，王刚发现自身的水平已经跟不上高速发展的现代农业需求了，他说：“要想引导农民依靠科学技术发家致富，自己就得掌握更多的科技知识。”为进一步提高自己的科技水平，凡是灵武市农牧局开展的新型职业农民培育、农业科技推广、农村青年创业就业培训活动，王刚都报名参加。通过一段时间的学习，他不断详细掌握了解了党的惠农支农政策，更加坚定了带动大家创业致富的信心。

长期接受区内外各类职业技能培训的王刚，深刻认识到现代农业发展不再是单一化，只有搞好社会化综合服务工作才能更好地服务农民、发展农村经济，于是2016年王刚联合宁夏双鑫农资有限公司、宁夏金灵州种业有限公司、灵武市鑫旺植保专业合作社、宁夏绿先锋农业机械化服务有限公司共同成立了灵武市鑫旺农业社会化综合服务站，实现了集技术指导、农资超市、农资配送、配方施肥、统防统治、农机作业、土地全托管、半托管服务、农作物的种植技术培训及推广服务为一体的现代化综合服务。

创新发展未来

2017年鑫旺综合服务站在农民渴望“离乡不离地，不种地有收益”的背景下，通过10年的农业综合服务经验在灵武市梧桐树乡首创了土地“全托管”新型服务模式。土地托管是指部分不愿耕种或无能力耕种者，把土地托给农业技术经营服务组织，在不改变农民的土地承包权、收益权和国家惠农政策享有权的前提下，通过引进先进的专业化植保新机械、智能化配肥新技术，实现农业规模化、科学化、机械化生产。服务站收取土地全托管服务费，并与农户签订合同承诺保底产量（正常年份的产量）。正常年份服务站水稻保底产量为1050斤，超过保底产量的部分服务站与服务对象按2∶8比例分成。土地托管作为一种新的生产经营模式，解决了顾不上种地，又不想撂荒土地的外出打工农民的后顾之忧，实现土地收入和打工收入的双丰收。2017年，鑫旺综合服务站在梧桐树乡实施“全托管”种植水稻2250亩，通过“全托管”种植模式所种水稻亩均产达1390斤，亩增产130斤，实现增收约199元/亩；“全托管”通过科学化、规模化种植，有效提高了水稻的整精米率、出米率、每斤市场价格提高8%~10%，亩均增收100元。2250亩“全托管”土地为种植户增加经济效益672750元。同时集中连片种植，降低了机械作业的油耗、人工成本，种子、化肥、农药等生产资料享受批发价，专业服务队开展的统防统治减少了农药的浪费和防治费用，亩均降低种植成本约80元。引领带动周边农户320多人和2个农民专业合社实现了良种、化肥、耕种、灌溉、防虫、除草、防病、收割、收购的九统一。这种“全托管”土地的种植模式不但解决了被托管土地农民的后顾之忧，而且赢得了大部分农民和政府部门肯定和好评。

大家一致认为，土地规模化经营，有利于促进现代农业发展。土地“托管”后，把一家一户分散零星的土地进行统一规划、统一技术服务，改变了过去农户分散种植品种不统一，田间管理水平参差不齐的状况，解决了一家一户办不了、办不好或办起来不划算的事，改变了“家家地不多，户户各干各”的经营状况，一定程度上实现了土地规模化经营。

耕耘大地　服务“三农”

——记灵武市新型职业农民王建华

“我们要把过去传统的买卖关系转变为产业服务关系，以服务‘三农’宗旨，做好农业综合服务，带动更多的父老乡亲、粮食经济人共同发展。”王建华是这样说的，也是这样做的。

王建华，宁夏灵武人，1975年生。他18岁开始创业，种粮、买粮、卖粮，历经20多年风霜雪雨，从一个普通农民成长为新时代优秀的农民企业家；他所创办的企业——宁夏昊王米业集团有限公司，以中国大米五十强企业、自治区级“农业产业化重点龙头企业”翘楚于世，有力地推动了宁夏大米产业发展，促进了农村经济发展，带动了农民增产、增效。

从“泥腿子”到企业家

有着1000多年种植历史的宁夏大米，色泽鲜亮，香糯可口，坊间流传着“宁夏大米不下菜也能吃三碗”的佳话。

一直从事水稻种植和稻米贩运的王建华发现，宁夏大米的优势并未被很好地挖掘和开发，没有形成自己的品牌，市场小，利润薄。他立志摆脱广种薄收的水稻产业发展窘境，于1996年创办了一家作坊式大米加工厂，开始了水稻从种植到加工的转型。创业之始，白天昼夜守着一台碾米机的他身兼数职，收粮、加工、包装、装卸、搬运、送货“连轴转”，灰头土脸。就这样摸爬滚打十年，终于在市场上站稳了脚跟。2006年，一个专业生产大米的现代化企业——宁夏昊王米业有限公司成立。

虽说有了一家像样的公司，但与国内同行相比还有很大的差距。王建华多方学习、取经，丰富知识，积累经验，探索了一套带动企业全方位发展的思路，扩大基地规模，组建由农户、合作社、种粮大户、家庭农场、农资农机公司、米业公司等群体参加的产业联合体，实施品牌战略和产品“专精特新”战略。2009年“昊王大米”出口蒙古国；推行现代企业管理，实施工业与信息化“两化融合”，先后引进国内外最先进的大米生产设备和工艺，实现日加工水稻300吨，年加工水稻18万吨，在全国40多个城市设立了8000多个销售网点。今年昊王米业在宁夏实施订单水稻种植基地12万亩，带动和辐射带动贺兰、永宁、中宁、利通区、青铜峡、平罗、灵武等县市水稻种植合作社41个、种植大户及农户24000户。

王建华由此从一个普通农民成长为一名优秀的企业家。

创新发展模式，真心服务“三农”

2018年的3月15日，“宁夏昊王米业集团带动大米产业发展、兑付2017年度优质粮食订单奖励现场会”隆重召开。在自治区、市县区各级党政领导，38家中央、自治区新闻媒体共同见证下，昊王米业自筹资金150多万元，奖励2017年优质粮食订单完成突出的优秀农户，并与农户代表签订2018年优质水稻种植订单65000多亩。拿到21万元奖金的水稻种植户王志刚激动地说：“在昊王米业集团的帮助和引导下，我们合作社开始采用科学的种植技术，统一选种，统一种植，统一管理，统一收购，还为我们安装了田间物联管理设施，使种植的水稻品质、产量大幅提升，平均亩产增加280斤左右，每亩较往年多增加收入400多元，合作社在农田种植上人均收入增长1500元以上。昊王米业为合作社提供水稻烘干服务，减少水稻损耗，确保水稻品质。另外，昊王米业这个大平台，还为合作社社员提供就业岗位，解决就业问题，进一步拓宽增收的渠道。”

这两年，受市场饱和外来粮食的冲击，宁夏大米市场波动较大，丰产不丰收。2016年9月，王建华在巡视公司一年一度的秋粮收购现场时，得知水稻种植成本逐年增加，而

收入却增长缓慢的情况，他召集公司股东及高层开了长达4个小时的会议。会上，王建华说："作为宁夏农业产业化龙头企业，我们每天都喊着助推宁夏大米产业发展，却带动不了我们自己的粮食经济人致富，一亩地一年收不到300块钱，让我感到心疼，也让我觉得惭愧。这又如何推进宁夏大米产业的发展呢？"他提出，年底要与水稻种植合作社、种植大户及农户签订订单种植协议。凡能够按照昊王米业所需水稻品种进行种植，收购时每斤水稻收购价格高于市场价格0.2元。同时，每亩水稻给予种植户200元现金补助。

此建议一提出，与会人员议论纷纷。很多人觉得，如今大米市场价格透明，利润较低，如果按这个建议去做，势必会增加生产成本，对昊王米业不利。面对大家的质疑和反对，王建华反复与现场股东及高层沟通、解释，他们最终同意了王建华的建议。2016年底，昊王米业开始了忙碌而艰难的种植订单签订工作。种植订单合同约定了"优质优价"种植收购政策，统一水稻种植品种、技术、规程、收购标准等内容，种植过程企业无条件为种植户提供技术服务。明明是一份鼓励种植优质水稻的真心，却遭到了很多水稻种植户的质疑，他们觉得有什么猫腻。王建华带领工作人员挨家挨户宣传，晓之以理，动之以情，还亲自邀请水稻种植专业合作社、种植大户到公司参观，让大家放心。经过一番努力，最终签订14000亩优质水稻种植订单。这也就有了"优质粮食订单奖励现场会"的隆重召开，优质水稻种植订单从14000亩，增加到65000多亩。宁夏大米产业开始走上了高质量发展之路，高端大米走进了北上广一线城市。

昊王米业自2015年开始搭建特色农产品信息化综合服务平台，建设电子商务平台、粮食烘干车间、粮食快检中心、应急储备中心、农产品等硬件设施。配套购置各类先进生产、检测、运输等设备、仪器，大幅提升公司生产、销售、运输、烘干、仓储、检测、溯源等信息化综合服务能力，做到从“购、产、销、存、储、运、检”等全过程、高质量服务，满足企业或农民“产前、产中、产后”的服务需求。

2018年，昊王米业成立“昊王优质大米产业联合体”“昊王优质大米产业联合体”，解决和帮助联合体及上下游企业的生产、经营需要。依托联合体设立内部担保基金，形成政府资金+联合体成员出资+企业资金，放大10倍贷款支持联合体成员；依托产业平台设立国有基金+民间基金+企业出资，成立农业发展基金，满足平台内上下游企业的生产、经营需要，整合中型企业形成抱团发展的产业模式。

扶弱帮贫，共同致富

“建华在我们乡亲们的眼里，那是既尊敬乡亲，又善于帮助乡邻，我们村里的村民大部分都跟着他干呢。”新华桥镇龙徐滩村很多老人都是这样点赞王建华的。

“一人富不算富，大家富才叫富。”昊王米业有条不成文的规定，每逢企业招用员工，要优先考虑近邻各村生活不宽裕的农民。为了准确掌握当地剩余劳动力情况，他主动与各村委会联系，建立了剩余劳动力名单，办理了联系用工信息网络。自公司成立至今，共解决待业青年、下岗职工、农民工达128人。每年聘用当地农民到公司工作的有2000多人次。到目前为止，昊王米业共吸收剩余劳动力达26000人次，户均增收900余元。

2014年，昊王米业投资成立昊鑫现代农业开发有限公司和粮食银行，提供社会就业岗位200多个；2015年，成立昊王米业创客村，为周边农民创客和有志青年提供创业基金500万元，并运用公司经营资源，搭建电子商务平台，为周边特色农产品打开销路，带动周边农民致富。

饮水思源，热心公益

在做大做强企业的同时，王建华不忘回报社会，积极参与各项公益事业。2017年春节，王建华带领公司党建、工会及中高层管理人员到贫困职工家中慰问。当得知公司一职工老人年事已高，吃饭都成问题时，王建华当场表示，“进了昊王门，就是昊王人，你的家人就是我的家人，吃饭问题由我来解决。”随后他让工作人员了解当地60岁以上老人的生活状况，与当地政府多次沟通，把“老年饭桌”列为重点帮扶工作予以解决。2016年，为帮扶边远地区贫困群众，昊王米业捐赠优质大米10吨；帮助灵武市崇兴镇修建昊王渠、昊王路，改善乡村面貌和办学条件；为灵武市马家滩困难家庭赠送棉衣、棉鞋；捐赠优质大米10吨，慰问海原县困难群众；等等。

多年来，王建华为乡村农民出行、农业生产、教育教学、乡村环境风貌建设、慰问企业困难职工、提高职工福利待遇等方面做出了突出贡献，被农业部授予“创业致富带头人”，共青团中央、农业部“全国农村青年创业致富带头人”等多项荣誉称号。

秸秆铺就致富路

——记灵武市新型职业农民杨学云

在灵武市有这样一个人：他通过将农作物秸秆回收利用发家致富，又带领全市草制品经营者走上了发家致富的道路；他通过不断学习，不断实践，深入了解相关专业知识，向农户讲解合作社科学的经营模式和效果；他不辞劳苦，亲力亲为，成为创业青年的领路人。他就是杨学云。

2018年11月，灵武市的蓝天白云常在，空气清新。此时的人们还沉浸在秋收后的喜悦中，与往年不同的是，田间没了黑斑，乡野没了浓烟，持续多年的焚烧秸秆的现象一去不复返了。灵武市三园草制品专业合作社联合社理事长杨学云望着一望无际的田野，心中的满足感油然而生。

铆足劲，找对发展新路子

2008年，即将进入不惑之年的杨学云下岗在家，生活没有了着落。倔强的性格时刻提醒着杨学云，决不能向困难低头。

回到农村后，杨学云发现，单一的农业生产逐步被目前快速发展的市场经济所淘汰，遂有了创业的想法。可是光有想法没用，选择对项目才是重中之重。

杨学云不断考察学习，到邻近市、县取经，终于在一堆堆废弃物中找到了发展的路子。

杨学云发现，近些年来，农作物的秸秆焚烧成为环境污染的新源头。他了解到，每年秋收和夏收之后，总有大量的水稻、小麦、玉米等秸秆在田间被焚烧，沟渠路边大量生长的芦苇、蒲草、杂草被回收剩余的部分也被就地焚烧，产生大量的烟雾，成为殃及城市、高速公路行车安全、航空安全以及农村环境污染的罪魁祸首。“农业废弃物用则利，弃则害。”杨学云坚定地表达着自己当初的想法，综合利用农作物秸秆，是贯彻落实绿色发展理念、推进生态文明建设的重要举措。只有将农作物秸秆视为资源，善加利用，才能根治露天焚烧，化害为利。

活思路，废物有了好归宿

2013年，杨学云看准时机，敢为人先，把目光瞄向了农村秸秆回收利用项目上。他联合了当地6家合作社、1家从事草制品加工的企业，注册资金2000万元，在灵武市郝家桥西侧成立了灵武市三园草制品专业合作社联合社。

俗话说："内行看门道，外行看热闹。"对于杨学云来说，农业废弃物利用虽说是个陌生的行业，但他却明白，随着市场经济的成熟，农民单靠一家一户零星、分散、粗放的生产经营模式，不仅风险大而且成本高。

为了深入了解草编家庭作坊的生产效益和经营模式，杨学云走访了灵武市103家从事草编的家庭作坊经营者，并逐家逐户地向农户们讲解合作社科学的经营模式以及效果，消除了很多农户之前想要加入合作社又有所担忧的顾虑。同时，杨学云和团队成员用了一年的时间跑遍了相关部门，通过和灵武市农牧局、灵武市总工会、灵武市就业局多次沟通，灵武市农牧局与就业局同意提供创业贴息贷款，并提供贷款担保，为当地20户合作社成员提供老人创业贴息贷款5万~10万元不等，解决了合作社成员融资难的问题。有了充足的创业资金，杨学云对草制品作坊式加工的农户进行有效整合，把合作社定位为集生产经营与管理服务于一体的综合性企业，迈进了资源整合的规模式经营之路。

加马力，活学活用出真招

在合作社发展的道路上，杨学云是个能想事、能干事、能成事的人。

2016年，杨学云积极参加灵武市新型职业农民培育和农村实用人才培训，通过理论培育和实操、观摩，借鉴其他企业管理经验，他始终认真听讲，虚心请教，主动与老师和学员交流，并把学到的知识技能应用到生产实际中去，取得了较为显著的成效。同年，杨学云建立了切实可行的规章制度，合作社组织机构完善，设有理事会、监视会，并成立团支部、妇女委员会、工会组织等。坚持"创新、开放、共享、专业、稳健、持续”的发展理念，坚持“尊重商业规律，立足本地实际，走产业化发展”的发展思路，不断创新工作方法，增强发展的内生动力，构建全方位、立体式生态农业体系，降低产业的成本和风险。

积极与相关部门对接落实关于国家对秸秆利用补贴政策，用“互联网+实体”的产业思维，引导电商创业者深度挖掘本地优势特色产品，通过销售带动生产加工，形成产销一体化农业废弃物综合发展，在收割期组织基地企业按园区或者按合作社划片收购，使企业忙而不乱地进行平稳的原料收储。累计回收农业废弃物16万亩。实现销售收入过亿元。副产品加工给种植农民带来的直接经济收入每亩增加100元，给参与副产品加工的农民人均收入增加2万元。

积善念，富裕不忘众乡亲

杨学云在自己致富的同时，始终不能忘记家乡父老对自己的支持和鼓励。

近年来，杨学云积极响应国家“大众创业，万众创新”政策方针，立足“草根”创新，打造低成本、便利化、全要素配置的创新型创业基地。与灵武市劳动就业局、宁夏西部创业管理培训学院等服务机构合作，为入驻企业和返乡创业青年提供创业咨询、创业辅导、开业指导，实现了创意思维多元化、创业条件生态化、资源配置便捷化、服务保障贴心化。

截至目前，联合社运营的创业基地共有小微企业80家，带动当地就业人员2000多人，销售收入过亿元。年消耗农业废弃物16万亩，通过对农业废弃物的再利用，带动当地经济发展，增加农民收入，稳定当地社会治安，对全区环境治理提供了范本。

回想这一路走来，虽然历尽艰辛，但这些经历却成了杨学云重新开启精彩人生的金钥匙。短短几年时间，他完成了从一个下岗职工到合作

社理事长的蝶变，也实现了带动父老乡亲一起发家致富的梦。

关于未来的发展，杨学云有自己的打算：“合作社将继续肩负行业使命，以谋求成员利益和带动农民增收为最终目标，依托优势，以电子商务为切入点，努力延长产业链条和提高草编产品附加值，积极引导地方种植业向以生产健康、安全、绿色发展，为构建产业化、市场化的合作社体系而努力。”

谋业创业事竟成　大爱小爱暖人间

——记灵武市新型职业农民朱淑萍

宁夏金双禾粮油有限公司能有今天的成就，是企业领头人朱淑萍不懈奋斗的结果。在朱淑萍身上，我们看到的是一代新型职业农民不懈奋斗的精神，以及一位民营企业家的风范。

有志创业事竟成

1994年，年仅21岁的朱淑萍高中毕业后就踏上了人生的创业之路，开始从事服装零售生意。创业之初，她什么都不懂，凭着勤奋好学的精神和坚韧不拔的毅力，走南闯北开阔视野，求师学艺，经营小小的摊点。时隔两年，她把服装零售业务扩大到批发销售。功夫不负有心人。她的生意越做越好，经验越来越丰富。但因为后来结了婚，她只好放弃服装行业，随丈夫从事粮油加工生意。丈夫的公司创建于1988年，2006年正式注册为宁夏金双禾粮油有限公司，注册资金3500万元，是灵武乃至全区规模较大的私营企业。虽然自己在外“闯荡”社会多年，学到了一些开拓市场的经验，但管理企业还是门外汉。为了尽快提升企业管理水平，她整天不辞辛苦奔走在企业的各个岗位上，白天收粮加工、搞销售，有时帮客户装米、装糠，晚上加班记账、算账、学习企业管理知识，时常忙到深夜。为了能把员工管好带好，朱淑萍放下架子，苦活累活亲自干，以身作则，她常说：“喊破嗓子不如干出样子。”凭着吃苦耐劳、敢为人先和勇于开拓的精神，朱淑萍赢得了丈夫和员工的认可，被确定为企业法人，公司总经理。

勤奋好学谋大业

管理是企业永恒的主题。朱淑萍深谙“领导者的形象加员工的积极性等于公司活力”的道理。自担任总经理之后，她处处以身作则，事事为员工着想，以姊妹加兄弟的友情树立起领导者的风范，培育起较高的威信。同时她把“诚信为本，质量第一”的经营理念贯穿于企业管理的始终，一切从严要求。她经常对员工讲：“企业发展一靠安全，二靠质量。这是企业的生命线，必须抓紧、抓实、抓好。”她对工作一丝不苟，上班时间总是坚守在检验室、生产车间、财务室包装车间、严把质量关。为了不断地丰富企业管理知识，她经常深入到员工中学习了解相关知识，积极主动参加各级部门、行业协会组织的培训，丰富企业管理水平、企业品牌建设以及项目争取、资金引进、财务管理等知识。其间，朱淑萍获得南开大学企业管理人才培训资质，厦门大学现代企业建设研修班资质，灵武市科技特派员资格证书。由于她不断追求自身素质的提升，企业管理日趋完善，经营效益节节攀升。

创新发展见实效

在朱淑萍的精心管理和不断创新中，宁夏金双禾粮油有限公司经过20多年的奋力拼搏，现已发展成为集无公害、绿色食品、有机食品、优质水稻培育种植、收购储存，大米、面粉、食用油加工生产、销售、科技研发为一体，产学研二三产业融合发展的非公有制企业，是自治区农业产业化重点龙头企业。公司占地面积13万平方米，建筑面积4.5万平方米，资产总额2.43亿元。截至目前，公司资产负债38.8%，年产值3.1亿元，销售收入2.64亿元，实现利润1844.6万元，上缴税金187.2万元。

公司现有员工150人。拥有日处理水稻300吨，国内先进大型精选大米生产线1条；日产100吨电气水自动化食用油预榨生产线1条；年加工水稻15万吨，生产大米10万吨，食用油1.3万吨。企业产品先后被评为“宁夏绿色品牌”“宁夏品牌产品”“中国著名品牌”，先后荣获第十一届、第十五届中国国际粮油产品及设备“金奖”，第十二届、第二十五届中国国际农产品“金奖”，宁夏第十届著名商标。产品运销北京、昆明、西安、西宁、乌鲁木齐、拉萨等30多个大中城市，在全国各地建立营销网点500多家，产品销售占据宁夏乃至西北半壁江山。在宁夏粮油行业中该公司处于领先水平，为地方经济健康发展，发挥着引领示范作用，成为宁夏大米行业的佼佼者。公司2018年又被评为自治区农村产业两化融合发展示范园创建单位、国家“两化”融合管理体系贯标试点企业、灵武市民族团结进步创建单位。而朱淑萍作为一名优秀企业管理者，在荣誉面前总是那么谦和，在受到各级部门领导好评和社会各界群众表扬时，她总是说：“我还做得不够。我只想踏踏实实地把企业做得更好。”

回报社会献大爱

随着企业生产规模的不断扩大，为了更加有效地带动农业增产、农民增收、企业增效。朱淑萍提议公司要与周边乡村种植大户、农民建立利益共享机制，通过公司加基地加农户的合作模式，先后建设“五优”水稻生产基地39300亩，有效带动农民3000多户，年帮助农民实现增收490多万元。公司还每年通过优质优价，以高于市场价10%~15%的价格、收购水稻，带动周边2万多户人家种植优质水稻，帮助农民实现增收1600多元。

公司发展不忘政府，致富不忘回报社会。公司曾为汶川地震灾区捐款10万元，为甘肃泥石流灾区捐赠大米8吨。每年七一为本村和基地涉村老党员发放米、面、油等慰问品1万多元。在促进民族地区教育发展、民族团结工作中，企业慷慨解囊、默默奉献，先后为海原县罗山中学连续十年每年捐款图书价值2万多元，大米5吨，并且每年为当地困难群众、移民群众等捐赠粮油等物品价值2万多元。金双禾能走到今天，离不开朱淑萍的勤奋耕耘、

大胆探索、勇于创新。2017年公司又投资2700多万元，购买先进设备20多套进行技术更新改造，并争取项目资金273.5万元建设重要农产品可追溯体系，投资30多万元改善职工餐厅。

慈悲为怀孝为先

朱淑萍在企业是一位一丝不苟、以身作则、严格要求、具有创新思维和先进理念的领导者，在家庭中她是一位好妻子、好儿媳、好母亲。她的丈夫是企业董事长，日常工作繁忙，工作压力大，在企业管理中她总是主动担当。她常对老公讲："你工作压力大，把公司的大事抓好就行，企业生产、安全、质量、销售、财务、人事这些琐碎事你就少操点心，由我带领公司其他领导来做。"工作再忙她不忘孝敬父母，忙中抽闲去看年迈的公婆，嘘寒问暖，给老人买点水果等营养品，早早给老人买上各种合体的服装。老人对儿媳赞不绝口，帮她带孩子，料理家务。

对子女她既严格要求，又倍加关爱。儿子从上初中起每逢节假日，她都安排儿子到公司以打工仔的身份从事各种生产活动，给儿子按员工工资标准计发工资，让儿子感受员工的辛苦、企业管理的严谨、挣钱的不易，也感受人生的艰辛。由于严格要求，儿子自动养成了一种为人朴实、诚恳、勤奋的良好品德。

"朱淑萍是一个女汉子。"企业的员工都这么说她。朱淑萍在20多年的创业、创新发展进程中积累了丰富的企业管理经验，推动了企业快速健康的发展，使宁夏金双禾粮油有限公司成为自治区农业产业重点龙头企业、宁夏中小企业五十强、自治区"专精特新"示范企业、国家"两化"融合管理体系贯标试点企业，为地方经济快速健康发展做出了积极贡献。

思路决定出路　绿色蔬菜致富

——记石嘴山市惠农区新型职业农民韩正伟

韩正伟，一个地地道道的农民，生在农村、长在农村；但他不甘心像父辈一样做一辈子农民，于是和很多的年轻人一样踏上了外出打工的征程，想通过打工跳出农门，彻底改变他“农民”这一身份，过上他曾经梦寐以求的“城里人”生活，实现他的最初的人生目标。但是后来，韩正伟“不想再过年复一年的外出打工的生活，想在家乡自主创业，决定在农业上做文章”。这一干，没想到自己还当上了职业农民。

“村主任”“脱产干部”，这是韩正伟在惠农区庙台乡静安村的“头衔”。韩正伟2012年任庙台乡静安村村主任，2013年成立宁夏发途发蔬菜产业集团有限公司，任董事长。

转观念，思路决定出路

在农业领域想大干一番，到底是选择种植业还是畜牧业？这让韩正伟很纠结。他走访了很多地方进行实地考察和学习，最终，把目标定格在种植业的“高端领地”——脱水蔬菜产业。

惠农区种植蔬菜历史悠久，脱水菜产业起源于80年代初期，最光辉的时候企业多达100家，成为全宁夏乃至西北地区脱水菜企业最多的县。但由于受传统观念影响，该地区脱水蔬菜的生产技术相对落后，到2010年，大多数企业退出了历史舞台。优势产业无法发挥优势，出路在哪里？韩正伟敲下“定音锤”后，开始跑银行、找客户。2014年，韩正伟成立了集脱水蔬菜种植、加工与销售的宁夏发途发产业集团有限公司。通过几年的发展，韩正伟所带领的公司已成为一家集蔬菜种植、加工、研发、生产、销售于一体的大型农产品加工企业。“现有在职职工60人，其中有一支10余人的专业销售团队，一支20余人的专业蔬菜种植管理团队，一支30余人的蔬菜专业加工研发团队。”说到公司从无到有，韩正伟难掩心中的激动。

“随着农业产业化进程的加快，宁夏农业正处于从传统农业向现代农业的转型时期。脱水菜产品如何进入国际市场，关键是解决蔬菜原料的品质问题。”韩正伟审时度势，成立了石嘴山市顺禾蔬菜种植专业合作社，这是一家以蔬菜种植、技术培训、生产、加工、销售为一体的专业性合作社。韩正伟告诉笔者，通过土地流转形式及订单农业保底收购+利润二次分配的联合机制经营，实现露地瓜菜从种植、生产、加工、销售为一体的全产业链经营模式。建设有3000吨冷藏保鲜库，年储藏蔬菜6000吨。合作社以瓜菜种植、冷藏、加工、销售为核心，与超市及当地脱水蔬菜加工企业建立产销体系，年供应蔬菜2万吨。辐射带动周边4个乡镇500家农户参与其中，种植面积达5000亩，全年带动运输露地瓜菜、蔬菜分选、加工、包装等务工人员150多人，带动季节性人员超过300人次。2017年产值3035万元，利润153.39万元，税收38.34万元，研发经费280万元。截至目前，2018年产值3120万元，利润106.20万元，税收26.50万元，研发经费200万元。

创品牌，扩大销售市场

近年来，伴随着新型职业农民培育工作的不断推进以及农业现代化的不断发展，传统农业“日出而作，日没而息”的耕作方式已被彻底打破，广大农村已成为大有作为的地方，“农民”一词也从“身份”认同逐渐转变为“职业”认同。

2014年，惠农区成为全国新型职业农民培育工程试点县（区）。为了将传统产业发扬光大，惠农区农牧局将蔬菜加工技术列为重点培训项目，一批从事蔬菜产业的农民积极参加培训。韩王伟作为第一个“吃螃蟹”的人，虚心请教主动和老师、学员交流，并将学到的知识技能和多年的企业管理经验有机结合运用到多年的生产实践中，取得较为显著的成效。

“有经营才有收益，扩大营销渠道，就是降低生产风险。”韩正伟带领社员积极创新创优产品品牌。目前，已注册拥有“发途发”和“韩记”两个农产品商标。同时，合作社多次组团参加大型产品展销活动，使合作社产品畅销北京、大连、青岛等大中城市，建立了较为广阔的销售网络。合作社还积极开展“社企对接”经营模式，先后与农产品加工企业对接，实现产品订单销售，不仅减少了合作社运营成本，还降低了合作社的市场风险，同时促进了合作社的规模发展，在更大范围、更广领域内实现了劳动力、土地、资金和技术等生产要素的优化配置。

重培训，开展标准化生产

“我感觉现在的部分职业农民在具体的种植、养殖技术技巧方面可能比有些专家还‘通’，我们现在的培育重点工作主要是放在经营、管理方面的课程。培育一批人，最重要的是给学员们做好后期的跟踪服务。”韩正伟说，“在我们当地，大部分职业农民是一批‘80后’‘90后’的年轻人，这些人脑子灵活，但是干事儿的耐劲儿有时候还是差点儿，得把他们当作自家的孩子来培养引导才行。”

“用心搞农业，也得花钱投入，我们搞脱水蔬菜和任正非搞华为手机一样都在科研方面投入很大的精力和物力。”韩正伟说道。宁夏发途发蔬菜集团，到目前有员工260余人，其中，组建了10余人的专业研发队伍，30余人的专业蔬菜种植管理团队，季节性用工200余人。并与惠农区农业技术推广中心的4名专家组建培训中心，有培训室3间，其中小培训室2间，大培训1间，一次可培训300余人，配备了电脑、投影仪、音响、摄像机等相关设备；成立了农产品研发机构，开展新品种、新技术试验研究；推广普及标准化栽培技术，示范带动标准化生产。

要想把农业做好，社会化服务必须要跟上，韩正伟把一家一户的农民组织起来，制订露地瓜菜标准园蔬菜生产技术标准；推广普及高畦地膜覆盖、膜上喷灌技术；全面推广使用生物农药和高效低毒农药；实行“五统一管理”；等等。企业发展的同时，不断融入的新科技、新技术，先后组织农业技术培训10次，300人，创办田家课堂，组织新品种栽培技术培训5次，参训200人次。

吃水不忘挖井人。企业在自我发展的同时，通过结对帮扶、安置残疾人就业、捐资助学、捐款等形式反哺社会，先后向社会捐款3万元。韩正伟说："公司积极安排本村及周边农民就业，年解决农民劳动用工500人，支付农民工工资150多万元，带动800多农户积极发展蔬菜产业。帮助当地农户实现了'离土不离乡，家门口就业'的梦想。"

一分耕耘，一分收获。2015年，韩正伟被评为自治区劳动模范。宁夏发途发蔬菜集团产业公司先后被评为宁夏回族自治区科技型中小企业、宁夏回族自治区专精特新示范企业、宁夏回族自治区农业产业化重点龙头企业、2017年度宁夏名牌产品、国家级星光天地、石嘴山市新型职业农民培育培训基地、石嘴山市科技创新团队等。

"继续肩负行业使命，以生产健康、安全、绿色农产品产为己任，以谋求成员利益和带动农民增收为最终目标，信托基地优势，以电子商务为切入点，积极引导蔬菜产业向规模化、品牌化、标准化方向发展。"对于未来的发展，韩正伟满怀信心。

铿锵玫瑰多彩绽放　创业路上不气不馁

——记石嘴山市惠农区新型职业农民刘惠霞

“风雨彩虹，铿锵玫瑰，再多忧伤再多痛苦自己去背。”这首《风雨彩虹　铿锵玫瑰》是惠农区奶牛行业界女强人刘惠霞最爱唱的。在面对无数困难险境时，刘惠霞心里总默念着“不气不馁，无惧无畏”的话，以此一次又一次地激励她坚强前行。

在当地，每当有人提起刘惠霞，人们都会竖起大拇指，带着敬佩的语气说道：“那可是咱惠农有名的女强人啊！”也正是因为这一份拼搏精神，让刘惠霞在奶业转型期间无畏挫折，激流勇进，紧跟时代发展，努力学习新技术、新科技，最终成为远近闻名的女强人。

蓄势待发，理清思路

2000年，当时的刘惠霞还在内蒙古乌海的一个企业上班，是一名普通的企业职工。由于平时工作繁忙，离家又远，有时候一个月都回不了一次家，夫妻两人总是聚少离多，时间长了她也常常为此而感到苦恼。加之企业效益差，连续几个月都发不出工资也是常态。家庭与工作上的不如意，都让她感到压力重重，在她内心早已埋下了名叫“突破”的种子。

最终，夫妻二人经过商量，刘惠霞决定辞去乌海的工作，回到惠农家中做一名家庭主妇，照顾老人和孩子。“在家的一年中，本以为生活会变得安逸、美满，但正是这种无所事事的状态，使我不得不思考这样闲散安逸的生活是不是自己所追求的。”刘惠霞再次与丈夫商量后，来到了一家奶牛养殖场工作，没想到这一干就是十年。

随着物质生活的改善，人们的健康观念也在不断转变，更加注重牛奶的饮用价值，奶牛养殖业欣欣向荣。“牛奶是最接近健康完善、最易于人体吸收的饮品，有着巨大的市场空间。”刘惠霞说，“我刚刚工作的时候，看到卖牛奶居然具有这么大的市场，我就从心里想，要是我也建一座奶牛厂呢？我相信如果让我来干，绝对不会干得比别人差！”但是，建设奶牛场投资巨大，谈何容易，钱从哪里来？人从哪里找？设备从哪里买？不懂得脚踏实地，梦想永远都只是空中楼阁。所以，十年来，刘惠霞始终坚守着自己的信念与梦想，一步一个脚印，潜心学习奶牛养殖、饲养管理技术，无惧困难，最终熟练地掌握了奶牛养殖的经营与饲养管理技术和流程。这时，刘惠霞知道，是时候建一座属于自己的养殖场了，她要成立一个合作社！自己也当一回老板！

艰苦创业，自谋出路

2015年，刘惠霞43岁，这一年，对她来说是极其不平凡的一年。“当时，正赶上我国奶业市场受进口乳制品的冲击以及消费不振的双重影响，奶业市场发生了巨大的变化，一些规模较小的养殖区域因原始的养殖模式、落后饲养技术和经营管理方法，造成奶质差、卫生不达标，出现了鲜奶滞销的难题，发生了‘倒奶杀牛’的事件，一些小型养殖场相继倒闭；而一些规模较大、设备先进的养殖场，因牛奶质量好，卫生条件达标，所产鲜奶却是供不应求。”刘惠霞看在眼里，急在心里。经过周密的思考与计划，做好一切准备后，刘惠霞说干就干，第一件事就是筹措资金。为了解决资金不足的困难，刘惠霞决心拉拢周边零散养殖户成立养殖合作社，通过合作社贷款筹措资金。

“乡亲们，一家一户的饲养管理模式，已经不能适应现在市场的需求了，规模化养殖场是今后发展的主要方向，大家把奶牛集中起来，实现统一的饲养管理，建设一座规模化养殖场，生产出优质的鲜奶，市场前景会非常好。”通过她苦口婆心地摆事实、讲道理，最终说服了附近的几家奶牛养殖大户，由她牵头成立了惠农区塞上富源奶牛养殖合作社，贷款1000万元建成了一座占地面积250亩的高标准现代化奶牛养殖场，从此开始了她的创业之路。

合作社成立了没多久，又出现了新的难题——奶牛数量太少。刘惠霞在心里默默念着“不气不馁”，挨家挨户上门说服了许多养殖户将奶牛租给自己，采取托管、租赁、入股等“借鸡下蛋”的模式，当年便引入奶牛700头，实现了当年建厂、当年投产、当年见效的目标，现在奶牛场已经聘用了25名职工，拥有1100头养殖奶牛，日产鲜奶18吨。由于刘惠霞的养殖场建设规范，设施先进，管理科学，成功与蒙牛乳业签订了鲜奶销售合同，生产的鲜奶全部用于生产“特仑苏”等高端产品，年销售收入达到1800万元。

广袤的大地是坚固的“课堂”，切合实际是最好的“教育”。刘惠霞不断给自己“充电”，通过当地媒体的宣传介绍，了解到当地政府对于有积极示范带动作用的农业大户举办新型职业农民培训班，能够具有针对性地满足她对于奶牛养殖与经营管理知识的需要，刘惠霞如愿参加了惠农区与石嘴山农广校联合组织举办的新型职业农民培训班。“通过理论学习与观摩交流，不但思想上得到了极大的启发，养殖技术也有了很大的提高。在专家们的帮助下，养殖场实施奶牛生产性能测定（DHI）技术，引进了奶牛科学选种选配技术、全混合日粮饲喂（TMR）技术、奶牛生产计算机智能化管理等技术，使奶牛饲养管理工作迈上了新的台阶，奶牛单产从27公斤，提高到31公斤，效益明显增强。”让“脑袋”先富起来，通过学习，刘惠霞放下了心中的重担。

创新发展，科技引路

“有了技术，那下一步我要干什么呢？”刘惠霞问自己。“不行，我不能一直追赶其他人，我要做到他们前头！”带着新的知识、新的理念回到工作岗位上，刘惠霞活学活用，理论联系实际，决定要把奶牛场扩建，不仅要更大，还要更新、更优！下定决心后，刘惠霞又流转土地2000亩，建设了优质苜蓿、青贮玉米种植基地，同时，提升养殖场奶牛粪便利用率，将奶牛粪便经堆肥发酵后制成有机肥，投入到牧草基地，不仅减少了环境污染，而且还促进了循环经济的发展。

“去年，我们又引进了奶牛饲喂监管系统、奶牛发情检测、奶牛场视频监控管理系统，新上了奶牛场物联网技术，奶牛饲养管理水平和经济效益明显提高了。有了这些装备和技术，我坐在家里通过电脑和手机就可以轻松地实现对养殖场的管理，养殖场的各种信息和数据可以及时的传输到我的手机上。”说起新技术的应用，刘惠霞充满自豪。

就这样，刘惠霞带着一股拼搏的劲头、创新的精神，当起了本地奶牛行业转型的排头兵，为惠农区奶产业向集约化、规模化、现代化农业稳步发展贡献了自己的力量。作为农业信息化、产业化浪潮中的一员，更多像刘惠霞这样的实干者们激流勇进，书写着创业兴业的动人篇章。

子承父业　砥砺前行

——记石嘴山市惠农区新型职业农民王宝旺

不忘初心，子承父业，传承家风，是王宝旺干事业的出发点和落脚点。“我祖籍是河北保定的，我出生在内蒙古乌海。1983年，父亲在部队上辞职，举家来到了惠农区，便在这里定居了下来。父亲是一个有经济头脑的人，在改革开放初期，乌海和石嘴山粮食和面粉流通非常困难，老百姓吃不上白面，父亲瞄准商机，以农为本，以粮为根，狠下决心，购买了5台自动化面粉机，在惠农区首创面粉加工业，开启了保石面粉厂的先河。因为我祖籍是保定的，现在成了石嘴山人，事业和生活都在这里，父亲为了纪念故乡和家乡，才给面粉加工厂起了这么一个唯美的名字。”四十多岁的王宝旺声音略带沙哑地说。

从1983年父亲的面粉厂建立以来，王宝旺目睹着父亲的面粉加工事业从无到有，由弱到强。他看到了父亲的坚韧和远见，他的骨子里也流淌开了开拓者的血液。1988年，高中毕业的王宝旺，没去上铁路技校，而是毅然选择了父亲的事业，回到了父亲创办的保石面粉厂。这时候王宝旺父亲已经是宁蒙交界闻名商务“老王老板”了。1996年，24岁的王宝旺子承父业，一头扎进面粉行业，砥砺前行，一干就是22年，成了远近闻名的“小王老板”，走上了农业规模化、集约化发展之路。

王保旺对笔者说：“父亲给了我创业的底子和经验，如何让面粉加工事业继续向前健康发展，这也是我常常思考的问题，不能把父辈积累了30多年的事业抛弃。没有压力就没有动力，必须更上一层楼，让老百姓吃上安全优质的面粉，给天堂中的慈父一份慰藉。这也是担当也是责任，更是继承和发扬光大。”

不忘初心，砥砺前行

20世纪八九十年代，小麦是当时惠农县乃至银北地区主要种植的农作物，面积大，产量高，生产的红粒小麦品质好，面筋含量高。受传统粮食购销国家控制体制的影响，农民手中存有大量的小麦却难以销售。王宝旺的父亲在看到农民难处的同时，也看到了面粉加工的商机，积极响应党和国家的改革开放的政策，毅然建起了面粉加工厂。

随着面粉厂经营规模的不断扩大，王宝旺担负的生产责任更大，业务工作更加繁忙。从2000年到2014年期间，厂里先后经过5次技改扩建。作为主要负责人的王宝旺，主持每次的改造扩建工作，从厂房基建到设备安装，他总是一丝不苟，认真负责，严把项目工程质量关，每次技改扩建都为厂里赢得了新的发展机遇。多年来，王宝旺生产的“惠香源”牌面粉靠着品种全、质量高的口碑赢得了市场，深受消费者的喜爱。尤其是王宝旺参与开发的“雪花粉”系列面粉，产品一经上市就收到消费者的热烈追捧。在他的带领下，通过多次的技改扩建和近30年的滚动发展，保石面粉厂从日处理加工小麦2吨的面粉加工家庭作坊，成长为日处理加工小麦150余吨，生产优质小麦面粉100多吨的现代化大中型面粉加工企业，年生产加工能力4.5万吨，销售收入达到了3000万元，固定工人18人，在收购小麦时季节性用工40人。

“大家称我父亲是王老板，称我小王老板。”王宝旺诙谐地说。当然，提起大、小王老板，乡里乡亲个个都竖起大拇指，说这爷俩憨厚朴实，大胆有魄力，心底更善良。35年的目睹耳染，22年的面粉事业，日复一日，年复一年，王宝旺不再是一个年轻的小伙子了，是一个累弯了腰的顶天立地的真男人。“过去送货、运粮、送面粉都是敞篷车，道路难走，基础和条件差，经常扛粮食袋，整天只是努力拼搏，没有顾及身体健康，现如今患了强直性脊柱炎，只要天一阴，自己就全身不舒服。”王宝旺指着自己的腰说。

着眼未来，谋划出路

“父亲打下的基础，自己如何守住？如何做大做强？”王宝旺经常夜不能寐，辗转反侧自言自语，谋划着保石面粉厂的未来。2014年，他申请参加了一期当地农牧部门举办的新型职业农民培训班。虽然自己已经是面粉加工领域的资深人士，但是对于粮食种植、初加工领域以及农业产业化发展和一二三产业融合发展方面的认识，王宝旺还是一个真正的“门外汉”。通过几天系统课程的学习后，王宝旺惊喜地认识到，随着行业内分类的不断细化，除了自己所熟悉的面粉加工领域外，农业产业化和一二三产业融合发展天地很宽，农业发展前景广阔，自己也可以尝试从其他领域扩大自己的事业范围，拓展自己的产业链条，甚至还可以帮助更多的人分享一二三产业融合发展带来的实惠。

“思路决定出路，说干就干。”王宝旺随即牵头成立了惠农区聚利农产品流通专业合作社，建起了占地12000平方米的大厂房，给厂子里配齐了粮食晾晒场、粮食烘干机、库房和办公室，解决老百姓的粮食发霉变质、丰产不丰收、流通受阻等问题，铺展广大农户丰产丰收的愿景，广大农户种植小麦、玉米、水稻的积极性一下提上去了。“老百姓是憨厚的，每年粮食丰收了，没地晒粮，更没地存粮，好多粮食发霉白糟蹋，粮食价格上不去。我一直思考这个问题。找这个问题的出路，如何让大家丰产又丰收，保持粮价稳定、高效优质的粮源，提高粮农的收入。我去好多地方考察学习，不断总结经验。终于，从2016年开始到2018年，我联合广大种植农户和合作社成员，先后投资180万元，搭建了一条年产5000吨的粮食烘干塔生产线，我们这个生产线呀，采用的是国内最先进的粮食烘干配套设备，储粮能达到5000吨呢！”一谈到合作社的发展，王宝旺总是滔滔不绝，“这两年，我们还投资了245万元，建成5000平方米的农产品晾晒场，这晾晒场建好了，不仅能帮助乡亲们解决优质粮食丰收后霉变浪费的问题，还能为失地农民提供不少工作岗位呢。”

回馈乡亲，率众致富

常怀感恩之心是王宝旺的做人准则。王宝旺认为，自己能有今天的成绩，都是党的政策好，是诚信经营的结果，更是广大农户和乡亲信任支持的结果。2016年粮食烘干塔生产线建成投产后，正好赶上农民玉米秋收，王宝旺就号召周边村队的农民直接把收获的玉米粒拉运到自己的晾晒场，免费让农民晾晒玉米。大多数的农民在此晾晒并经过烘干塔烘干后，将玉米直接卖给合作社。这样，合作社通过帮助农民进行玉米收购，减少了农民、家庭农场、专业合作社因农作物收割后遭遇天气变化带来的风险，极大地减少了种粮大户的损失，也使合作社收购到更多的农产品进行流通销售，这样老百姓有钱赚了，盈利敲开幸福路。

一枝独秀固然好，花开满园才是春。老百姓赚钱了，王宝旺心里更有底了，更奠定了他带领大家致富的雄心。他带领合作社从尾闸镇农民手中流转土地3000亩，种植优良玉米1500亩、优质小麦1500亩，建立自己的农产品流通原料种植基地。既为保石面粉厂加工提供了优质的粮食加工原料，也为合作社进行粮食流通提供产品。2016年，王宝旺带领合作社成员共帮助周边120户农民及专业种植大户，收购烘干粮食7000多吨，合作社经营收入达到1260万元，获得收入25万元，为周边农民提供了20个就业岗位，农民工获得工资收入45万元。无论从经济效益，还是社会效益上都赚得“盆满钵满”，老百姓敬佩地称他为致富路上的带路人。

持之以恒、良性发展是企业的魂魄。王宝旺的保石面粉厂及其合作社，生产的规模化、集约化降低了成本，增加了收入，赢得了好声誉，提升了产品的附加值，带动了惠农区粮食加工业的发展。2012年，保石面粉厂被自治区粮食行业协会评为“自治区放心粮油示范加工企业”；2017年，惠农区聚利农产品流通专业合作社被惠农区组织部评为“2017年度优秀合作社”，被石嘴山市人民政府评为“石嘴山市农业产业化龙头企业”；2017年，王宝旺个人被惠农区委组织部评为“党员创业带富示范户”。

勤奋改变命运　梦想点亮未来

——记石嘴山市惠农区新型职业农民王志刚

站在田间，举目望去，一望无垠的庄稼地里，绿莹莹的豌豆苗长势正旺，淡紫色的花朵一丛一丛，连成片，汇成海。王志刚感到生命仿佛重新绽放，创业致富的喜悦涌上心头。

曾经，“从农村走出来，再回到农村去，是命运的不公吗？”这个无数次萦绕于王志刚心中的困惑，随之即画上了句号。多年来，扎根农村，坚守梦想，在特色蔬菜制种项目上一步一个脚印获得的一个个成绩，印证着他回归农村是一个无比正确的选择。

重返家乡，踏上创业之路

八年前，王志刚怀揣改变命运的梦想，走向城市，进入石嘴山惠农冶炼厂工作。他能吃苦又勤快，很快就掌握了丰富的业务知识和较高的业务技能，本想可以在企业安稳地度过余生，然而企业的停产让王志刚在裁员的大潮中下岗了。“站在人生的十字路口，何去何从？”谈及自己的过去，王志刚记忆犹新。无所事事的王志刚走在西永固二队老家的乡村小路上，看着一望无际充满生机的庄稼，心里闪出一个念头：“回到家乡，自主创业！”从小在农村长大，那份对土地的深情让王志刚返乡创业的冲动异常强烈：“别人一些致富能手可以在农村干好干大干强，我为什么不行？”

2014年，这一年是王志刚命运的转折点。这一年，王志刚带着对前程事业无限的憧憬，带着年轻人敢为人先的朝气和激情，还有许多不理解他的人的怀疑的嘲笑，毅然走上了艰辛的回乡创业之路。

农村的天地很广，要干点什么才能赚钱呢？传统的玉米、小麦肯定不行，燕子墩乡枸杞种植也处于低迷，蔬菜大棚、牛羊猪的养殖……王志刚想了许多许多。

半年时间里，王志刚跑遍了县、乡、村农业示范点，深入市场，了解农村市场行情的发展状况；走向农业合作社、走进田间地头与农业技术员、科技示范户、耕作田间的农业能手了解种植产业的发展前景。通过调研，王志刚了解到，随着生活水平不断提高，人们对于绿色蔬菜的需求越来越大，而在惠农本地承包土地进行大规模蔬菜种植的，大多都来自外县区，这说明进行蔬菜种植肯定有市场、有销路、能赚钱，别人都在种植蔬菜，蔬菜种子的需求量肯定会很大。“只有独辟蹊径，才能摆脱尴尬局面，找到蓝海市场。”王志刚选择了从具有广阔前景的特色蔬菜制种产业。

在承包了村里农民的50多亩土地后，王志刚又找遍了身边的亲戚朋友筹集到20万元启动资金，建立了自己的制种基地。看着田里长势良好的菜，王志刚信心十足，即将成功的喜悦开始挂在他的脸上，他每天干劲十足乐在其中。理想是丰满的，现实是残酷的。这一年，由于不懂技术、不会管理，尽管王志刚花费了大量时间和精力，但是种子产量低、品种差，质量也不过关，到了市场上鲜有顾客问津，亏损了不少。这个结果像一记闷棍打在了王志刚的头上，也敲碎了他的创业梦想，让他一蹶不振。王志刚开始怀疑自己选错了产业。

失败的经历带给王志刚血的教训，更激发他内心那股不服输的心劲，他总结经验，调整了思路，誓要解决技术与品种的问题。身边的朋友鼓励他要跳出传统闭塞的笼子，走出去，参加农业科技培训，多到农业基地参观，多方了解别人是如何经营农作物制种的，开开眼界，也多取取经。

自强不息，走向专业成长之路

“职业农民不能只是面朝黄土背朝天。”闲暇时光，王志刚总是抓紧一切机会就参加县区、乡镇农广部门组织的各类培训，系统学习蔬菜制种管理技术，从来没有间断过。

2016年，王志刚背起书包走进惠农区举办的新型职业农民培训班，听专家和技术员讲解农业致富新理念、新技术。在培训教师的组织下，赴云南等制种发达省区学习新技术，提高专业技能水平，加强生产环节管理能力。王志刚主动联系附近的制种大户和合作社，实地学习蔬菜制种管理技术。勤奋学习，刻苦钻研，不懂就问，如饥似渴地钻研蔬菜制种技术，王志刚的认真态度感染了身边的技术指导员和同事，大家都乐于把自己掌握的蔬菜制种技巧传授给他。全新的蔬菜制种技术和经验，犹如新鲜“血液”输入王志刚的体内，让他有了坚强有力的技术后盾，更加坚定了他做好蔬菜制种产业的勇气和信心。

破茧成蝶，闯出致富新天地

“通过多次培训学习，我决定再一次尝试创业。”2016年，王志刚利用学到的专业技能，认真选择好的制种品种，承包地力肥的基地进行蔬菜制种。王志刚告诉笔者，从品种选择、基地选择、生产种植、管理施肥、灌水、除草、用药等各个制种生产技术流程环节，严格把关，精心管理。功夫不负有心人。经营的100亩蔬菜制种基地扭亏为盈，当年就获得了较好的效益。经过三年的探索，王志刚终于走出了一条依靠蔬菜制种致富的道路，尝到了成功的喜悦后，他信心倍增，随后又成立了惠农区旭东蔬菜产销专业合作社，再次扩大产业规模，大胆承包了本村农民的400多亩地，大面积开展蔬菜制种。由于种子品种好、质量高，当年就顺利打开了销售市场。

“没有专业技术和经营管理头脑的普通农民，想要致富是多么困难。”王志刚感慨自己创业失败的经历，在他承包的500多亩蔬菜制种基地，劳动就业都选用当地村民，而且大部分为流转地的农民，使得这些农民从中获得了20万元的收入。他还经常到田间地头传授蔬菜种植技术，培训农民们防治病虫灾害的技能，成为远近知名的科技示范户和科技推广能手。致富之后，他还不忘回报社会，先后向社会福利机构捐款3万多元。

2017年，王志刚已承包了1000多亩地进行蔬菜新品种繁育制种。随着产业规模的扩大，他再次感到自己原有的经营管理水平难以适应新形势、新发展的需要。近年来，电商兴起，如何在互联网时代占据蔬菜种植市场的先机成了王志刚需要攻破的又一新课题。在惠农区举办的新型经营主体带头人培训班的宣传页上，王志刚欣喜地看到，有关于电子商务和农业企业经营管理的课程已经被作为本次培训的特色课程排在了课程安排上，授课教师都是些大有来头的专家。他放下手头的活，赶快填写申请表，抓住机会参加学习培训。

2018年，王志刚借助“互联网+农业”，为自己的制种事业插上了腾飞的翅膀。1000亩制种基地步入稳定良性的轨道，蔬菜产销专业合作社经营也更加成熟。他没有因此而满足，农业广阔的天地让他又有了新的规划：1200亩种植、采摘田园综合体项目已经正在实施。如果说破茧成蝶，是蚕对自由的渴望，鹰击长空，是鹰对天空的向往，那么回到农村创业致富，带领乡亲们走上共同富裕之路，就是王志刚心中最大的梦想。这个依靠科技自主创业走向致富之路的新型职业农民，坚定地表示：制种产业是良心产业，要一辈子在农业生产中耕耘，利用自己学习的新技术将更多的农户联结在一起，当好探索农业产业化之路的排头兵。

扎根乡村种出“致富果”

——记石嘴山市惠农区新型职业农民张健

他曾是毕业于山西财经大学的高才生，拥有一份世界500强企业的高薪工作，因为一份责任、一份担当，一种选择、一生承诺，29岁的他毅然辞职，回到家乡，扎根土地，努力实现着他“新时代农民”的梦想，成了远近闻名的“大学生创业明星”“农村青年致富带头人”“惠农英才”“党员创业带富示范户”。他就是惠农区新型职业农民张健。

不忘初心，返乡创业谋发展

农村的孩子寒窗苦读十余载，上完大学后尽量都选择在大城市工作，如果放弃在城市工作的机会而选择当起了“泥腿子”，不仅会让村里人笑话，而且会被家人强烈反对。但作为一个有闯劲、有梦想的年轻人，不惜放弃安逸的城市生活，张健铁了心也要当“新农民”。

现年32岁的张健是惠农区庙台乡东永固村人，大学毕业后在一家央企做分公司账务部部长，工作稳定，收入可观。但他始终没有忘记自己是一个地地道道的农家子弟，父辈们开垦的土地上有他的希望，眼看着父母渐渐地变老，张健不顾同学和村里人的异样眼光和家人的反对，毅然选择回家乡创业。

白净的皮肤，说话还有点斯文。初见张健，你很难把眼前这个年轻的大男孩儿和“田头工作者”联系起来。“因为出生在农村，我对农村有了深厚的感情，就想让越来越多的都市人走进乡村，看看乡村的山、乡村的水、乡村的美。现在的农村基本空了，只有老人和孩子，想要年轻人留下来，就得让年轻人在家门口就能挣钱。”只要和张健聊起农村的话题，你就能从他滔滔不绝的话语中了解到，他对这广沃的田野有着超乎常人的深情。

质量为本，科技创新见成效

“我心里一直都怀揣着创业梦想，所以回到家乡，也没有出去找工作，而是结合了我以前的工作经验，自己开始创业。”张健说，通过查阅资料、实地调研，他最终决定要走一条种植黑果枸杞的发展之路。

黑枸杞是迄今为止发现的花青素含量最高的果实，也是最有效的天然抗氧化剂，价格最高时每公斤能卖到3000多元。而自己的家乡——惠农区又是中国枸杞发源地之一，一直有“南中宁，北惠农”之说。目前，惠农枸杞系列产品已远销美国、加拿大、德国、西班牙、英国等国家。

俗话说，万事开头难。虽说创业的方向有了，但作为枸杞种植的“门外汉”，张健一时间感到有心无力，到底该从哪里突破呢？思来想去，他决定去惠农区农牧水务局寻求帮助。当时正赶上惠农区农牧局组织开展全国新型职业农民培训，在张健的主动申请下，他顺利地参加了枸杞生产种植培训班。培训班不但设有枸杞种植的专业课，还有电商和创业的课程，他认真听课做笔记，大胆提问，虚心请教，主动沟通交朋友，认识了很多的创业指导专家和枸杞种植能手，无数次的交流指导使张健意识到，只有科学种植营养价值更丰富、经济价值更高的黑枸杞，才能将产业做大做强。在政府的帮助协调下，在农技专家的培训指导下，在自己的潜心钻研下，当年投入25万元承包土地100亩，用于栽种从青海引进的纯黑果枸杞，并于当年取得了较好的经营成果，收入达12万元。

为了开阔眼界、弄懂学通，张健又先后参加了“宁夏优秀实用人才”和“全国农村青年创业致富带头人”培训班。通过系统化的培训，让张健更加认识到了自身的不足，也进一步开拓了眼界。于是张健继续扩大规模，又流转土地150亩，按照标准化的枸杞种植基地建园，同时承包村集体荒滩盐碱地45亩，通过土地改良、创新栽培技术，实现黑枸杞成活率75%以上，使得原有的荒滩变成了枸杞基地，迎来了周边村镇及政府的参观和学习交流。

“好产品是会说话的。”张健始终坚持用好水土、好环境、好方法种植好枸杞，立志做纯正、安全、健康的高品质全产业链枸杞。他在建园之初，专门从黑枸杞原产地青海引进了纯种黑枸杞苗木，并使用生物有机肥替代化肥，用生物源农药代替化学农药，种出的黑枸杞原花青素含量高达3.3%。2017年7月，张健的“馨中康”牌枸杞入选中国名牌产品市场保护委员会和中国国际绿色环保管理委员会联合认证的中国绿色健康食品。

“再好的产品，如果在收获和初加工中，不注重技术投入和创新，那也会使自己的产品质量大打折扣。”张健不仅在种植过程中严把质量关，在产品初加工过程中也坚持技术投入与创新，他投资50万元加强配套设施建设，完成了1000平方米晾晒场1个，办公展览室及加工车间200平方米，安装全自动热泵控温控湿式烘干房1座。他积极对参数和数据进行分析总结，并通过技术创新，目前已申请国家发明专利1项，获批国家实用新型专利3项。

示范引领，合作共赢同致富

作为一名中共党员，张健时刻不忘带动周边农民共同致富的目标，于2016年成立了惠农区磊鑫黑枸杞种植专业合作社，注册资金300万元。

“说实话，农民最实际，也最谨慎，在创新发展路子的选择上有些胆小，也不知道如何选择，所以常听大家说‘村看村，户看户，群众看干部’。喊破嗓子不如做出样子。想要带动群众致富增收，必须自己先做起来。”张健说，正是有了这样的想法，他开始将合作社积极搭建成“合作社+基地+农户”的平台，引导周边农户种植黑枸杞，并长期雇用周边农民从事田间管理作业，近3个月的采摘期，人均日工资达98元，累计发放工资21.8万元，为村民带来了一笔可观的收入。

在销路上，张健的合作社积极搭乘“农村电商”这条快车，采取线上线下多渠道销售，在全国各地发展微商代理，让家乡特产飞出小乡

村，销往全国各地。自2018年初至今，合作社通过电商渠道销售农产品达94.71万元。

三年的农村创业生活，让张健的双手显得粗糙，充满了农活留下的印记。似乎只有脸上的近视眼镜，才能将他和普通的农民区别开来。创业初期并不容易，张健时常面临资金困难的问题，但他始终坚持做公益事业。他的合作社每年都从利润中提取部分资金，一方面给长期务工的工人补贴农村养老保险和医疗保险，另一方面，春节期间给高龄老人、困难党员、困难群众和留守儿童发放慰问金。2018年的春节前夕，他们出资4500元为15户困难群众送去了米、面、油及枸杞，还特意为2名留守儿童购置了羽绒服。正是因为这样的付出，张健也得到了事业发展最重要的基础——人心。

扎根农村，乡村振兴领路人

“党的十九大报告提出的乡村振兴战略，为扎根农村的新型职业农民绘就了美好蓝图。如果产业做好了，我相信乡风文明、治理有效、生活富裕是顺理成章的事情。”2018年，张健转变思路，大胆尝试，率先实验性种植五彩枸杞（红、黑、白、紫和黄枸杞），用于农业观光、采摘和制作盆景，同时开办了以枸杞为特色的农家乐。

“我计划在2020年建成500亩的标准化枸杞种植示范园区，500亩的有机杂粮蔬菜种植园区，开办特色农家乐、民宿等乡村旅游项目，力争通过10年的努力把合作社发展成为独具特色和魅力的集种植、加工、销售全产业链，农村一二三产业融合发展，特色休闲农业、乡村旅游、资源能源循环利用为一体的新兴生态庄园示范项目，带动更多乡亲致富。”采访中，张健滔滔不绝，思想十分活跃，对党的十九大报告中的“三农”政策理解得十分深刻。他的微信朋友圈信息，几乎每一条都与农业农村有关，有他的创业规划思路。

新时代开启新征程，新时代呼唤新作为。对于张健来说，从立足国企创先争优的“奋进者”，到带领村民脱贫致富的“领头羊”，不仅是身份的转变，更是人生的升华。“幸福是奋斗出来的，广阔天地，大有可为。只要撸起袖子加油干，就能创造出无愧于新时代的人生。”面对未来，张健充满信心地说。

践行科技兴农　带动百姓致富

——记平罗县新型职业农民冯连茂

黄渠桥是个人杰地灵的地方，羊羔肉驰名天下，这里孕育了好多人物故事。冯连茂就是其中一位。大家亲切地称呼他冯书记、冯专家。

在这里，合作社就是五星村老百姓的致富之家。当走到黄渠桥五星村，惠灵路西侧一座高大宽敞的厂房就会展现在你的眼前，这就是五星村惠民蔬菜种子专业服务合作社。你总能看到一个中等身材、头发花白、精瘦干练的身影穿梭在厂房和办公室之间，既要到种子精深加工车间检查设备运行、检验种子净度、监督岗位安全操作，又要接待来商洽谈业务，忙碌得像个陀螺，整天不停歇。大家都说，他是心系农民的大忙人。他，就是平罗县黄渠桥镇五星村的党支部书记、平罗县五星惠民蔬菜专业服务合作社法人冯连茂，今年53岁，虽然只有高中文化程度，但在当地老百姓眼中冯连茂可不是一个普通的村书记。

“我们五星村平罗县粮食主产区，长期种植粮食作物，粮食价格低，土地无法倒茬，产出原来越低，社员积极性差。近些年来，我们村立足实际，积极调整产业结构，瞄准种植蔬菜行业，大家的收入原来越高，老百姓得到了实惠，所有的事情就好办了。”冯连茂详细介绍红星村情况。

冯连茂所在五星村位于黄渠桥镇镇政府东南7公里，辖8个村民小组，496户1606人，耕地面积7641亩，其中B类耕地2395亩。以蔬菜制种为主，制种面积3260亩，基本形成了生产、加工、销售一条龙的产业化经营格局。

招财引宝的大好人

蔬菜制种在平罗五星村落地生根，成为促进当地农民增收的“红媒”产业，这还得从冯连茂和一个人的一次偶然相遇说起。

20世纪80年代初，一名来自河北的种子经销商到了五星村推销架豆种子联系种植基地，与冯连茂不期而遇。对经销商侃侃而谈的经销策略和制种产业的巨大效益，冯连茂产生了浓厚的兴趣，他热情地招待了这位客商，对客商的言谈如获至宝，对客商的建议言听计从，并约定了双方合作的初步意向。

后来经他主动联系，邀请这位客商来做技术指导，在自家仅有的4.7

亩上等地里种下制种架豆，按照客商制订的技术方案精心种植。当年，收获架豆种子3100余斤，并按照客商指定的地点，把收获的全部架豆种子通过物流发给这位客商。一个星期后，他梦幻般地拿到了“贵客”汇来的18000余元的汇款单，那种惊喜无以言表。接着他又扩大了种植面积，几乎把家里能利用的田地都种上了架豆，年底收入翻了一番。从此一发而不可收，开始开展小规模地开展对外合作制种业务。

脱贫致富的引路人

五星村地势平坦，靠近黄河，农田渠系配套，灌溉条件优越；土地肥沃，具有良好的种子生产基础条件；交通便利，基础设施完善；蔬菜制种病虫害轻，污染小，蔬菜制种条件得天独厚。是全县重要的蔬菜制种基地。

建立合作社种植蔬菜也不是一帆风顺的，“刚开始好多农户不理解、不支持，经过长期的思想工作和培训引导，最后大家得到了实惠，积极性越来越高了。”冯连茂感慨地说。

“闫文平哥俩原来是砖瓦工，对于种植蔬菜抱消极态度，他们亲眼看着大家伙都富了，自己又眼红。我看到这样的情况，抓住机会给他们做思想工作，引导示范，让他们走上种植蔬菜的路子，逐步壮大合作社的凝聚力和吸引力，合作社真正成为了五星村老百姓致富的摇篮。”冯连茂接着介绍。

立足这一优势，多年来，冯连茂始终把发展农作物种业作为促进全村农业和农村经济发展的主要抓手，紧紧围绕产业提升和农民增收两大目标，面向市场经济，以科技为支撑，以特色种植优势资源为基础，选定产业，调优结构，培育基地，突出制种产业发展，着力打造农业特色品牌，不断提高制种产业规模化、标准化、产业化水平，推动了全村农业和农村经济持续快速发展。尤其是2007年以来，五星村累计发展蔬菜制种示范点20个，制种面积累计达到7600亩，制种品种有香菜、西葫芦、梅豆、冬瓜、西瓜、番茄、豌豆、苋菜、菠菜等十几个品种，亩产量75~300公斤，亩产值在2200~4000元，蔬菜制种成为五星村农民致富增收的驱动产业。

科技创新的大能人

2014年国家实施农村实用人才培训和新型职业农民培育工程项目，冯连茂是平罗县第一批遴选的新型职业农民培育对象。近年来，他先后多次参加了县、市、区农经站、农广校及其他农业主管部门组织开展的农村实用人才、新型经营主体带头人培训等培训班，通过培训学习，他不但提高了认识，转变了理念，还学到了许多专业知识，在农作物制种方面学得了“一技之长”。他在钻研制种生产种植技术的同时，不断探索产业增值途径，按照制种产业发展的趋势，精心勾画产业结构调整，形成一条以“基地建设为基础，加工增值为突破”的生产、精选一体化的蔬菜种子产业链，在不断增加收入的同时，带领群众扩大蔬菜制种种植规模，每年实现村集体经济收入30万元，户均每年单从蔬菜制种产业中获取利润12000多元。

为夯实种业发展基础，在常规制种扩量、提质、增效的基础上，他还不断研发、引进符合市场需求的蔬菜杂交制种新品种，实现制种品种的梯次换代，引进推广制种新品种20个，建设具有标准化、高效益繁制种基地2600亩，年产种子120万公斤以上，新优品种制种覆盖率达到50%。

2015年，在他的带动下，全村农民人均可支配收入13000元。全村有4个家庭农场，1个蔬菜制种专业合作社，12户种植大户，5家蔬菜制种企业。2016年村集体经济收入累计达到22万元，村集体银行存款76万元。2016年9月底，贯彻财政部、宁夏财政厅《关于开展扶持村集体经济发展试点的指导意见》精神，冯连茂积极组织申报了扶持村级集体经济发展试点项目，筹备建设了蔬菜种子精选、定量分级包装生产线，项目申报获得通过，争取国家扶持资金200万元。该项目自2017年7月投入运行以来，已完成蔬菜种子精选、色选、分级包装2100吨，实现产值35万元。按照合作社股权配置及收益分配方案，村集体将增加收入25万元，入股农户保底分红410元，全村将从蔬菜制种产业中获得的收入总计达到3280万元。

振兴乡村的带头人

一个人富了不算富，带领大家走共同致富之路是冯连茂建立合作社的终极目标。2016年，在冯连茂的带领下，村集体出资注册成立平罗县五星惠民蔬菜种子服务专业合作社，建立村集体成员代表会议、理事会、监事会等机构，完成股权配置。购置厂房建设用地和一体化种子精选机、比重机、分包机等设备，砌筑围墙900米，建设厂房2100平方米，硬化场地2400平方米，完成投资360万元。全村400多户农户，几乎家家都从事蔬菜制种生产，有长期从事制种的人员20多名，农民技术骨干160多名，他们在多年的种子生产实践中，积累了丰富的种子生产经验，熟练掌握了农作物制种的主要技术，蔬菜制种面积逐年扩大，培养了一批种子企业，现有500万元注册资金蔬菜制种资质的企业3家，300万元注册资金蔬菜制种资质的企业2家，100万元注册资金蔬菜制种资质的企业4家。这些企业先后与国内10多个省市的种子、科研单位建立了稳定的合作关系，构建了较完善的市场营销网络体系，形成了以蔬菜制种为主的良好的外向型种子产业发展格局。

2018年，加强田间技能培训，共培训300多人次，其中合作社的种植农户220户。全年种植蔬菜、制种3200亩，亩均收入2000元，总收入640万元，户均收入近3万元。其中，蔬菜有茄子、架豆、苦瓜、冬瓜、南瓜等，农民可支配收入14200元，

勤奋耕耘不计代价，默默贡献不讲薪酬。冯连茂扎根农村，心系农业，刻苦钻研专业知识，为全村蔬菜制种产业的发展付出了艰辛的努力，奉献着滚烫的情怀。

群雁高飞头雁领　致富路上扛旗人

——记平罗县新型职业农民哈学虎

他曾是一名高考的落榜生，是家庭劳动的主力军；他如今是群众致富的扛旗人，也是大家高飞的“领头雁”。

作为一名父母官、一名回族党员，多年来，他急农民所急，想农民所想，积极响应国家农业扶持政策，努力争取项目，牵头成立合作社，带领当地农民走上了脱贫致富的道路。他就是现年43岁的哈学虎，平罗县姚伏镇小店子村党支部书记。

群雁高飞头雁领

想法遇上了政策，思路就是出路。前几年，小店子村青壮年劳动力外出务工或进城就业，留在农村的劳动力大多是妇女和老人。土地耕种困难居多，原始落后的种植技术和简单粗放的管理方法，导致田地收入逐渐下滑，于是撂荒土地越来越多。哈学虎看在眼里，急在心上，他曾先后多次与村两委班子商讨如何解决农户耕种土地困难的问题，寻求壮大村集体经济的出路。2015年，按照自治区政府部门有关文件精神，为不断壮大村集体经济，促进农村产业发展，增加农民收入，推动全面小康社会建设，国家财政出资支持发展壮大村集体经济。哈学虎看到了希望，找到了出路，在他的积极争取和有关部门的大力支持下，通过专家组多次实地考察论证，小店子村争取到了自治区发展壮大村集体经济试点项目。

2016年，小店子村结合壮大村集体经济试点项目的开展，依托财政200万元项目资金，经过村民代表大会讨论通过项目实施方案，以村支部书记哈学虎为法人注册成立了平罗县小店子金福源农业专业合作社，并成立村集体经济管理小组，制定合作社章程及各项规章制度。该项目以合作社为主体，计划建成使用场地、购置大型农机具，在原有粮食种植和制种基地的基础上，以土地股份制经营模式，鼓励农户以土地入股，将土地集约化经营。合作社集中经营种植，引导农民做股东，调动农民参与积极性，在保证农户利益不受损失的前提下，对入股合作社的农户实施‘保底租金+二次分红’的模式，确保农户利益最大化。

学好技能，才能“飞”起来

“没有规矩，不成方圆。”哈学虎常说这句话。自合作社成立以来，为了进一步扩大规模，提高效益，哈学虎多次参加了县市区有关部门组织的农村实用人才、合作社带头人、新型职业农民经营主体带头人等各类培训班，通过培训学习，使他提高了思想认识，学到了经营管理能力，增强了他带领群众共同致富，把家乡建设成美好社会主义新农村的信心。他认为，合作社经营的好坏、能否长久发展下去并取得好的效益，科学管理是关键。

规范管理迫在眉睫。哈学虎带领合作社其他成员不断完善合作社财务收支等相关制度，实行资金独立核算，选举产生理事会、监视会，聘请专业财会人员及相关工作人员。哈学虎带头，经过多次村民会议，引导参与土地入股农户57户，入股土地1025亩。本社股本实行集体和成员股份两种类型，合计股本金264 48万元，前期土地保底租金已通过黄河商业银行一本通兑现到入股农户手中。

致富路上打旗人

2017年2月，在平罗县姚伏镇小店子村部。一群农民被村部的大喇叭召唤过来，他们一个个喜笑颜开，有两人还在嘀咕：“地都流转了一年了，开春给了650元，这咋还给分红呢，听说每亩还给50元呢。”

“哈学虎这娃能着呢，全县都把地流转给大企业了，只有我们村自己起了个合作社。这回村集体也挣了钱了，俺们分了红呢。”“成立这个合作社之后，大部分活都可以干，劳动力输出，都可以到菜棚上、工地上、企业厂子里打工。除了这些收入，今年不离开家就地打工，我还每天挣一张红票票呢，今年也挣了不下3万呢。”大家伙的高声议论乐在嘴里，哈学虎听后甜在心里。

团结一心，黄土变金。在哈学虎的带领下，合作社采用科学的生产技术和先进的经营方式，再加上合作社干部群众齐心协力，合作社种植的小麦、玉米、水稻等各种作物都喜获丰收。其中，小麦毛收入14.1万元，玉米产量3.2万公斤，收入4.2万元，水稻宁粳47号稻谷330吨，收入近102万元，水稻G-19良种100吨，预计收入30万元，大豆、菟丝子预计产值可达15.5万元，农机作业服务年收益8万元。扣除各项生产成本，合作社收益28万元左右。

“哈书记是我们村老百姓致富的扛旗人，没有他就没有我们致富的路子。”每个农户对他都心服口服。

有耕耘就有收获

哈学虎常讲，无论干什么，都要真心实意去干，当干部必须公心大于私心，做买卖要凭良心，交朋友要有真心，不能当面一套，背后一套，要想干好，就要付出；只有走出去，才知道自己的不足，只有看到别人先进的东西，才知道自己的落后；自己认为只有多学习，看准市场行情，才有发展，才能做大做强；不能只想、等、靠、要。只有做大做强，才能赢得市场，才能得到群众的认可。

哈学虎说，近几年农民创业培训，自己学到了很多东西，解放了思想，增强了创业意识，通过农业部门领导讲的国家对农村、农民、农业的优惠政策和扶持政策，及专家教授对市场的分析和经销方面的知识，使得自己的思维和认识有了质的飞跃，更加坚定了自己发展农业的信心，也更加增强了自己带领群众扩大合作社经营规模的信心。

合作社按照既定目标，加强基础设施建设，先后硬化晒场，分别安

装地磅和风冷式储粮仓各1个，仓储容量达270吨，建成60平方米磅房及办公室活动板房3间，用金属围栏围砌晒场周围，把市场开到了自家门口。更可喜的是，合作社生产的“小店子牌”大米一下打出了绿色优质大米品牌，电商网络销售伸展到天津、陕西、甘肃等地。

在平罗县小店子村，合作社已成为农牧民致富的“金社”“银社”，农民已由过去的“单打独斗”发展家庭经济，迈向“抱团致富”走集约化市场经济的道路，农民合作社已成了平罗县农村经济快速发展的生力军，助推农村社会经济呈现出向好发展的迅猛势头。

八年的奋斗，就是一部五彩斑斓的画卷，记录了小店子村村发展的历史，也印下了哈学虎一个共产党员艰苦奋斗、坚忍不拔的创业足迹。金杯银杯不如群众的口碑，金奖银奖不如老百姓的夸奖，哈学虎是小店子村名副其实的“领头雁”，也是扛旗人。

种下一片绿　造福一方人

——记平罗县新型职业农民蒋洪波

在平罗县城关镇小兴墩村的盈丰合作社里，一顶顶白色的大棚扬起希望的风帆，大棚内诱人的西红柿挂满了枝蔓，肥硕的辣椒莹绿耀眼，青翠的黄瓜鲜嫩欲滴，一派生机盎然的景象。“习总书记关于乡村产业振兴的指示，给我们指明了方向，画出了路径，确定了目标，作为新时代成长起来的新型农民，我们一定按照总书记的指示，撸起袖子加油干，努力发展农业，兴一方产业，富一方百姓。”平罗县盈丰农贸有限公司董事长蒋洪波说。

做好土地文章，造福一方百姓

现年49岁的蒋洪波，现在不仅是平罗县有名的农产品种植、购销大户，他还有另外两个身份：平罗县盈丰农贸有限公司董事长和盈丰植保专业合作社理事长。2018年，蒋洪波被评为“全区十佳种植能手”。这样的荣誉来之不易，归根到底源于蒋洪波对广袤的农村大地的无限热爱。

八年前，随着农村土地经营体制改革政策等一系列关乎老百姓致富政策的逐一出台，“闲不住”的蒋洪波终于有了大展身手的机会。2009年，他瞅准这一机会，把当地一家村级面粉厂倒闭后一直闲置的9亩多地，从平罗县城关镇小兴墩村村集体手中租来，又流转了村上300多亩土地从事蔬菜外销订单农业，投资800万元，注册成立了平罗县盈丰农贸有限公司，主要从事农资经营和农副产品购销业务。

然而，身为农民的蒋洪波意识到，土地才是农民赖以生存的根基，想要做大生产，就要做好土地文章。这样的想法终于在2017年得以实现。当年，集体经营性建设用地入市试点工作在宁夏石嘴山市平罗县启动。“有了这样好的政策，我有信心把公司做大做强，带领更多的农户共同致富。”蒋洪波感慨万千。当年，平罗县盈丰农贸有限公司以经营性建设用地入市方式，取得平罗县城关镇小兴墩村集体建设用地9.72亩的使用权，蒋洪波立马行动起来，在这块土地上新建冷链保鲜车间500平方米，农产品收购大棚1564平方米，农资及农机具库房2381平方米；购置了智能测土配肥机、番茄分选机等先进设备，同时还新建集农民田间学校、电商销售、业务洽谈、设施农业物联网监控、农业社会化服务中心综合楼。在田间学校，可以通过线上农业专家平台为农民提供及时的生产技术指导，线下采取现场教学模式，让农民将学到的科学知识应用到蔬菜种植方面，这大大提高了农民的科学种田水平，并提供了可靠的依据，为当地农民增产增收奠定了基础。

把风险留给自己，把收入留给农民

2010年，从事农资经营和农产品购销10多年的蒋洪波顺应国家政策、扶持个人从事植保专业化防治的契机，抓住机遇，和周边农户共同组建了平罗县唯一一家以农作物病虫害统防统治为主的植保专业合作社——盈丰植保专业合作社，成为银北第一家植保专业化社会服务组织。“社会发展迅速，形势瞬息万变，唯有加强学习，才能做到及时充电，与时俱进。”蒋洪波介绍，成立合作社前期，他每时每刻都闲不住，组织人员外出学习培训、考察，学习别人的先进经验。

“老百姓的钱都是血汗钱，他们这么相信我，我一定要考虑每一个细节，一定要把合作社办好，把风险留给自己，把收入留给他们。”他是这样说的，也是这样做的。近几年，他经营的盈丰植保专业合作社与农业技术推广服务中心及姚伏镇小店子村、通伏乡通城村等8个村镇对周边种植户开展病虫害统一防治，在小麦、水稻、玉米病虫害发生期间，开展统防统治8.6万亩，其中小麦1.4万亩，水稻3.6万亩，玉米3.6万亩。通过病虫害统防统治，逐步实现农药零增长，减灾又丰收的目的，并“解放农户双肩，减轻劳作压力”，提高防治效果，同时提高了合作社的经济收入。

努力成为一名高素质的职业农民

为了成为一名素质高、服务能力强的新型职业农民，蒋洪波利用各种机会进行“充电”学习。近年来，他多次参加了区市县农牧局、农广校等部门组织举办的全国各地新型职业农民经营主体、农村实用人才等培训班，每次学习他总是仔细听，认真做好记录。通过新型职业农民专业化、系统化的培训，更新了知识结构，通过到外地参观、考察、参加农博会，增长了见识。他也将学到的理论与实践相结合，到2018年合作社已流转土地共计404亩；建立了高标准、无公害外销番茄示范基地和石嘴山市永久性蔬菜基地，种植番茄200亩，香菜、菠菜100亩，辣椒、芹菜104亩，总产值约270万元，带动周边农户连片种植越夏番茄2500亩，成功注册了“盈夏红”越夏番茄商标。与此同时，他还积极与北京、天津、上海等地客商联系，签订购销合同，蒋洪波致富不忘乡亲，他将自己研究的技术和新模式毫无保留地传授给群众，辐射带动全县四镇五乡3000户农户发展种植优质外销越夏番茄，与平罗县9个乡镇农户签订收购协议1万亩，直接带动农户3200多户，涉及9000多人；间接带动农户4500多户，涉及1万多人，安排就业人口2000多人。平均每亩产值达13000元，亩纯收入5000元。为平罗县农民脱贫致富、现代农业发展构建产业体系、生产体系、经营体系探索新路。因此，蒋洪波得到了当地群众的认可及好评，越夏番茄也成为平罗县特色农产品优势产业之一。

经过多年的辛勤努力，蒋洪波领导平罗盈丰植保专业合作社及周边农户种植外销蔬菜规模不断扩大，效益不断提高。目前，共有社员127人，防控队员30人，配备机动喷雾器80台，大型植保机械2台、植保无人机4台、大型拖拉机6台，2017年9月至2018年3月先后新建高标准蔬菜钢架拱棚共计98座，通过引农业物联网水肥智能一体化技术，利用物联网技术建立农产品食品安全追溯系统，建立对农产品的种植→生产→加工→运输→销售的全过程跟踪和监控，实现“从农田到餐桌”的全过程质量追溯体系。采取与发展现代农业相适应的产业化、规模化、集约化、标准化生产经营方式，开展农业综合服务、技术培训、越夏番茄、春提前秋延后蔬菜种植、冷链物流等方面的服务，走出了一条“公司＋合作社＋基地+农户+市场”的产业化经营模式，引领了现代农业快速发展。“今后，我将更加努力地发展现代农业，争取帮助更多的农民成为“新农人”，为壮大乡村振兴做出新贡献。”蒋洪波说。

在蒋洪波的努力经营下，平罗县盈丰植保专业合作社取得了累累硕果，先后荣获“石嘴山市农业产业化龙头企业”、石嘴山市“十大农业服务组织”、石嘴山市农业产业化示范性农民专业合作社、2018年度石嘴山市“十佳农民专业合作社”、自治区级农民合作社示范社等荣誉称号。

创新驱动让沙漠“长金生银”

——记平罗县新型职业农民邵宝平

一粒沙中看世界，一滴水中见人生。

现年51岁的邵宝平，从小在农村长大，尽管文化程度不高，但他有一股子爱钻研的劲儿，硬是在沙漠地里种出了甜瓜、西瓜、西红柿等，闯出了属于自己的一片新天地。

红崖子乡位于平罗县东北部，东靠内蒙古鄂托克前旗查布乡，北邻内蒙古乌海市巴音陶亥镇，西、南分别与平罗县陶乐、渠口等乡镇毗邻，面积312平方公里，种植业、畜牧业和二三产业是农民收入的主要来源。农业种植以小麦、玉米为主，经济作物以油葵为主，附之蔬菜良种繁育。

仓廪实而民心安，农业强则百业兴。作为相对偏远的乡村，红崖子乡结合实际，积极依靠科技支撑，充分释放改革活力，持续增加农民收入。在此背景下，2010年，邵宝平积极响应国家招商引资惠农政策，离开家乡银川掌政到平罗县红崖子乡红翔新村，承包了村上大片沙地和移动大棚，实验、示范种植设施瓜菜，探索采用膜下滴灌的方法种植了甜瓜、西瓜、西红柿等作物，发展沙漠果蔬产业。从此，邵宝平开始了“沙漠探险”之路。

开拓进取，小创新大收益

开始，邵宝平只能摸着石头过河。

用邵宝平的话说，他曾经多年从事蔬菜运输工作——其实就是农户口中的“菜贩子”，在蔬菜转运过程中，他发现瓜菜的销路越来越好。于是，他常想：为何不自己种？

长期的这种想法促使邵宝平2010年在红翔新村包下100亩地，种植沙漠甜瓜，没想到瓜苗刚长出来，就被一场风沙盖得无影无踪。2011年，邵宝平早早在沙地边上搭了600多米的防沙墙，建设32座小拱棚，甜瓜收益20余万元，大获成功。2012年，他引进新品种“金都雪宝”，结果在北京、广州等地很畅销，收益翻了两番，周边红翔、红瑞2个移民村的2000余户农民也跟着受了益。

这让邵宝平悟出了一个道理：想在沙漠里赚钱，必须出新东西，否则只能在原地打转。邵宝平说，创新有大有小，他的小创新也能带来大收益。从此，他开始了沙漠探索。通过技术交易的方式，他掌握了枸杞与辣椒、番茄远缘杂交的新技术，还采购了一批种子，准备让它们在市场上大放异彩。可没想到，“新朋友”竟然“水土不服”，跟当地人的口味对不上。碰了一鼻子灰后，邵宝平又建起了自己的试验田，把红枸杞、黑枸杞与本地牛椒、羊椒、红番茄、黄番茄进行嫁接改良。让他没有想到的是改良版的枸杞辣椒、枸杞番茄重新登场，成了当地市场的“香饽饽”。

执着前行，在沙漠里续写传奇

创业的道路永远都不是一帆风顺的。

2016年，新品种的枸杞番茄苗栽下去不久便来了一场大风，使枸杞番茄苗遭受重创。村民惋惜地看着干干的枸杞番茄苗，都说活不成了。没想到半个月后，枸杞番茄苗又绿了。听说邵宝平的枸杞番茄苗还活着，一个同行非要过来一探究竟。“嫁接的圣女果能耐得住零下3到5摄氏度的低温，就是这么争气。”邵宝平乐滋滋地炫耀，其实其中的奥秘只有他知道。

邵宝平深深地懂得科学技术的重要性。2017年，邵宝平参加了平罗县农牧局与石嘴山市农广校联合举办的新型经营主体带头人培训班，只有小学三年级文化水平的他，上课认真听讲，听不懂、记不住的内容在课间休息时，他主动找老师请教；现场观摩实操时，他总是抢在前面，勤于动手，虚心请教，用他自己的话说，这次培训对他的帮助太大了，通过培训学习，不但提高了他的个人素质，还让他学到了一些新技术和先进的经营方法。于是，当年他又投资400万元，建设枸杞番茄加工厂和枸杞辣椒加工车间。他说，以后不怕果子烂了，可以加工成干果和果脯。后面他的枸杞辣椒进行手工捣制，辣椒粉一定有市场。下一步，他还要建设冷链配套车间。邵宝平觉得在创新面前自己永远是新手，比如种钢葱，失败了4次才成功。

2018年，邵宝平去青海考察后发现钢葱的口感好，且种1亩钢葱顶种2亩一般的葱，不用壅土也不用挖太深的沟。邵保平说，本打算套用从外地学来的浅插钢葱种植方法，但由于本地人爱吃葱白不爱吃葱叶，所以必须得插深一些。20厘米、5厘米、10厘米……经过7个月在4亩地里来回“折腾”，邵宝平终于在插到15厘米的深度时试种钢葱成功。他投资200万元，建设10座日光温室，全部租给当地移民种植，每座棚给移民保底价纯收入是15000元，使当地移民增收15万元。合作社投资建设1000亩钢葱种植基地，可以解决当地移民就近就业，增加移民收入100万元。目前，已带动周边150户农户种植钢葱，一年能种两茬，亩产值7000元。

不忘初心，感恩乡亲回馈社会

“一人富不算富，全村富才算富。”正是秉着这种心态，邵宝平为解决移民发展设施农业缺信息、缺技术、缺资金、销售难等问题，真心实意服务移民。2012年，邵宝平在平罗县红翔新村、红瑞村组建了红翔沙漠甜瓜专业合作社，发展会员300多名，引导带动移民种植沙漠甜瓜、辣椒、黄瓜1200棚，每座大棚收入在1500~2500元，实现销售收入300多万元。2013年，邵宝平与移民建成利益共同体，实行合作社+基地+农户+市场四位一体的发展模式，并引进了甜瓜新品种——甜蜜脆梨，通过为移民提供产前种苗供应、产中技术指导、产后包销产品的方式，引导移民按照市场需求，采用无公害栽培方式种植优质瓜菜并帮助移民销售产品，取得了较好的经济和社会效益，为移民增收致富创出了一条新路，受到移民群众的信赖。

2014年，邵宝平在进一步扩大种植规模的同时，积极引进新品种潜心培育试种，走标准化、规模化、品牌化、集约化发展的路子，引领移民创市场，生产适销对路的瓜菜。“现在我的大棚里一年四季都有东西，周边1800户移民跟着我一起种，我帮他们找销路。”邵宝平说。

几年前，邵宝平就被平罗县选为科技特派员，每年有3万~5万元的研发经费。自治区科技厅还给他拨付了10万元创业专项资金，供他继续搞实验。现在，邵宝平一有时间就去各地考察，回来就蹲到试验田里开始“折腾”。

十九大报告提出要实施乡村振兴战略。邵宝平说：“我们也要主抓机遇，借用政策的东风，要坚持农业农村优先发展，按照产业兴旺、生态宜居、乡风文明、治理有效、生活富裕的总要求，建立健全城乡融合发展体制机制和政策体系，加快推进农业农村现代化，合作社的发展才更有前景。”

如何实现乡村振兴？邵宝平有他的理解：要求建立健全城乡融合发展体制机制和政策体系，这比之前的城乡统筹发展更加具体；明确第二轮土地承包到期后再延长30年，这无疑给广大农业经营者吃下了一颗“长效定心丸”；提出培养造就一支懂农业、爱农村、爱农民的“三农”工作队伍，更是切中了农村人才短板这个要害……对于邵宝平来说，如今，他对乡村振兴战略备感振奋，对走进新时代、帮助村民过上新生活信心十足、充满期待。

绚丽人生　扬帆起航

——记平罗县新型职业农民王小林

平罗县头闸镇西永惠村位于平罗县以东9公里。作为平罗县“一优四特”制种产业主产区，西永惠村农业生产有着得天独厚的区域优势，成就了许多成功的新型职业农民，其中王小林就是其中一位。近几年来，在中央支农惠农政策的引导下，王小林带领群众，负重拼搏，大力发展蔬菜制种产业发家致富，成为老百姓心中的致富领路人。

学业有成勇返乡，立志创业展宏图

提起王小林，大家无不竖起大拇指。王小林是一名大学生，所学专业为建筑工程管理。“大学毕业后一直在建筑行业工作，虽拥有丰厚的工资待遇，但工作地点随着工程项目的竣工一直更换，感觉到自己的潜能得不到充分发挥，总觉得干一些有意义的事情。”王小林说。

正在他踌躇之时，恰逢2014年平罗县开展首批新型职业农民培育工作。作为一个从小生长在农村的农民，王小林对土地有着特殊的感情，收到通知后王小林积极报名参加。在学习中，他认真听讲、思考，虚心请教老师，主动与学员沟通交流，不断的思索激发了他从事农业活动的兴趣和向往，自此揭开了他在农业这个舞台上发光发热的序幕。

正值而立之年，意气风发的王小林，毅然决定在农业种植领域做出一番成绩，“发展蔬菜制种产业”成为他实现自我价值的舞台。从一个吃菜人到一个繁育蔬菜种子的人，王小林经过两年的摸爬滚打，加上勤学好问、聪明能干，2016年底被田佳盈农业专业合作社社员推选为理事长，他自信地说：“一定要把合作社做大做强，带领全村农户发家致富。”现在合作社声名鹊起，一跃成为了石嘴山市最大的蔬菜制种专业合作社。也许他从来没有想过自己将以土地为生，视土地为命。但冥冥之中，他却与土地结缘。对他来说，这才是他美丽人生梦的开始。

盘活土地经营权，蔬菜制种大作为

王小林深知，科学种田，离不开党的好政策，离不开各级政府的大力支持，更离不开乡亲们的热心参与。“与邻为伴，与人为善”亦是王小林一贯坚守的做人原则。2017年1月22日，王小林正式注册成立平罗县田佳盈农业专业合作社，将原农村集体经济组织发包给本村69户农户的1002亩的承包土地经营权股权化，实现“土地变股权，农民当股东，收益有分红”的经营机制，率先建起了千亩蔬菜制种示范基地，利用合作社制种基地，辐射带动周边农户种植蔬菜制种面积达到3600亩，亩均增收630元。

知识就是力量，信息就是财富。王小林清醒地认识到，市场行情变幻莫测、天气气候琢磨不定，会为制种产业带来很大的风险。努力提高科学种田的水平，成了王小林考虑的首要问题。苦干不如巧干，所以需要持续学习科学种田知识，不断完善蔬菜制种经营管理理念。他认为在实践中必须做到人无我有，人有我优，创新工作。为了提升合作社经营效益，他积极热情地邀请平罗县职教中心、宁夏蓝天职业技能培训学院、平罗县农技推广中心对合作社70余名骨干成员，分批次进行制种技能培训。为合作社发展制种产业夯实了人才基础；合作社与平罗县4家制种企业签订种子销售订单，通力合作，采取“村集体+企业+农户+订单”的经营模式，保底收购确保合作社经营效益。合作社与平罗县瑞欣农资公司签订农资购销合同，农药化肥农膜等农资由合作社统一购买，大幅降低合作社及农户的生产成本。

博得人心众人拥，获取人生喝彩声

在合作社生产经营逐步进入正轨，田间种植接近尾声之际，一场变故无情地落在这位西北汉子的身上。2017年5月12日早晨，王小林的父亲被车撞了，诊断为腰椎压缩性骨折，须住院疗养3个月以上，还要看恢复的情况。在医院照顾父亲的时候，王小林无时无刻不在记挂着合作社。看着躺在病床上不能动弹的父亲，他终于体会到作为一个家庭的顶梁柱和致富领头人肩上的担子。以后的日子，年迈残疾的父母需要赡养，年幼无知的儿女要抚养，承载着西永惠村人民致富梦想的合作社还必须要做大做强。生活的压力全部落在了他的身上。自古忠孝不能两全。父亲住院，生活不能自理，吃喝拉撒全在床上，需要专人照顾。父亲入院20天后，病情有所稳定，他便执意给父亲办理了出院手续，把父亲接回家休养，自己则又扑到合作社白天工作，晚上给父亲擦洗按摩盼望父亲早日康复。

他常说我们的合作社是群众的合作社，在合作社没有盈利的时候作为合作社的理事长，不能领取任何报酬。作为合作社的管理人员的同志们，领取的每一分报酬都是群众的血汗钱，做事必须做到尽职尽责，对得起群众的信任。通过不懈的努力和积极探索，合作社2017年为村集体增加收益30万元；有69户农户通过入股形式可获得收益86万元；就近转移农村富余劳动力、插花移民240余人，实现劳务收入70余万元；农户所用同等化肥比市场价格低70元/吨以上，可节省成本10万余元；保证村集体、合作社、企业、农户互利共赢。

在党的农村政策的指引下，加上各级政府的大力关怀和支持，合作社取得了诸多成绩和效益的同时，也斩获了不少荣誉，先后被评为石嘴山市特色产业示范基地、石嘴山市党建观摩示范点、平罗县党建观摩示范点、中国·宁夏·平罗第四届种业博览会重点观摩点。

一年之计在于春。为了合作社来年有个好收益，2017年底，王小林决定提前行动起来找项目吸引客商，签订了500亩优质小麦育种订单，300亩盘菜复种订单，各类蔬菜种子销售订单300余亩，与自治区农科院合

作，院地联建玉米绿色高产公关示范园区500亩，奠定了2018年合作社增收的基础。

多种经营新模式，勤劳致富闯新路

两年来的土地规模经营，使王小林积累了丰富的管理经验，也使其经营管理下的合作社收益颇丰。然而，居安思危的他深知“必须多种经营，广开财路”。因为现代农业的要求，仅仅靠盘活千亩土地，是无法带领全村群众奔小康的。今后，他打算采取种植、加工、销售相结合的方式。依托制种基地优势，以电子商务为切入点，积极引导制种产业向规模化、标准化、品牌化发展。因地制宜发掘农家乐、建设采摘园等人们喜闻乐见的田园风光休闲体验项目，使其成为合作社新的经济增长点，从而延伸制种产业链条和提高产品附加值，为构建规模化、产业化、市场化的合作社体系而努力奋斗！

对于未来的发展，王小林信心满怀，希望自己的事迹，将继续影响和带动周边村民在致富路上勇往直前。他表示，自己要以一名先锋党员为己任，带领合作社继续肩负行业使命，带动大家增收致富。

逐梦黄土地，誓做种子行业领军人

——记平罗县新型职业农民王占平

他曾是一个普普通通的农民，辛勤耕耘着自家的10亩地，养活着全家5口人。他一心想走出农村，改变家中清苦的生活，不承想他的双脚却在这片黄土地上越走越远，从一名面朝黄土背朝天的传统农民，变身为一名专和种子打交道的新型职业农民，成为了平罗县种子行业的领军人物。他就是宁夏绿春种业有限公司总经理王占平。

默默耕耘，在探索中前行

20世纪80年代初，王占平高中毕业以后，回家当了一个普普通通的农民。当时一家五口只靠家中10亩地过活，日子十分清苦，这样的日子一过就是10余年。近而立之年的王占平越来越不甘于自己的生活境遇，他头脑灵活，勤奋好学，不服输，敢拼搏，曾一心想走出农村去外面的世界闯一闯。然而，一个偶然的机会，王占平看到几位亲戚在蔬菜种子繁育销售上搞得风风火火，不仅使自己获得了丰厚的收益，也给当地农民带来了非常可观的收入。“一粒种子可以改变一个世界。”尝到甜头的亲戚们发出了这样的感叹。也正是这句话激发了王占平对种子的兴趣。

于是，他开始向别人请教有关种子繁育生产方面的事情，了解种子种植技术和市场前景。细心的人总会嗅出商机，王占平深知这个行业有奔头、有希望。凭借着年轻人的朝气和韧劲，王占平很快加入到蔬菜种子生产营销行业，念起了种子经。“那时候劲头很足，要干就要在这个行业里干出点名堂。”王占平说。

宁夏日照充足，温差大，无霜期长，空气干燥，种子产量高，籽粒饱满，光泽度好，发芽率高，生命力强。当时，平罗县农民自繁自育的菠菜、香菜、韭菜等蔬菜种子在全国占有相当大的份额，享有很高的知名度。踏着前人的步伐，王占平一步一个脚印，他先从收购农民自繁的种子做起，仅一个收获季节就挣了1万余元，赚到了他步入种子行业的第一桶金。小小的收获让王占平更加坚定了从事种子行业的决心，积累的经验也让他有了扩大经营的底气。他开始积极参加新型职业农民、青年农场主、农村实用人才等培训，参加全国大型种子交易会，学习国内外知名种子企业先进的种子生产和管理经验，对现代农业生产、现代经营管理有了高度的认知。经过几年的摸爬滚打，市场磨砺，加上勤奋好学，善于总结，王占平积累了丰富的种子生产和经营经验，也完成了资本的积累。2008年4月，王占平注册成立了宁夏绿春种业有限公司。

勇立潮头，带领农民增收致富

公司的成立为王占平带来了很多机遇，也让他面临着很多挑战。王占平深知单靠单一的收购营销，企业很难做大做强，他便把目光瞄准了更加广阔的市场发展空间，琢磨如何走出本地，发挥优势向外部市场发展。随后，他围绕“育良种，拓市场，增效益”这条主线，不断深化自身改革、着力科技创新、加强队伍建设，坚信只要稳扎稳打，公司一定能迎来跨越式发展。凭借公司生产优质的种子和高产的特性，他带领员工北上北京、天津，南下广东、广西，西赴甘肃、新疆，东至上海、江苏等地，寻求业务的合作共赢。几年下来，公司与国内16个省市50多家客商建立了长久联系，与天津芹菜研究所、中国农科院蔬菜花卉研究所等科研院所建立了长期稳定的科企合作关系，并构建了较完善的市场营销体系，生产的蔬菜种子95%以上外销。

公司规模越做越大，拥有了完善的种子加工、储藏、检验、包装基础设施设备，建设稳固种子繁育基地1万余亩，连续多年销售量都保持在250万公斤左右，品种20多个，销售额1000多万元，同时带动2500多户农民开展种子生产，形成蔬菜品种选育、推广、种子生产、种子加工、及仓储、物流、销售于一体的完整的产业链条，引领平罗县制种产业由“大”向“强”的转变，推动了产业发展方式的转变，促进产业提升、农业增效、农民增收，在全区种子行业中占有举足轻重的地位。“自己富起来不算富，让更多农民提高收入，生活富裕，才是我们发展种业的最终目的。”王占平说。

创新思路，潜心钻研新技术

种业要发展，自主创新是关键，一项关键技术直接影响种子产量、品质及企业和农户的收益。王占平是这么想的，也是这么做的。

经过多方论证，王占平把目光逐渐聚焦到了生产效益显著的芹菜制种上。2014年，公司与天津芹菜研究所签订了芹菜制种合同，开始试验制种。搞芹菜制种对王占平来说毕竟是头一回，他既没有掌握成熟的技术，又缺乏经验，在边干边摸索的同时，屡屡虚心向天津芹菜研究所专家及本地有经验的同行请教，潜心笃志于芹菜制种事业，与技术人员共同对试验进行设计、记载，对试验结果进行研究。

分享果实、一同致富是硬道理。王占平和员工一起走家串户，选出了一批带头户试制种，他们增产带来的喜悦很快感染了众多的农户，良种覆盖面积逐年扩大，成功打破了因技术原因芹菜制种规模多年没有大的突破的局面。“那两年，我几乎每天都在地里盯着菜苗一下一下地长大，甚至能知道哪棵芹菜苗长了几厘米。”曾经多少次，和农户忙碌了一天的他，回到家中都累得瘫倒在床上，但内心却充盈着喜悦与希望。说起搞试验种植的那两年，王占平感慨万千，虽然经历了失败，也走了不少弯路，但那也成为公司转型的新起点。

解决了蔬菜制种技术上的瓶颈后，王占平开始放开手脚扩大种子生产基地，于津京地区科研院所及种子经营企业联合进行规模生产，仅芹菜一项年繁育面积2000亩，农民每亩直接收入达到4000多元，比种植商品玉米增收500多万元。其他8000亩的蔬菜种子繁育，农民每亩直接收入均达到2500元，比种植玉米增收800多万元。公司和农户都得到了丰厚的收益。公司2015年被评为石嘴山市“农业产业化龙头企业”，2016年被评为自治区“农业产业化龙头企业”，2014—2018年先后5次被评为县市级“重合同守信用”单位。

心系基层，回报乡邻振兴乡村

随着公司规模的不断壮大，公司在业界的地位不断提升，王占平不忘自己是农民的儿子，回馈农民一直是他的心愿。2016年，他投资300万元与公司种子生产基地所在村黄渠桥镇五星村合股，成立了平罗县五星惠民蔬菜种子服务专业合作社，并亲自出马争取国家项目资金，建起了种子加工车间、仓库、晒场、办公室、农民田间学校及种子检验室，引进国内先进的种子精选加工生产线，给该镇的制种农民和制种企业种子加工提供了极大的方便。2017年，绿春种业在五星村建设制种基地2000亩，培训制种农户100人次，生产种子48万公斤，制种产值达到500万元，合作社加工种子400万公斤，解决了50余人的就业问题，村集体实现销售收入332万元。合作社的成立不仅提高了当地农民的制种技术，提高了产量产值，也确确实实给农户带来了实惠，壮大了村级经济发展，也为平罗蔬菜制种产业提质扩档起到了引领示范和带动作用。

要干就干出点名堂。王占平一步一步实现了自己的誓言，他也没有忘记扶困济人的优良传统，自公司创建以来，王占平致力于残疾人脱贫致富事业，积极建设残疾人扶贫种子基地，为残疾人开辟脱贫致富门路，通过公司+基地+残疾人相结合的种子生产模式，免费为提供技术培训、提高残疾人发展生产的技能，带动残疾人从事制种生产，增加劳动收入，提升他们的生活水平。2015年，公司被区市县残疾人联合会选定为残疾人扶贫基地。“看到残疾人的日子一天比一天好过，心里不知有多高兴，我所做的这些是非常值得的。”王占平高兴地说。2018年，王占平被平罗县评为“平罗县农民企业家”。

作为绿春种业的带头人，王占平清醒地知道，“要想打造百年绿春，发展就是硬道理”，他对公司未来的发展有了新的规划，要继续扩大企业规模，尽快形成“育繁推”一体化的种子企业，为县域经济发展和农民增收做出更大的贡献。

沙窝窝里走出来的“西瓜王子”

——记平罗县新型职业农民张涛

提起西瓜王子——张涛，他可是石嘴山市远近闻名的创业青年，中共党员，自治区劳动模范。

张涛今天所获得的那些令人骄傲和自豪的荣誉无不凝结着他辛勤的汗水和毕生的心血。他带领1300户成员走“合作社+农户+商标+市场”的订单种植模式，实现了产业转型升级、农民脱贫致富的愿望，助推乡村经济振兴发展。

创新经营模式，敢做沙漠西瓜的“开拓者”

随着强农惠农政策的深入人心，平罗县高仁乐海山西瓜专业合作社理事长张涛说：“合作社+基地+农户”的运营模式是带领乡亲脱贫致富的新路子。”2012年，张涛接过父辈创业的“接力棒”，从此开始了自己的创业之路。合作社是一家专业从事西瓜种植、销售，为农户提供种植技术信息咨询服务的农民专业组织。建有大型批发市场3000多平方米，20吨、50吨电子磅各1台，农产品分拣车间800平方米，检测车间36平方米，收购大棚5000平方米，自建基地12000亩，具备了大规模收购、运销农产品的能力。合作社以土地流转为契机，以高新技术为支撑，以西瓜种植基地为重点，以社员致富为目标，致力于发展品牌农业、绿色农业和高效农业，最终实现社会效益与经济效益、企业利益与农户利益的双丰收。

以学带帮，成为生态移民致富的“帮扶者”

作为一名新型职业农民，张涛认为没有用新型技术和知识来武装自己的头脑是不行的。为了提高自己的专业技术水平和经营能力，2015年他参加了石嘴山市农广校组织举办的新型职业农民青年农场主培训。培训课堂上他仔细倾听专家授课，课后认真翻阅有关书本进行自学。把学到的知识和实际生产中遇到的问题有机结合，向授课老师虚心请教。还利用空闲时间“寻宝自学”“多方取经”。多次到省内外规模较大、设备先进的现代农业科技园区观摩学习，认真做好笔记，参悟种植技能。2016年6月，张涛又参加了平罗县农牧局、石嘴山市农广校举办的新型职业农民创业创新培训班。通过不断学习，张涛更新了自己的思想观念，提高了科技技能，他常年奔波于田间地头为农户解决产中遇到的实际困难。为了提高合作社的经济效益，张涛还邀请县农牧局、农经站、农技推广中心等单位的技术人员在合作社举办农户种植技术培训班，对社员和农户进行实地培训，为农户解讲西瓜种植新技术、新规程及西瓜田间病虫害防治及管理。建立科普信息服务站，设置田间课堂和科技书屋，使75%的青壮年成员掌握了1~2门设施农业瓜菜实用新型技术。

张涛作为一名合格的农民技术员，积极响应县乡党委、政府号召，将生态移民政策和陶乐沙漠资源有机结合，实行订单农业，帮助生态移民脱贫致富。还应邻近乡（镇）党委邀请，为陶乐镇、红崖子乡生态移民种植的西瓜免费提供技术指导和帮扶。每年3月份为移民区农民技术员集中传授测土配方施肥、覆膜移栽、标准化无公害等西瓜种植技术。通过合作社配肥站为移民区输送配方肥2000多吨，还为移区农户种植的沙漠西瓜育苗，派车送至田间地头，亲临移民区西瓜种植田间地头现场指导，解讲西瓜种植新技术、田间种植要领和注意事项。他为了能积极响应县政府调整和优化农业和植结构新政策，带领农户“干中学，学中干”，带动移民区800户订单农户不断扩大西瓜基地的种植规模，建成西瓜种植基地23000亩，其中，推广沙漠西瓜套种脱水甜椒1400亩，西瓜套种油葵3600亩。通过多年对移民区的技术帮扶，探索出西瓜套种菠菜、西瓜套种生姜、西瓜套种菟丝子等多种套种型、复种型的设施作业模式，形成“龙头围着市场走，农户跟着龙头干”的产业链。

以点带面，推动农业产业转型升级的“普及者”

张涛还说：“设施农业的普及是推动河东陶乐地区农业转型升级的跳板，也是带动农民增收致富的途径。”

由于移民区农户种植大部分以露地为主，设施瓜菜面积十分有限，产量和效益受到影响。为了谋求高质量、高水平的发展，张涛选择了走设施农业发展的路子。2017年，张涛带领移区民及合作社农户规划100亩设施农业用地，投资300多万元建设高标准全钢架大跨度拱棚40栋，种植时令瓜菜，反季节销售，新增瓜菜产能达到400吨，使基地瓜菜总产能达到2200吨，新增就业岗位45个。设施农业的突破发展，为移民区农民工带来经济收入达200多万元，带动343户农户种植设施瓜菜，移民区农户户均实现纯收入3800元，较常规种植增收1500元。

作为一名党员，张涛处处为农户着想。年初与农户签订瓜菜种植收购合同，7—10月份按合同约定在收购价基础上以高于市场价0.02元收购，解除了农民的后顾之忧，提高了移民区农户种植的积极性，让移民农户看到了种地的希望，从种植中得到了实实在在的回报。通过他的引领和带动，移民区200余户的农民社员得到了土地给他们带来的直接经济效益。

推进“三产”融合，打造生态休闲农业的“引领者”

作为乐海山田园综合体的打造者，张涛不无自豪地说：“紧跟党的步伐，走全域旅游的新路子，是时代赋予我的使命。”平罗县被确定为全域旅游示范县和乡村旅游示范县，在高仁乡党委、政府的帮助和支持下，建成了乐海山田园综合体农业综合发展项目，占地620亩，投资1300多万元。以蛙鸣鸟叫，绿树成荫的田园景色吸引游客；以蓝天碧水，人与自然和谐相处的环境留住游人；以新鲜的瓜果蔬菜，健康美味的绿色食品满足游人。

张涛按照“效益优先”的发展思路，以科技含量高、高投入、高产出为切入点，建设以日光温室为主的高端、精品、高效生态农业的瓜菜设施采摘四季棚10座。举办乐海山西瓜文化采摘节，建设休闲生态

餐厅、有机瓜菜采摘园、校园优质蔬菜供给园区和永久性瓜菜示范种植基地等措施，采取种植、采摘、现场烹饪制作、农事体验、试验田种植等特色项目，促进乐海山生态休闲农业快速成长，吸引更多外县区游客前来游玩和采摘，以壮大河东地区沙漠生态休闲农业全域旅游开放式发展，实现三产融合。

千里之行，始于足下。平罗县高仁乐海山西瓜专业合作社将在国家惠农政策的帮扶下，在合作社理事长、“西瓜王子”张涛的带领下，见贤思齐，与时俱进，彰显“乐海山”沙漠西瓜的文化底蕴牌，使其成为银北地区“沙漠西瓜”的新秀，让河东地区的广大农户尝到沙漠里流淌出的甘甜和喜悦。

休闲农业成就绚丽人生

——记吴忠市利通区新型职业农民白宗英

白宗英，这个名字在利通区各乡镇小有名气。

她拥有属于自己的合作社，有自己的专属成员300余人。她扎根家乡，用她十几年的坚守和执着，成了远近闻名的致富带头人。

对土地的情怀，让她投身农业

2018年10月20日，走进白宗英的“桃花源”，绿色葱茏之间，淡淡的果香扑面而来。一串串嫩黄的香蕉掩映在枝叶当中、一颗颗火龙果挂在枝头，万绿丛中点点红，就像一盏盏点亮的红灯笼，煞是好看……来到这里，你有种进入百果园的错觉。其实，这里是位于吴忠市利通区郭家桥乡山水沟宗英生态园。谁曾想到，脚下的这片土地，几年前还是一片杂草丛生的闲置地。如今，这里已是远近游客休闲、度假、亲近自然的新地标，而它的缔造者正是新型职业农民白宗英。

郭家桥乡是传统农业乡镇，设施农业基础设施薄弱。白宗英刚来到园区时但见满目荒凉，很多温棚都被闲置，主要是因为种植品种单一，农民自产自销受销售因素制约，投资大，收入低。

“要是没点情怀，农业还真做不下去。”提起为什么会选择农业进行创业，白宗英说，农村要想发展，农民要想脱贫，需要新型农民来带动。

于是，在2012年，她开始了农业的创业之路，成立了吴忠市点点红草莓种植专业合作社，开始尝试种植草莓，以此来增加社员收入。但是草莓虽然成熟了销路又成了问题，市场、超市都有固定客户，对她的草莓不认可，她就把草莓拿到市里让客人免费品尝，以高品质的口感赢得客户的信赖，开展农业观光采摘旅游，一天天游客开始多了起来。

此时，她又有了一个大胆的想法：打破以前农民自产自销的模式，所生产的水果、蔬菜，让游客到田间地头来自己采摘，以此来增加农民收入。

自助采摘让城里的游客们享受到了无穷的乡村田园乐趣，也为合作社带来可观的收入。“现在城里人渴望亲近自然，休闲采摘游已成为时尚。我们的草莓1公斤60多元，比市场上的贵很多，可人们就是愿意买。尤其是小孩子，在这里很享受采摘的乐趣，家长别提多开心了。”白宗英表示，又到年末，这里的游客会络绎不绝。

“当时，为节省资金开支，翻耕土地、大棚搭架、钢架焊接，只要自己有法干的活儿全都是自己干的。”回忆起创业初始的艰辛，白宗英依然咧着嘴直乐，显然她忙碌并快乐着。

新型职业农民“技术新”

创业之路，既坚且险。白宗英创业成功，政府的政策扶持是一部分，更多的是她自身开阔的眼界和肯钻肯干的精神，才促使她从众人之中脱颖而出，创造了属于她的事业。

“学好科学知识，用好科学技术，做一个爱农业、懂技术、善经营的新型职业农民，才能起到很好的示范引领作用，真正实现激活一方产业，带富一方农民。”白宗英说，几年前她参加过一次新型职业农民培训班。这次培训让她的眼界有了开拓，她意识到，现代农民种地不光靠技术，还要动脑子，紧跟时代步伐，了解最新的惠农政策。

于是她通过多次培训学习，并利用学到的农业知识开始了她的“农村天地大有作为”的一番行动。她通过各级农业部门积极争取项目，为社员建设沼气池30座，提供黄蓝板、诱虫灯等生物防治技术。

2018年，白宗英又率先在番茄使用木醋酵素液代替人工授粉，每亩节省人工费用1000元左右，平均产量增加15%。村民任兰芳有2座蔬菜大棚，但因栽培技术低，导致大棚收益一直不高。今年，她在白宗英的指导下，使用木醋酵素液为蔬菜防治病虫害，黄瓜、茭瓜、西红柿一茬比一茬接得好，还买上了好价钱。

2018年4月，她大胆尝试在30多座草莓大棚铺放枯草，没想到枯草产生的芽孢杆菌对草莓起到“贴身”保护作用，绿色又环保，增产又增收。

2018年5月，为了减少农业废弃物对环境污染提高农产品质量，白宗英利用牛粪与园区番茄、玉米、杂草等农作物废弃秸秆来养殖蚯蚓，蚯蚓粪作为底肥蚯蚓用来制作蚯蚓液体肥运用到果蔬种植当中。

在吴忠市供销社的帮助下，进入“供销e家”电商平台，园区的农副产品，进行线上销售，当年生产的草莓等果蔬就销往四川自贡等地。

帮助村民增收“理念新”

自尊、自信、自立、自强的白宗英，不满足只有个人致富，她要用自己的成功来感染身边的乡邻去实现共同致富的愿望。她满怀热情与诚意帮助左邻右舍，在她的帮助和影响下，合作社成员由成立之初的5人增加至300人，周边500多农户纷纷加入共同致富的道路。

不仅要自己发展，更要带动大家一起致富。白宗英是这样说的，也是这样做的。她充分发挥生态园的桥梁纽带作用，以推动设施农业发展为方向，以提高规模经济效益为目标，以促进农民增收为目的，不断加强制度和服务体系建设，全身心地为广大种植户在生产的各个环节提供高效、优质、便捷、周到、实用的服务，引导广大农民积极调整和优化农业产业结构，发展优质高效设施农业。

与此同时，她还建立了点点红果蔬种植技术微信群，群成员已有300多人。她将自己培训学到的新思想、新技术毫无保留地分享给合作社成员和周边农户，使合作社成员和周边种植户通过使用新品种、新技术，温室均收入每季提6000~8000元，为新型农业和生态农业提质增效、增产增收打下良好基础。

“我认为新型职业农民的‘新’主要体现在思想上，因此

虽然我从事的是第一产业，但是也在不断学习共享经济等最新理念，尽最大可能融入农业发展中，让农民从中切实获益。”白宗英说。

通过几年的努力，园区的道路由原来的“水泥路”变成了名副其实的水泥路，原来荒废的温棚变为现在种植户手里的“聚宝盆”，原来满目荒凉几乎无人问津的盐碱滩成为现在集观光、旅游、采摘、餐饮、会议、住宿、娱乐休闲、科普教育等为一体的休闲农业旅游观光基地。

一分耕耘，一分收获。2016年，白宗英所种植的草莓、西瓜、葡萄获得农业部无公害认证证书，大棚种植已悄然托起了农民增收致富的梦想。同年，在国家商标总局成功注册“果佳巧香”商标。合作社在生产基地内安装了农产品质量安全追溯系统，全程记录草莓等果蔬种植过程中施肥与生长情况；通过互联网，方便接受公众监督，推广安全健康无公害农产品的品牌理念，提高市场对“果佳巧香”品牌的认可度；合作社与吴忠市红长青连锁超市成功签订高端农产品供货合同，在红长青超市设立合作社高端农产品销售专区。

创业成就梦想，付出总有回报。几年来，点点红草莓种植专业合作社先后被评为“市级示范合作社”“国家级农民专业合作社示范社”；宗英生态园被评为“巾帼创业创新示范基地”；她本人先后获得“创业之星”、“优秀科技特派员”、“全国乡村旅游致富带头人”、“全区第三届巾帼创业之星”、自治区“十佳种植能手”等荣誉称号。

面对今后的发展，白宗英豪情满怀，她下一步准备向有关部门再争取点资金，进一步完善配套设施；除了扩大种植规模，她还想利用充足的种植资源，吸纳更多人入社，为乡亲们带来更多实惠。

争做设施农业的排头兵

——记吴忠市利通区新型职业农民曹红霞

曹红霞，1976年生，吴忠市利通区郭家桥乡人，一个地地道道的农民。

家里人说她是一个女强人，是孩子坚强的母亲，也是能为丈夫独当一面的妻子，这是因为她能在家庭最艰难的时候勇于扛起重担、坚强面对。

和她一起创业的人说她是一个热心肠，是因为她通过自己的辛勤努力，依靠科技发展优质高效的现代生态设施蔬菜农业，最终过上了好日子，却不忘记帮扶带领大家一起致富。

政府工作人员说她是新时代的“排头兵”，是因为她能顺应时代发展积极贡献，助力乡村振兴有作为。

千磨万击还坚劲，一人顶起“半边天”

曹红霞的命运和改变还要从2009年开始说起。那个时候她的家里相当的困难，再加上还有一个智力残疾的儿子，生活得很窘迫。“天有不测风云，人有旦夕祸福。”不幸的事情又发生了，丈夫出了严重的车祸。这飞来的横祸简直就是雪上加霜，当时，她感觉这个家庭的天快要塌了。一段时间冷静下来后，她想：“一直悲观的结果只能让这个家更糟糕。生活中的困难只是暂时的，只要理想信念还在，只要肯攀登，任何事、任何困难都会迎刃而解。”自己不倒下，困难不会打到自己，只要有“咬定青山不放松”的坚韧，日子迟早会好起来的。

当时，曹红霞听说种植设施蔬菜能挣钱，虽然没技术、没经验、没钱，但靠着一股子热血她就开始发展设施农业的致富路。千里之行，始于足下。干事业就是需要这股子闯劲和胆识，光说不练等有零，说干就干，她开始四处筹钱，筹备一些启动资金后，流转了20亩盐碱地开始了她的创业之路。

“盐碱地能种个啥？种什么都不长，谁投资谁亏损。”很多人质疑曹红霞的做法，但她不在乎，选择了就要坚持到底。她通过外出参观学习温棚种植，起初建起了8栋日光温棚试种，以种植黄瓜、西红柿这类生产周期短、成本低、见效快的蔬菜为主。她心里清楚发展设施蔬菜不光靠技术支撑，还需要用良心和勤劳去经营。为了改善土壤和蔬菜品质，也为了让消费者吃上绿色有机的蔬菜，施农家肥是首选；为了供水方面快捷，每个棚里都打了机井，她坚持每天适时开分口、关分口，并结合天气变化及棚里不同作物对温度湿度的要求合理增温降湿。面对土地板结、盐碱、死棵的问题，她带头在2个西红柿大棚里做起秸秆生物反应堆实验，经过她多次反复试验，大棚里西红柿叶片浓绿、茎秆粗壮、个大、色泽亮丽、产量高，一茬下来就获得了6万多元的收益，经济效益非常显著。秸秆生物反应堆实验的成功，使曹红霞在利通区知名度越来越大，周边的种植户纷纷前来参观学习取经。

科技特派员不辱使命，助力精准扶贫"传帮带"

曹红霞日子好起来了，她不会忘记在她创业初期帮助过她的那些父老乡亲和周边依然生活困难的人们。"我觉得现在干事业，一个人单打独斗不行，尤其是发展农业。从长远来看，成立合作社非常重要，我与人合伙注册成立了利通区绿源果蔬种植专业合作社，将当地妇女们和贫困建档立卡户优先招收进来，解决他们的就业问题，同时还手把手给他们传授种植技术，把多余的蔬菜苗木无偿地供应给困难农户。"曹红霞

很快动员同村妇女一起在设施蔬菜上创业，成了村里的热心肠和“致富带头人”。有30余人长期在她的种植园区打工，在育植和采摘期间用工量高峰可达300人，周边的农民先后也过上了富裕日子，她深受当地农民的信任和尊重。

作为一名科技特派员，她深感肩上的责任更重了，压力更大了。“我不能辜负大家，要与时俱进。我要给别人一勺水，首先我自己得有一碗水。‘科技特派员’不是让别人叫的，而是要干事的，要做好服务的差事。为了学到更多的技术，提高种植水平，帮助农户增加收入，我多次参加了市县区农牧科技局、农广校举办的各类种植培训班，先后去山东寿光、西安科技大学等地观摩学习大棚蔬菜种植技术。通过大量的理论学习和实践种植，眼界开阔了，见识增长了，走出去能取到‘真经’，现代化新型职业农民的素养就是通过不断学习来提高的，不学又没技术，咋给农户指导呢？”曹红霞意味深长地说。

作为一名科技特派员，又作为合作社的主要负责人，曹红霞特别注重学用转化。为了将自己的新技术和多年总结的种植经验传授给周边人，曹红霞主动走进社员的大棚里，田间地头上现场指导。在她的带领下，农户们单棚增收5000多元，年年都有好收入。为了弥补越冬黄瓜的市场空白，曹红霞在山东技术员的指导和帮助下学习新技术，带头做起了嫁接黄瓜越冬及套袋新品种新技术试验示范。这项技术延长了黄瓜的采收期3个月以上，提高了产量及抗病、抗逆性，嫁接的黄瓜色泽油亮、口感清脆，每公斤比常规种植的黄瓜高出6角钱以上，尤其是套袋技术以更安全更健康的品质受到消费者的欢迎。嫁接种植比常规种植增产30%、增收30%，同时也解决了设施农业土壤板结、死棵、换茬种植难等诸多的问题。对此，利通区农科局组织各乡镇农户纷纷前来参观学习。2017年，这项技术开始在金积种植园区、龙二种植园区、新华桥种植园区及灵武种植园区等多个种植园区普遍推广，普及率达到70%。随后，嫁接技术又被用到了无刺小黄瓜、西瓜等作物上，取得了较好的经济效益和社会效益。在吴忠市场，黄瓜品质提升就是从曹红霞的日光温室大棚里开始的，这些新技术新思路为利通区的设施蔬菜产业做出了突出贡献。

天工人巧日争新，乡村振兴排头兵

2018年是十九大报告精神落地生根的一年，报告中提出实施乡村振兴战略，国家要大力推进农业农村现代化建设。通过不断学习，曹红霞的经营理念也在不断地转变，她认为新时代要勇担当，产业兴旺要有新作为。当下，观农家景、摘农家果成为人们休闲的新需求和新方式，在农村未来的发展前景非常好，乡村振兴的关键是要有一支懂农业、爱农村、爱农民的“三农”工作技术人才。曹红霞随即又和几个志同道合的社员，成立了上桥分社，投资150万元大力发展现代农业生态休闲观光采摘园，运用物联网技术安装了智能风口开合器，成功地申请注册“意静”果蔬品牌，走品牌化之路，“意静”果品休闲采摘园成为吴忠市区人们休闲、娱乐、观光、采摘的乐园。为了让广大消费者放心地食用果蔬，她投资建设了食品安全追溯体系，做到追本溯源，用科学的栽培技术和管理方法保证果蔬更安全更健康；采摘园还引进早熟、中熟、晚熟不同时期上市、品质优良、口感鲜美的桃、李、杏、葡萄、长红枣、山楂、蔬菜等作物，使消费者从早春四月到晚秋十月都有可以采摘的新鲜水果和蔬菜。在大西北的宁夏，真可谓是实现了“一年四季有花开，春夏秋冬有收入”的美好愿景。

做忠诚农机服务事业的带头人

——记吴忠市利通区新型职业农民陈立军

"干一行爱一行，做一行敬一行，事业才能持久，作为新型职业农民更要这样。"说这些话的时候，陈立军只是憨憨地一笑，黝黑的皮肤显得更有力量。陈立军今年35岁了，2001年毕业于吴忠师范学院机电一体化专业，现在是吴忠市立军农机作业服务有限公司法人，吴忠市绿地园家庭农场场主。

不断提高自己，方可带动他人

2003年，陈立军自筹8万元资金，创建了吴忠立军农机维修部。2008年，陈立军将维修部扩建成吴忠立军维修厂。村里的部分村民及周边的年轻人不少到他那里工作，赚的钱比外面打工多。但随着农业的迅速发展，农业机械化水平不断提高，要想扩大农机服务的经营规模，维修技术和经营能力必须要不断提高。于是，近年来，农牧、农机部门多次组织开展农业科技推广、农村青年创业就业培训活动，赶上了这些好机会，陈立军多次参加市、区农牧局，以及自治区农广学校组织举办的新型职业农民高级修理工、产业扶贫及农村实用人才等各类培训班，通过培训学习，他不但学到农机方面的专业技术，而且更深刻地了解到党的惠农支农政策，思想意识也有了很大的转变，认识到发展规模经营的重要性。于是，2012年，陈立军通过各方面的努力筹集资金，在吴忠市上桥镇失地农民创业园投资200多万元，购买厂房，成立吴忠市立军农机作业服务有限公司，主要以农机作业、农机维修为主营业务。公司采用科学管理、制定各项管理制度、订单作业、滚动发展的机制，使公司发展得更专业、更全面，2013年纯利润达到50万元。

2014年，在利通区农牧局领导的带领下，陈立军代表利通区前往内蒙古呼和浩特市参加农机手大赛，取得了前十强的好成绩。为了杜绝农机作业事故的发生，促进农业现代化发展，他多次组织公司员工及周边农机户进行农机维修和农机驾驶员的培训与学习，严格要求公司驾驶员与维修工必须持证上岗。

每一次新型农民培训陈立军都积极参加，通过学习，他的经营管理能力得到了很大的提高。2015年，陈立军成立了吴忠市绿地园家庭农场。在吴忠市利通区高闸镇新三队南流转土地3850亩，用于种植青贮，并与牧场签订订单，一年下来生产总值达654万元。农忙时节，每天用工就有100多人。同年，陈立军作为宁夏新型职业农民代表之一，前往安徽参加“中联重科杯”全国职业技能大赛，获得了三等奖，他的“家庭农场”被评为自治区级示范家庭农场。

陈立军还是一个善于思考，喜欢发明创造的人。为解决抗旱保墒设备功能单一，保墒机以小型居多、不能大面积作业等问题，他勤奋好学、刻苦钻研，发明了一台悬挂液压折叠式破碎整平保墒机，该保墒机可根据不同需求就能调整不同宽度的折叠式保墒部和破碎整平部，可以保墒不同作业面积的田地，且折叠式保墒部可通过拖拉机的液压系统和液压油缸进行折叠和展开，在运输或者存放时比较方便且节省空间。该发明在2016年获得了国家级专利证书。同年，陈立军取得了农机维修二级技师证书。

扩大经营规模，创新管理模式

随着维修技术和管理能力的不断提高，立军农机作业服务有限公司的经营规模也在不断地扩大。2016年，公司在吴忠市金积镇田桥、油粮桥村流转土地1800亩，并在利通区农科局、农机推广中心的带领与指导下建设青贮玉米农机农艺融合全程机械化示范园区1320亩，主推机械化深松联合整地技术、机械化精密施肥播种技术、机械化中耕施肥技术、机械化无人机高效植保技术和机械化青饲联合收获技术。辐射带动利通区已具备一定青贮玉米机械化生产基础的乡镇，使其生产能力提高到90%，以进一步提高青贮玉米产业综合机械化生产水平，建立完善青贮玉米农机农艺融合高产高效全程机械化技术种植体系。通过示范推广先进青贮玉米农机化新技术、新机具，使示范园区青贮玉米全程机械化生产水平达到100%，单产提高8%以上，节约成本投入150元左右。青贮玉米种植实现全程机械化，大大减轻了农民劳动强度，提高了劳动生产率，园区全株青贮玉米以1750元/亩销售，比其他种植大户种植的青贮玉米每亩高出200元，比普通农户每亩高出550元。为带动实现农民增收，节约农民生产成本，陈立军于2016年投资近200万元购买先进、高效大型拖拉机迪尔2204、1654及新型配套农机具。他还积极参加农牧厅在固原、平罗、贺兰、青铜峡等地开展的农机农艺融合示

范园区的培训、观摩、学习交流，取长补短，尽自己最大的能力节约农业生产成本，为农民增收。

为了促进地区农业现代化，让专业的人干专业的事，2017年，在上级农牧部门引领下，陈立军和波浪渠村民股份合作社之间建立土地托管合作关系，全程托管土地500多亩，实施从耕种到收获的全程机械化作业土地托管新型经营模式。应用卫星定位、精量播种、联合整地机整地、井观自走喷雾机和无人机植保、中耕机中耕施肥培土、统防统治、测土配方施肥、德国雷肯深翻犁深翻等全程机械化农机农艺融合技术及装备，确保青贮玉米的品质和质量，大幅度减少种子、化肥、农药和耕、种、收的成本，每亩节约120元。产出的青贮玉米每亩卖到1600元，除去农户保底收入800元，水费及生产成本每亩50元以及农药、化肥、种子全程机械作业开支436元，剩余的利润314元，按7∶3的比例农户还可以享受到每亩188元的二次分红，有力地保障了农户的权益和维护农村新型农民股份合作社土地托管的经营模式，有效破解了“谁来种地，怎么种地”的问题，促进了农业增效、农民增收和农村发展。

2018年，波浪渠村托管效益较好，村民托管热情高涨，托管土地从500亩增长到2000余亩，占本村耕地面积的80%，同时带动任桥村、扁担沟村全程托管1000余亩土地，示范带动“土地保姆式托管”及“订单

式托管”面积近2万亩土地。

他托管、流转的土地有4000多亩，又于2018年投资348.6万元，建设现代农业社会化综合服务站，购买智能农机设备，大型拖拉机、新型农具，北斗远程监测监测系统等等高科设备，只为能够更专业、更好地服务于“三农”。为实现绿色环保，陈立军购买了10多台打捆机，2018年他带领的团队农机作业面积突破10万亩。

高新科技引领，种养协同发展

2018年，为了让智能机械播种作业发挥省种、省时作用，提高土地利用面积，减少重叠和间隙，提高土地中的阳光和水分的利用率，陈立军投资200多万元，建成土地全程托管青贮玉米农机农艺深度融合智能精准作业示范基地。示范基地的智能精准作业使每棵植株均匀地分布，享有同等空间的阳光和水分，减少弱势植株的比例，出苗率高，增产在10%~15%。提高中耕追施基肥利用率15%，提高灾害后重播作业质量，节约开支，可提高作业效率，大大地节省燃油、化肥、种子、肥料、设备磨损和作业时间。使用智能机械在田间每工作400小时即可节省大约3万元人民币，实现“降本增效”，创建更加一致的行列和整齐划一的土地，可以让拖拉机在播种时保持更加一致的行距，降低在田间连续作业时农作物受损的可能性。允许驾驶员在执行特定的应用程序时保持最佳的工作速度，对于那些需要高速运行的应用程序作业，例如喷雾，连贯的速度可以在相同的时间喷洒更多的土地，提高作业效率20%，提高土地利用率1.7%。

所有的创业都是艰辛的，可是每次见到陈立军时，他脸上总是洋溢着热情的笑容，那一双大手虽然已经很粗糙，可是他却举起了整个家庭、整个团队，他说政府把他当孩子培育、支持、帮助，他会怀着一颗感恩的心去回馈社会。

五里坡的“牛老大”

——记吴忠市利通区新型职业农民丁秀琴

金秋九月，宁夏最美的丰收季节。树木葳蕤，瓜果飘香。

站在吴忠市利通区扁担沟镇五里坡奶牛养殖基地，放眼新建成的养殖场区，蓝色的场棚区和湛蓝的天空遥相呼应，3000头健壮的奶牛分布其中，工人们紧张而有序地忙进忙出……

眼前的一切，让丁秀琴感到喜悦和幸福。她开心地说：“习总书记给我们宁夏题词‘建设美丽新宁夏，共圆伟大中国梦’，给了我巨大的信心，我觉得自己的奶牛养殖场也是美丽新宁夏的一道风景。”

丁秀琴，1967年出生在吴忠市利通区马莲渠乡一个普通农民家庭。凭着吃苦耐劳的拼搏精神，如今的她，成为吴忠市奶牛养殖行业的佼佼者；凭着扶危帮困的爱心，她成为带领乡亲脱贫致富的引路人；凭着积善成德的坚持，她先后获得自治区优秀共产党员、吴忠市劳动模范、吴忠市先进生产者、弘扬新时代雷锋精神巾帼模范、中国改革优秀人物等荣誉称号。

胸怀梦想，农家妇女蜕变成“牛老大”

“小胜靠智，大胜靠德。先做人，后做事。”这是丁秀琴最喜欢的一句话。

自1982年从事奶牛养殖以来，丁秀琴的事业一步一个脚印，稳扎稳进，规模日益扩大。2003年，内蒙古蒙牛乳业到宁夏发展奶源，丁秀琴成为蒙牛乳业在宁夏的第一个合作对象。与蒙牛乳业合作期间，丁秀琴兴建奶站32个，并全部安装了大型现代化挤奶机和制冷罐，发展奶牛养殖户2800户。丁秀琴成为远近闻名的养殖大户、致富女能手。2008年，她成立了宁夏蓝天乳业有限公司，并担任法人。2009年3月，丁秀琴联合其他养殖大户，成立了“吴忠市秀琴奶牛养殖专业合作社”，丁秀琴担任理事长。

合作社成立后，由于缺乏经验，管理上常常会遇到一些棘手的问题让丁秀琴感觉束手无策，于是她积极参加了由中国就业培训指导中心举办的创业培训。通过学习，丁秀琴掌握了一定的企业管理方法，在她的经营下，合作社渐渐地走上了正轨。2009年，合作社在利通区金银滩镇奶牛养殖核心区兴建了存栏2000头奶牛的富农养殖牧场。2011年6月，合作社在利通区扁担沟镇万头奶牛养殖基地投资兴建存栏5000头优质荷斯坦奶牛的富农养殖牧场二场。2015年，合作社又在五里坡奶牛养殖基地二期兴建了存栏5000头奶牛的富农养殖牧场三场。2018年5月，利通区政府又给丁秀琴在扁担沟镇五里坡奶牛养殖基地三期划拨了300亩土地用于新建奶牛养殖场；10月，该场投入使用，增加存栏奶牛3000头。

如今提起利通区的奶牛养殖，以五里坡大名最甚；而说起奶牛养殖户，无人不知丁秀琴。秀琴奶牛养殖专业合作社有4座牧场，存栏奶牛15000头，日产鲜奶220吨。合作社社员由最初的5户增加到现在的180户，影响带动周边620户从事奶牛养殖。

36年的栉风沐雨，36年的砥砺前行，丁秀琴一头青丝增添了许多白发，秀丽的面庞更添岁月沧桑，但丁秀琴无怨无悔。因为她已经在不断地历练和岁月的洗礼中，实现了从普通农家女到“牛老大”的华丽蜕变。

勤奋好学，科学养殖拓宽精准扶贫路

2013年，丁秀琴加入宁夏女企业家协会，并担任吴忠市女企业家协会常务副会长职务。

身份变了，肩上的担子重了。丁秀琴意识到必须依靠科学养殖、精准扶贫，才能让更多的贫困群众过上好日子。2014年8月，她主动要求参加宁夏农牧厅农经处组织的农民合作社带头人培训班。通过学习，她进一步提高了经营管理能力。当年合作社开始实施犊牛托管模式，将奶牛场产出的小牛犊饲养到6个月以后免费发放给牛场周边的贫困户让他们饲喂，等小牛犊长大能配犊或者已经怀犊后，合作社再按照毛重22元/公斤的价格进行收购；小牛犊发放到贫困户家后，合作社免费提供奶牛的疾病防治和配种等服务，不定期安排技术人员到场进行指导。合作社还为这些奶牛购买了保险，如果奶牛在托管户家不幸死亡，损失全部由合作社承担，完全消除了这些托管奶牛农户的养殖风险，一头奶牛一年就能盈利3000元以上。2015年4月，她主动带领合作社社员参加了吴忠市农广校举办的新型职业农民养殖培训班；2016—2017年，她参加由利通区农经站组织到山西和江苏参加农业部举办的农民合作社示范社带头人培训班。通过培训学习、观摩交流，开阔了眼界，提高了认识，掌握了更好的科学养殖方法。勤奋好学的丁秀琴不光自己注重提高养殖本领，她决心让更多的农村姐妹学会养殖技术，依靠奶牛养殖脱贫致富。她先后多次聘请自治区、吴忠市、利通区奶牛养殖专家、教授对合作社社员和养殖户进行技术培训和现场指导，从2015年至今，秀琴奶牛养殖专业合作社共举办培训班18场次，参加农民达4000人次以上，其中农村妇女参加培训达2800人次。2017年，在丁秀琴的帮扶下，入社妇女靠养殖奶牛户均增收年9000余元。

积善成德，致富能人反哺社会获赞誉

事业做大了，自家的日子过好了，丁秀琴的善良和爱心也在不断延伸。这些年，她每年都拿出几万元资金帮困助学。奶牛养殖户有困难，她做担保帮忙贷款，几年来，社员通过合作社担保和妇女相互间“三户联保”的形式，累计申请到贷款1600万元，新增加奶牛1200头。乡邻有困难，她主动送上牛犊让他们养牛致富；周边乡镇学校里的贫困学生，每年都会得到她的资助。金银滩镇团庄村52岁的丁玉林，就是其中之一，在她的鼓励帮助下，丁玉林一家不但免受牢狱之苦，还还清了因自然灾害带来的80多万元外债，变成了有房有车的富裕户。丁玉林逢人便说：“这么些年，丁秀琴两口子对我们一家那是真好。我经常给孩子们讲，做人要知恩图报，一定要好好工作，用我们的忠诚工作报答好人。”丁秀琴却说：“我是个农民，依托党的好政策我的日子好过了。我也是个共产党员，我觉得只有带领着大家都富了，才是真正的富了。”

秀琴合作社现有员工300多人，合作社优先让建档立卡户就业，并在工资待遇方面给予优待，其中20多名都是利通区扁担沟镇同利村的困难户。另外，丁秀琴还将牧场周边41户残疾人家的168头奶牛进行统一托管喂养，按每年每头牛3000元给他们发放红利，5年后再返还其同龄、同体型、同胎次奶牛。残疾人马明等都已经得此惠利，有了稳定的收入，日子越过越好。

她常说："身体有点残疾不要紧，只要是还有劳动能力，有志气把日子过好的，我都会给他一个工作机会，让他们凭劳动有尊严地摆脱贫困。"

丁秀琴的善德之举，为她赢得了人心，赢得了事业成功的基石。2013年，她当选为宁夏回族自治区人大代表。秀琴合作社先后获得"战略合作伙伴""中国50佳合作社""国家级示范合作社"等荣誉称号。

南果北种第一人

——记吴忠市利通区新型职业农民金汉文

在宁夏吴忠市利通区，有一位种果蔬种出名的农民，他虽然文化程度不高，但在发展农业上默默耕耘了32年，一辈子热爱着农业；他是一个敢于尝试的人，也是一个敢于冒险的人，在宁夏算是引进南方火龙果种植的第一人；他还是一名果蔬嫁接技术和新技术推广示范引领者。

他就是吴忠市大丰收设施蔬菜种植农民专业合作社科技特派指导员、利通区金积镇新型职业农民金汉文。

大胆引进新品种，南果北种第一人

金汉文通过高科技引进、消化、吸收、利用和自主创新，大胆地引进了南方的“名、优、稀、特”品种——火龙果，在宁夏算是种植火龙果的第一人。

“2003年的时候，我花了1.8万元从南方引进第一批火龙果种苗1000颗，在东塔开始尝试种植。由于技术不过关，经验又不足，种植失败了。但我并没有灰心，先到南方学习种植技术，然后又引进种苗700颗。经过精心管理，反复试验，终于种植成功。”金汉文这种不服输、敢想敢干、能钻研和坚韧的毅力，为他今后的设施农业发展道路奠定了坚实的基础。

“我是科技特派员，哪里需要走哪里。2010年的时候，应设施温棚特色种植产业发展的需要，我从东塔寺老家举家搬迁到大庙桥村——吴忠市利通区金积镇大庙桥村蔬菜标准化示范园内，在这里开始了我的特色种植梦。”他不后悔来这里，因为大庙桥是利通区目前单村设施蔬菜种植规模最大、最集中的行政村，2007年开始发展设施农业的时候，是由党员种植示范户牵头，成立以蔬菜产业为主的功能党小组，探索“支部+协会+基地+党员”的发展模式，并建成便民服务中心、育苗中心、蔬菜物流配送中心和信息化平台，为群众提供产前、产中、产后全程服务。这里需要他，需要他指导更多的人发展特色种植。2016年时，他的7个大棚每棚收入4万多元，一年净收入超过20万元。

“发展设施蔬菜让村民尝到了甜头，发展名优新特比种菜还能挣钱。金汉文在这方面懂行。他示范种植7个特色果蔬大棚，带头引领全村种植50多个特色大棚，收益一下子提高了很多，让老百姓得到了更多实惠。”大庙桥村党支部书记马自忠说。

勤学善思重实践，示范引领带头人

“我是一名科技特派员，职责就是为更多的人去服务，但是社会在发展，科技在进步，一天不学就跟不上，我不但天天要在地头上实践，晚上还要及时地‘充电’，有机会就到外面学习‘取经’。尤其设施蔬菜种植不是随随便便就能经营好的，得一辈子去摸索和总结，得边干边学，不断总结。”他深知学习和实践的重要性，始终注重加强自身学习和种植技术管理能力的提升。

“2010年10月，我有幸参加了自治区农牧厅组织的宁夏科技特派员创业培训学习后，点燃了我在设施果蔬种植产业上发展的激情。每年的秋冬茬设施蔬菜种植的关键期，及时给自己充‘技术电’，加‘理论餐’。我先后多次参加了吴忠市农广校、利通区农牧和科学技术局、青铜峡市农广校等部门组织举办的各类新型职业农民培训班。不仅我自己积极报名，还鼓励种植大户也报名参加培训学习，每次都有很大收获、很多感触。”金汉文说。

2017年10月，参加吴忠市农广校组织的“新型农业经营主体带头人培训班”后，他的感触非常大，他再次认识到新型职业农民培训给农民带来的好处，于是，他通过组织、举办现场技术培训班，把自己多年来所学所思以及总结的果蔬种植经验传授给种植户。

近年来，金汉文前后举办标准化栽培技术培训班和现场指导30余场次，培训菜农1500余人次，使设施农业园区的种植户成为“五化”的建设者、受益者。

新时代服务“三农”，老百姓更得实惠

“如今是新时代，要相信科学，干啥都要向前看、朝前走。作为新时代的农民，也得有作为，这是职业也是使命。”金汉文作为一名科技特派员，常年行走在田间地头、设施温棚里，及时把果蔬种植业科技新成果、新技术推广应用到生产中，使之转化为现实的生产力。

他先行引进设施蔬菜生产和新品种。大胆创新，带头引进抗TY番茄品种红圣83、金派3016、红丽、美粉869、博瑞39等7个番茄新品种，示范推广斯卡特长茄、长剑辣椒、华玲、小玲西瓜等优质高产抗病品种，解决现有瓜果蔬菜品种多而杂的问题。开展茄子、辣椒、黄瓜嫁接10棚；开展测土配方施肥技术200棚、黄（蓝）板防虫和防虫网覆盖100棚。他成为蔬果示范嫁接技术的指导者。

他是示范推广生物秸秆反应堆的技术带动者。用玉米秸秆作为反应堆填充物，示范推广生物秸秆反应堆技术200棚，进一步改良设施土壤的理化性状，解决次生盐渍障碍，实现优质高产。开展秸秆生物反应堆不同灌水量、不同秸秆用量及不同埋植方式试验各1棚，温室滴灌技术示范150棚。通过椰糠滴灌水肥一体化技术的应用，提高肥料的利用率，实现水肥的均衡供应，降低成本投入，增加产量，改善品质。通过引

进、示范、推广新品种，推动品种更新换代，提高产量和质量，发挥优良品种的经济效益和品质效益。

通过引进西瓜、嫁接辣椒及黄瓜等品种，推广滴灌、二氧化碳气肥、秸秆生物反应堆等多项技术，果蔬种植每棚收入达到3.5万元，产品质量达到无公害标准，同时也带动了周边地区设施蔬菜新品种、新技术的应用。

对于金汉文来说，2018年是不平凡的一年，因为2018年是党的十九大报告精神落地生根的关键一年，乘着乡村振兴、产业兴旺的东风，他又投资100万元升级改造了4座特色种植大棚，栽种冬枣、葡萄、樱桃等特色新品种，“设施园区有400亩大棚的遮阴带和边角地是闲置的，有些种植户种植玉米没啥收入，发展经果林、种植鲜桃绝对没问题，不但能创收，还能提升园区的生态环境。”给村两委班子提出这个发展思路后，他本人也积极加入经果林产业服务队，成为团队的技术骨干，而这一项产业的发展将会为园区的种植户每年增加收入8000元。

热爱农业的人，总会在田地里找到商机。大庙桥村有一处80多亩的流转土地，因为淌水困难的缘故，种植的依然是传统的玉米作物。金汉文说：“从农业种植收益上来看，种粮不如种菜、种菜不如种大棚。”他向村两委建言献策，将那块地用来发展春、夏季可移动冷棚蔬菜种植，这样可以为农户每亩地每年再增加6000元的收入。

金汉文热爱科技特派员工作和果蔬种植事业，在平凡的工作岗位上，开拓创新、真抓实干、无私奉献、勤奋工作，为全市果蔬科技推广、新农村建设和农民创业致富做出了突出贡献，成为当地脱贫致富带头人。他先后被自治区科技厅评为“先进个人”，被吴忠市委、政府授予“致富带头人”称号，被利通区委、政府授予“先进个人”称号。

致富路上的女健将

——记吴忠市利通区新型职业农民李振红

17年前，她是一名优秀的专业护士。

11年前，她成为了一名农民。

5年前，她是专业合作社理事长。

3年前，她成为了一名新型职业农民。

现在的她，拥有大专学历，现年37岁，是利通区振红果蔬种植专业合作社理事长。她叫李振红。

挑战自我，由护士变身新型职业农民

“她可是我们村上的红人呢，人长得可爱不说，关键是专业的护士，我们看病放心。”熟知李振红的人都会这样说。医科大专毕业后，李振红就在古城镇新华桥村医疗站当起了一名护士。在众人看来，她算是摆脱了祖辈面朝黄土背朝天生活的人。工作的那几年，“心灵手巧，技术过硬”，这是村民对李振红普遍的认可。凡是村上需要输液打针的村民都喜欢找她，她的护士工作可以说是干得得心应手。

“我觉得我想转行。不是说我不爱护士这个职业，是我想挑战一下自己。”随着国家产业结构调整，农副产品产值降低，农民土地收入越来越少，作为农民的女儿，李振红心中总觉得不是滋味。在经过一番深思熟虑之后，2007年，她毅然决然地辞去了护士工作，满怀激情地投入到了温棚种植当中，开始了初当农民的日子。

隔行如隔山。“我不怕苦，我愿意尝试这份工作。”凭借着一股子不服输的韧劲和初生牛犊不怕虎的闯劲，李振红硬是自我摸索着搭起了2座温棚并种上了蔬菜。面对创业初期的困难和技术难题，李振红说：“书山有路勤为径，学海无涯苦作舟。只要我低下头踏踏实实干，就一定会成功。”面对如何施肥、如何防治病虫害、如何控制大棚温度等技术难题，李振红没有退缩。她刻苦钻研温棚种植技术，虚心向镇上的专业技术人员请教，掌握了一定的种植技术。但李振红仍感到自己掌握的技术远远达不到生产要求，对知识的渴望促使她申报了农广校的电大函授班，顺利取得了设施农业中专学历。李振红认为：“知识是永远学不够的。”所以她先后报名参加了利通区农业科技局组织的山东寿光、陕西杨凌等设施蔬菜培训班，一边学一边干。付出终于有了回报，她经营的温棚经济效益逐年提高，在同行中处于领先水平。于是李振红开始逐年扩大种植规模。

“我富了不行，我要带着大家一起和我一起干，专业合作社就是最好的方向。”2013年，李振红积极响应国家农业扶持发展政策，牵头成立了吴忠市利通区振红果蔬种植专业合作社，开始从单一的个人种植向着专业合作社的方向发展，30多户种植户都加入了合作社。

大胆创新，科技助推，她是田间地头的女能手

“技术过硬才是硬道理，学习是第一步。”两年间，李振红先后多次参加了自治区人社局、吴忠市农广校组织举办的全区农村实用人才和新型职业农民技能提升培训班，系统学习了秸秆生物反应堆、椰糠无土栽培、节水滴灌及自动温控风口开合器等实用技术。不间断的培训学习和观摩交流，使李振红的发展思路不断拓宽，她开始把这些技术应用到自己的温棚种植当中。2016年早春，李振红带头试种了2亩无土栽培香瓜，邀请周边种植户和合作社社员实地观摩。一时间，在利通区农技推广服务中心的支持下，合作社社员争先恐后地种植无土栽培香瓜，李振红也成了利通区古城镇小有名气的温棚种植新技术推广人。

如今的振红果蔬种植专业合作社已由最初的6名社员发展到80多名社员，温棚也由过去的120多栋发展到现在的298栋高科技设施温棚，占地面积由过去的300多亩扩大到现在的850亩，种植物由过去单一的西红柿和黄瓜发展到如今的嫁接茄子、辣椒、黄瓜、乳瓜、樱桃、番茄等新特优品种齐头并进，辐射带动周边农户106户。这些数据无不彰显着李振红的努力。

“现在大家都按照合作社统一经营的思路在种植，可如何最大限度使合作社成员不出家门，在自己门口就第一时间掌握新技术应用与生产。”这是李振红现在思考得最多的问题。在多次外出学习考察的基础

上，李振红主动申请建立了利通区古城镇农民田间学校。学校落成后，李振红积极联合吴忠市农广校、宁夏扶贫开发学校等培训机构，在自己的农民田间学校举办新型职业农民培训班10余次，培训农民1000多人次。“这种培训模式特别好，既能在家门口免费参加学技术，又不耽误田间劳作。”参加培训的学员说到。李振红抓住这个热潮现身说法，详细地介绍生物秸秆反应堆的应用方法和优点，并鼓励大家积极应用生物秸秆反应堆技术。“正是运用了李振红介绍的这种技术，我的大棚效益一下提高了30%。”现在，振红合作社每年有70%的温棚都在做秸秆生物反应堆，覆盖面不断扩大，社员的收益也越来越大。

科学谋划，长远发展，她是助力乡村振兴的带头人

“在党的十九大报告中，习主席提出了乡村振兴战略。而我也有一个梦想，那就是要成为带领乡亲们一起振兴乡村的带头人。”正是这个梦想的鼓舞，2018年振红果蔬种植专业合作社新建高跨度温棚54座，合作社被吴忠市农广校认定为吴忠市农业广播学校教学实训基地，被自治区农牧厅认定为新型职业农民培育示范基地。振红果蔬种植专业合作社逐步走出了一条实践乡村振兴战略的特色发展之路。

“作为合作社的负责人，我想在助力乡村振兴上有点作为。”于是“合作社+基地+农户”的经营思路应运而生。“我想通过建立健全合作社管理体制机制，逐步建立起农产品质量安全追溯体系，开展农产品质量认证，发展无公害蔬菜、有机蔬菜，让大家能够放心地从合作社购买到绿色无污染的蔬菜。同时，带动更多的农民加入合作社，提高农产品附加值，协作共赢，与大家一起步入小康生活。”这是李振红最大的梦想。

正是有追逐梦想的韧劲、咬定青山不放松的狠劲，李振红成了利

通区的种植能手，振红果蔬专业合作社在吴忠甚至宁夏都小有名气。李振红先后获得了“全国百名杰出新型农民”、第三届宁夏“巾帼创业之星”、利通区“巾帼创业标兵”、利通区“优秀科技特派员”、吴忠市“巾帼创业带头人”、宁夏第二届“全区十佳农民”等荣誉称号，合作社也被评为“全国巾帼现代农业科技示范基地”“国家级设施蔬菜标准园”。

从当初的护士，到初出茅庐的农民，再到现在的新型职业农民，身边的人都称她为“女中豪杰”。前方的路还很长，也许还会有很多的挫折和失败，但只要能带领合作社社员共同致富这就够了，因为李振红一直坚信：“世上无难事，只怕有心人。只要自己不忘初心，务实苦干，就一定会走出属于自己的康庄大道。”

绿色产业托起发展之梦

——记吴忠市利通区新型职业农民闵桂凤

闵桂凤曾是盐池县高沙窝镇营西村农民，是一位新时代优秀的新型职业农民，也是现任吴忠市山水沟美食生态园董事长。“小时候家里子女多，经济条件差，吃了不少苦。长大后，一直坚持吃苦耐劳的精神，立志干一番事业。”闵桂凤喃喃地说。

回忆自己的创业历程，闵桂凤泪珠儿不断打转转。她早年学过裁缝，开过裁缝部、商店，从事过其他个体经营。1996年到吴忠创业，开过配件部、承包过水利工程。商场如战场，丰富的人生经历、艰难的创业过程历练了她。闵桂凤说，在她的创业过程中有成功经验，也有过失败教训，而她最欣慰的是自己最终选择了发展生态农业，成为当地新型职业农民的带头人。当初生活在山区农村，自己最大的梦想是跳出农门来到城市。如今身在都市，发现自己追逐的事业仍在乡村。经过五六年打拼，她创办的吴忠市山水沟凤鸣果蔬种植专业合作社、吴忠市利通区山水沟美食生态园收到了良好的经济效益和社会效益。山水沟村同时被评选为国家示范村；山水沟美食生态园被评为国家示范点，被农业部评选为国家三星级企业，被全国妇联评为“巾帼农家乐”，被自治区旅游局评选为五星级企业、宁夏旅游副会长单位；闵桂凤本人也被吴忠市妇联、女企协会授予“爱心妈妈”等荣誉称号。

转型生态农业，助推乡村振兴

在多年的创业过程中，闵桂凤不停地在思考，任何一项事业都有高潮有低谷，因受市场因素或自身发展能力局限等影响，在一定时候就得转型。在闵桂凤的事业转型期，她发现生态农业是朝阳产业。城市化进程中，城市人的生活节奏在加快，久居都市的人生活节奏紧张，都想远离城市的喧闹和工作的压力，与大自然进行亲密的接触，看看成群的鸭子在水中嬉戏，听听树上鸟儿的叫声，采摘一些新鲜的蔬菜水果，吃上几道特色的农家菜……伴随着农药化肥的过量使用、土壤大面积污染以及频频发生的食品安全问题，生态农业越来越受政府和民众的青睐。她到外省许多地方学习考察，在利通区郭桥乡政府招商引进下，她开始了自己的新一轮创业，创办了山水沟美食生态园。事实证明，发展绿色农业是她创业过程中的一次华丽变身。近年来，随着乡村振兴和全域旅游战略的推进，各级政府落实国家关于发展生态农业的各项优惠政策，支持生态农业发展。闵桂凤的企业享受了很多当地政府政策上的支持和优惠，使得山水沟生态园逐步走上良性发展的道路，生态园综合竞争能力明显增强。目前，山水沟美食生态园是吴忠市规模最大、设施最好的生态农业园。

坚持合作共赢，带领农民致富

闵桂凤创办农业生态园之前，郭桥乡山水沟村的温棚种植散乱无序，无人承包，收不上地租，处于瘫痪状态。生态园创办后，她投资300多万元，成立了凤鸣果蔬种植专业合作社。运营过程中，她发现人们对生态农业园的要求远远超出她最初的预想，于是，她在硬件环境提升上下功夫。2015—2016年先后投入800多万元，用于提升改造生态园硬件设施。目前初建生态大棚6000平方米，餐饮占地6000平方米，餐厅招用员工50余人，可接待500人同时就餐；住宿标间12间，可容纳60人住宿。总占面积150亩。在她的创业带动下，附近农民争先恐后承包温棚，带动周边农户及外地来此种植草莓等150余人，合作社农民在生态园打工每人月工资收入3000元；租种生态园温棚的农民，一座大棚年收入达5万元。山水沟村农民在参与合作社中尝到了甜头，他们的参与热情和生产积极性越发高涨。生态园的成功创办，让山水沟村村民与闵桂凤个人实现了互利双赢。目前合作社及生态园年毛收入达1000万元，闵桂凤个人年利润近200万元。有人这样总结：生态园经济实现了“老板进村、资本进村、产业进村”，使“空心村”变成“新庄园”，使闲置资源、资产变成赚钱资本，使农民走上了致富道路，实现了经济、社会、生态多重效益。

转变思想观念，创新经营模式

近年来，闵桂凤先后多次参加自治区、吴忠市和利通区组织的各类新型农民职业培训，通过培训学习、观摩交流，使她的思想观念发生了极大的转变，使她从内心树立起崇农、爱农、兴农的思想，坚定了农业强、农村美、农民富的信念。她深刻地认识到，发展中国特色现代生态农业是强农、富农的必经之路。既要注重农业高效开发，又要注重生态环境有效保护；既要注重自然资源循环利用，又要注重农业多样化功能发挥。栽下梧桐树，引得凤凰来。闵桂凤一方面努力为游客提供优美环境，另一方面通过不断投入和科学管理，建全内部管理制度，提供优质服务。除了自己参加各类培训之外，她自己还组织举办员工培训班，目的是通过培训提高员工的综合素质和经营服务能力。从硬件的大量投入，到经营理念的不断提升学习，2017年以来，山水沟生态园的景色更美了、环境更好了。为了使生态园的特色农家美食能留得住人，闵桂凤十分注重打造别具特色的绿色美食，如：五谷鲜草喂养的黑山羊、土鸡，自种的绿色小杂粮，在消费者中赢得了良好口碑。随时采摘的新鲜

有机果蔬，如草莓、香蕉、木瓜、火龙果、桃子、葡萄、香瓜、乳瓜、杏子、西红柿等，使游客在品尝美食的同时也体验了采摘的乐趣。院内还设有垂钓鱼池、儿童乐园、热带植物观光，自助烧烤、咖啡、茶艺等项目，还有羽毛球、乒乓球、台球等运动设施，餐厅包间配有KTV、棋牌等娱乐服务，吸引了众多慕名前来的当地及周边游客，让游客们流连忘返。目前，生态园可接待大型婚宴及大型会议，供近500人同时就餐娱乐。

从2017年开始，结合互联网优势，闵桂凤充分发挥平面媒体、网络媒体和自媒体的宣传特点，使山水沟美食生态园的知名度和美誉度不断提升。以“互联网+文化旅游”模式，成立了“徒乐聚生活汇”，以“大众创业，万众创新”，“线上聊天，线下欢聚”方式，举办各种内容丰富、形式多样的文艺表演等活动吸引游客。这项活动受到广大市民的热切关注和积极参与，目前已成功举办了40多期。还与宁夏大众生活会、梦夕户外俱乐部、启心公益中心等团队合作，不定期开展拓展训练、亲子主题、观光采摘、休闲垂钓、农耕体验、美食品尝等活动。

2018年，山水沟生态园环境的显著提升，不仅吸引了众多游客，而且成为很多新人拍摄幸福甜蜜瞬间的场所，许多婚纱摄影机构与山水沟生态园建立了合作事项，使山水沟成为新人们的婚纱摄影基地。生态园还继续深入功能多元化和综合性发展，迎合多元化需求，向更完善的经营合作化方向发展，带动更多农民致富。通过不断的学习，闵桂凤的品牌意识和品牌营销观念不断增强，她注册了相关农产品、餐饮商标品牌，提高了山水沟生态园的知名度，实现了特色化和品牌化发展。

不忘初心，方得始终。虽然是一名个体创业者，但是，闵桂凤也不忘自己承担的社会责任，努力回馈社会、造福一方。她说，她要通过自己的努力让山水沟的环境更美、农民更富。

点燃“硒”望 幸福花开

——记吴忠市利通区新型职业农民王玉静

他是农村“领头雁”的典型，经风历雨，带着群众种植果业走上了发家致富的阳光大道；他是富硒苹果种植专业户，打造精品果品产业链，带动果农增加收入；他是一个敢于干事的人，成立了果品产销专业合作社，为群众提供产前、产中、产后服务，绘制了一幅带动群众共同致富的美丽画卷。

他就是吴忠市利通区扁担沟镇王静果品产销专业合作社理事长王玉静，一位名副其实的新型职业农民。

学技术转思路，以勤开拓致富路

说起王玉静，在利通区种植业内，都把他叫“苹果大王”。王玉静从1990年开始种植苹果，到了2002年，他准备尝试苹果套袋新技术，但在刚开始，却遇到了很多人的不理解。“这小伙子花4000元买了一堆纸袋子，胡整呢！”就这样，在村民的质疑声中，他率先尝试苹果套袋技术，成了第一个“吃螃蟹”的人。

“套袋不仅要把握时间，更要修整好树形。”那年，由于对果树整形修剪、套袋技术掌握不够全面，果园成本增加了，产出效益没升反降，家人纷纷劝他放弃这一做法；但王玉静坚信，别人能产出好苹果，我们这里优质的土壤气候光照条件一定能产出最高端的苹果。

“我不怕苦、不服输，看准了的事一定要干出个名堂来。”有了种植精品果业这个奔头之后，王玉静沉下心来一点点从各种书籍里寻找妙方，并走出家门拜师学艺。通过吴忠市农广校的牵线搭桥，林果专家上门手把手传授技术，自己也到周边果品基地实地观摩学习，王玉静进步很快，成了当地小有名气的“土专家”。

有了种植精品果业这个奔头后，王玉静沉下心来一点点从各种书本里寻找妙方，并走出家门拜师学艺。近年来，王玉静积极参加区、市、县各级部门组织的新型职业农民培训班，不但更新了经营理念，还系统学习了果树嫁接、栽培、灌溉、套袋等种植技术，农产品品牌包装、果品预冷贮藏及营销技术水平有了大幅提高。他也从一个农家子弟，成长为一位名副其实的“果王”。

从苹果种植到“果王”，王玉静的事业越做越大，他最初的目标达到了，他也成了一名成功人士。然而，“一花独放不是梦，万紫千红春满园。”为了让更多的乡亲们富起来，他成立了玉静果品产销专业合作社，发动乡亲们种植果业。

合作社成立以后，王玉静更加辛苦了，因为他觉得要想带好合作社，自己首先要做出榜样，大家才有努力的目标和方向。

王玉静还和合作社53名技术骨干，到陕西、甘肃、山东等地实地考察学习优质果品生产技术、农产品冷藏气调保鲜库建设及包装销售先进经验；农时季节，利用合作社示范园培训基地，举办果树栽培、蚕豆套种、施肥、套袋、病虫害防治、电商销售等新技术培训班，带动804名社员共同提升果品种植技术。

正如王玉静所言："苹果就是孩子。我们要呵护它们，它们是最有良心的生命，你对它好，它就一定好好回报你！"2014年底，玉静果品专业合作社生产的苹果，富含硒、个大饱满、色泽鲜艳、酸甜可口，受到消费者青睐，商贩主动上门拉货，扁担沟"塞硒士"苹果成为水果商手中的抢手货。

富民兴业，念好科技致富经

苹果种植不是一个新鲜的行业，如何才能在行业中脱颖而出，独树一帜?

作为一名科技特派员，王玉静深深认识到，只有不断引进新品种、推广应用新技术、发展绿色营养农产品，才有市场，路子也会越走越宽。

王玉静是这样想的，也是这样干的。他立足于当地土壤富硒优势，引进红将军等果树新品种，采取"合作社+基地+农户+市场"的模式，以及统一技术规程、统一肥料供应、统一病虫害防治、统一产品包装、统一品牌销售的"五统一"模式，形成以烽火墩村为中心的优质经果林生产基地8400亩，建成果品预冷贮藏保鲜库1470平方米，采取冷链贮藏、直销、电商等销售方式，年销售额达到940多万元，成为吴忠市利通区南部地区主要优质果品生产基地。

摸索不止，学习不止，幸福都是奋斗出来的。

新栽植果园树龄小、前几年无效益，王玉静仔细琢磨试验，决定发展林下种植，推广种植“林果+蚕豆”“林果+螺丝菜”套种1500亩，螺丝菜亩增收达到7200元。

宁夏吴忠地区是富硒农产品优质生产基地。为了打造高端苹果，王玉静积极采用配套有机富硒果品栽培新技术，试验示范氨基酸结合硒肥配套施用技术，建立富硒精品示范园和标准化示范园，积极培植富硒苹果基地。

来自吴忠国家农业科技园区的果农金云家里有100亩苹果园，多年来因为缺乏技术，高产量的苹果却卖不出好价钱，成了他心中的大石头。当他听了王玉静现身说法、实地实操培训后，心中豁然开朗，不由自主地说：“王理事长的套袋苹果种植技术过硬，今天我来听专家讲课指点迷津，脑子一下转过弯了。”

品牌是一个商品的形象，好吃好看又营养健康的苹果当然有一个响当当的“头衔”。王玉静依托注册的“玉景乡”“塞硒士”“烽火墩”商标，实现了优势特色果品产业品牌化发展。

利通区扁担沟镇烽火墩村党支部书记马如刚感同身受地说：“扁担沟的苹果，现在响亮得很，上海、广东、福建、四川等地的客商都来定货呢。”

守望田园，幸福花开馈乡邻

在扁担沟镇，只要一提起王玉静，村民都会竖起大拇指。十多年来，富裕起来的王玉静从来没有忘记曾经给过他帮助的父老乡亲，无论谁家有困难，他总是热心地伸出援助之手。

今年53岁的吕兰根也是烽火墩村的苹果种植大户，果树种植面积达40亩。他说："过去我家的主要经济来源靠种粮食，自从跟上王玉静种苹果以后，我家的收入年年有增长，特别是2017年，我家的苹果收入达到10万元。"

利通区扁担沟镇有建档立卡贫困户1265户5265人。王玉静始终不忘党的关怀和政策给予他创业发展的恩情实惠，在自己致富的同时，依托已建立起来富硒果品基地，在产供销各个环节的用工方面，优先考虑使用经济困难家庭人员，雇用农工140人中，有建档立卡贫困户63人常年在基地务工，从事耕种、套袋等农事作业，仅此一项，30个到果园打工的困难家庭年收入超过2万元。

扁担沟镇烽火墩村贫困户陆占强年老多病、无增收项目，在王玉静的引导说服下，栽种15亩果园，实行林下种植，提供蚕豆、螺丝菜种子，缓解了果园头四年无收入的问题。移民户郭启旺种植10亩果园，脱

贫在望；贫困户袁成文因家庭老龄人口多、劳动力不足导致家庭困难，在王玉静的帮助下，种植的10亩果园2017年已进入挂果期，加上在果园季节性务工收入，家庭人均可支配收入1.3万元，2017年脱掉了贫困户的帽子。

现如今，玉静果品产销专业合作社建立富硒精品示范园2600亩、标准化示范园5800亩，年产优质富硒果的4700吨，成为“塞上硒都”吴忠精品苹果主要示范基地。

如今，合作社社员户均增收达到6000元，示范带动果农800户，其苹果远销广州、上海等地，真正做到“一亩园十亩田”的价值；

如今，王玉静已成为当地的致富能手，先后获得了“全国农村青年创业致富带头人”“自治区十佳果品生产技术能手”“自治区优秀农民工”“吴忠市最美科技人”“吴忠市道德模范”“吴忠市优秀科技特派员”等荣誉。

情系青山　创业富民

——记盐池县新型职业农民陈纪元

乡愁与情怀，书写了他的大爱；振兴乡村，致富乡亲，记录着他的抱负。

他是新型职业农民的典型、致富带头人，为猫头梁村的脱贫致富贡献着自己的一份力量。他就是盐池县青山乡猫头梁村村民，盐池县绿林农业科技有限公司经理陈纪元。

从离家出走的打工仔到返乡创业的带头人

一个村的脱贫致富少不了带头人，这个带头人必须头脑灵活、吃苦耐劳、踏实肯干，并且敢于创新和具有奉献精神。陈纪元就是这样的带头人。

盐池县位于毛乌素沙漠南缘，干旱少雨，风大沙多。20世纪80年代，青山乡猫头梁村境内到处是明沙丘，二道湖有名的“北沙窝”素来流传着这样一句话：“一年一场风，从春刮到冬，沙子漫地跑，沙丘比房高。”加之耕地面积少、耕种难度大等原因，猫头梁村的贫困情况十分严重。

1991年，初中毕业不再继续读书的陈纪元，但见家乡黄沙漫漫，备感凄凉，从此背井离乡闯荡23年，跑大车，包工程，做生意，变换各种方式糊口谋生。

经过几代人防沙治沙和生态恢复的艰辛历程，现在的猫头梁村90%的面积被划入哈巴湖生态保护区，生态优势十分明显。生态环境的好转直接带来了农民生产条件的好转和农业收入的提高，同时也吸引着返乡创业的青年回到家乡带领导贫困群众共同致富。

在外务工那些年，见惯了城市的繁华，而回到村里，看到的仍是一如从前那样的贫穷。外面的世界在巨变，再过三五年，猫头梁村还是这个样子吗？每次回家，陈纪元不是别人想象中的衣锦还乡，而是心事重重。他总想着要做点什么，让村里也发展起来。

离家出走的游子也因此坚定转身回归，回应故土的呼唤。2014年，响应国家返乡创业的号召，陈纪元回来了，成为猫头梁村第一个回乡创业的村民。

乡情点燃回乡创业激情。从小在村里生活长大，陈纪元对这里的一草一木都饱含深情。

陈纪元说："当时，我看到了家乡的生态变化，植被的覆盖率达到75%，到处都是青青的草、绿绿的树，生态环境越来越好，我便决定返乡创业。"

"在猫头梁种地根本行不通，种了这么多年地越种越穷。"与新型职业农民相比，传统农民最缺的是与时俱进的创新理念。为了干出个样子，陈纪元外出考察学习、更新创业理念。考察了一段时间后他决定承包土地建生态观光园，并在脑海中设想怎样才能把这个观光园建设好。

"当时我计划和村民一起合作来建设这个观光园，一共走访了30多户村民，没有一家和我合作，村里人不信我，而且他们都还劝我不要做。"陈纪元回忆说。

当时，满腔抱负的陈纪元，并没有因此放弃。说干就干，2015年8月，陈纪元的盐池县绿林农业科技有限公司成立了。陈纪元从村民手中流转闲置的耕地、草原1600亩，普通群众一亩地年流转费50元，建档立卡户每亩200元。

矢志不渝，带领乡亲脱贫致富奔小康

在陈纪元的"蓝图"里，绿林旅游开发有限公司不止是一个简单的观光园，他要把它打造成产生综合效应的"富民园""聚宝盆"。

在青山乡，认识陈纪元的人对他的评价也几乎一致："是个朴实的农民，敦厚老实。"就是这位敦厚老实的农民，凭借自己的商业头脑和一股子敢拼敢闯的劲头带领村民走上了致富路。

近日，在盐池县绿林农业科技有限公司，几名农户正在将分拣好的黄花菜包装入箱。几天后，这些精品黄花菜将分批运往广西南宁，端上当地市民的餐桌。

2015年，陈纪元带着村民利用原有的涝池建成占地12亩的鱼塘，在山梁上种了成片的经果林和黄花。当时村民们都认为他在“瞎胡闹”，觉得沙地咋能种活黄花？为了打开村民思想，陈纪元带头种植黄花，并请村民们到自己的黄花地里务工免费学习技术。结果当漫山遍野的黄花绿苗映入眼帘时，村民们打心眼里服了，村民们终于开始行动起来，大家都抢着跟陈纪元干。

现在，陈纪元的黄花产业不仅成了当地新的经济增长点，还为盐池生态增添了一抹绿色，真正做到了生态、经济双丰收。他说：“我们的黄花菜，品质特别好，在上海、江苏等地供不应求，而且利润高，亩产3000斤左右，纯收入近万元。”2017年，陈纪元再扩大种植黄花菜1000亩，同时兴建了采摘大棚、阳光温室等。

2018年深秋，阳光洒向盐池县青山乡猫头梁村每一寸沙土地。嘀……嘀嘀……不远处，一辆崭新的城市SUV沿着村路一路驶来。停下车，该村建档立卡贫困户裴学龙轻轻关好车门，笑眯眯地迎上前来：“64岁咧，能开上这样的车就和做梦一样，这都要感谢陈总咧。”

带领乡亲走出贫困，奔向小康，陈纪元用自己的实际行动实现了回乡创业的初衷——自己富不算富，大家富才叫富！

三年来，陈纪元利用流转土地种植黄花200亩，核桃、苹果等经果林260亩，马铃薯、红葱等蔬菜210亩；养殖滩鸡5000只，新建了鱼塘、温室、大拱棚，种植了蟠桃、葡萄、冬枣等特色采摘品种24亩，盐池县新型农民培训实践基地落户陈纪元的园区。

谈及创业初衷，陈纪元说：“我就是想踏踏实实做点事，让自己富起来，让身边的人也一起富起来。”

2016年，宁夏银行给予陈纪元100万元的贷款支持，他为农户无偿提供技术指导和培训，实行公司和农户利润六四分配模式，带动周边3个村的农户发展，贫困户每人纯收入达到1万元。

2016年，绿林旅游开发有限公司种植甜瓜30亩，散养滩鸡5000多只，并与村上签了协议，让村民对公司500亩黄花进行“认领”，公司出资、农户出工及管护，黄花收入公司与农户按六四分成，农户平常闲余时间还可以干农活，增加了他们的收入。仅此一项村民年获益50多万元。在用工量高峰期，每天有20多个村民到公司打工，从2015年到现在，公司已为农户发了110万劳务费。

2017年，陈纪元和西北农林科技大学合作，建立学生拓展实习基地、公司带动的大型试验基地，积极探索发展农业大棚种植技术，新建温室大棚30座、日光大棚17座，种植樱桃、草莓、杏子等优质农产品。与建档立卡贫困户签订管护协议，鼓励他们学习先进的生产技术，引导他们在学习技术的同时学会大棚管理，加速建档立卡户脱贫致富的步伐，为农业产业与精准脱贫做出了一定贡献。

强化滩羊品牌　引领农户脱贫

——记盐池县新型职业农民强奋林

年少时放羊，年轻时贩羊，如今，在不惑之年打造起规模化养殖10万多只滩羊的盐池县奋林农畜交易中心（有限公司）；从无交易量、零利润，到2017年交易量达13万只、实现利润600万元。他一生都在“摸着羊头蹚路”，完成了从“放羊娃”到“领头羊”的逆袭。

他就是盐池县大水坑镇大水坑村村民，新型职业农民强奋林。

看清方向，走上创业路

近年来，随着强农惠农政策不断深入人心，强奋林看清了发展的形势，认准了自己的发展方向。于是，他成立了农畜交易中心（有限公司），走出了一条“公司+基地+合作社+农户”的发展道路。

盐池县奋林农畜交易中心（有限公司）位于大水坑镇镇区西侧，占地面积265亩，注册资金2000万元。公司集滩羊养殖、交易、屠宰、加工、销售为一体，采取严格的标准化养殖。中心建有办公区、信息中心、检测室、兽医室、养殖区、青储饲料区、产品交易区、成品储藏区、深加工区、屠宰场、污水处理厂等，拥有养殖、防疫专业技术人员15人，解决劳动就业40人。建成“电子商务进农村大水坑旗舰店”，实施网店运营销售羊肉；成立了“盐池县大水坑镇滩羊协会”，吸收带动滩羊养殖专业合作社18家，辐射带动周边30%的养殖户，构成了盐池县南部“公司牵头，合作社引领，大户示范，群众发展”的畜牧业发展新格局。

诚信经营，严把质量关

为了保证滩羊系列产品（羊排、羊腿、羊脖、羊肉卷、羊肉臊子及羊杂等）的质量和安全，公司与养殖户签订羊只收购合同，并严格跟踪监管滩羊标准化饲养。在公司“绘制”的滩羊地图上，详细记录着农户的养殖情况，通过大数据和“互联网+”，企业已为10万多只滩羊建立“身份证”，实现了滩羊产品可追踪、可溯源。

在多年的经营过程中，由于强奋林注重诚信，严格把握滩羊生产、加工关口，使得公司的羊肉产品深受区内外商家的青睐，先后与福建省经济技术协作促进会签订了“山海协作”供销合作协议，与重庆市天回疆山餐饮管理有限公司等10余家公司签订了购销协议。2017年，公司羊只交易量达13万只，销售额近5000万元，实现利润600万元。

不忘初心，带群众致富

强奋林从一个靠苦力吃饭的农民成为一名董事长，从一名普通群众成为一名中共党员发展对象。吃水不忘挖井人。作为一名致富带头人，自公司成立他就定下了“诚信、创新、发展、共赢”的企业服务宗旨和“不忘初心，诚信经营，开拓创新，感恩前行，实干兴业，共同富裕”的奋斗目标。因此，他在自身发展的同时，主动肩负社会责任，积极配合大水坑镇党委、政府和村党支部开展精准扶贫工作，先后为贫困户提供固定就业岗位40个，累计使用劳务1300人次。作为盐池县第一期新型农业经营主体带头人，他积极组织主办滩羊养殖培训班3期，累计培训人数达90人。为支持全县产业脱贫实施计划，他还对养殖户采取“五免一订”的帮扶措施，即“免费为养殖户提供养殖场所、免费进行技术指导、免费进行卫生防疫、免费配送饲草料、免费提供保种育种服务（主要有两种，一是等价置换基础母羊，二是免费提供配种服务）和订单收购”。

2017年，强奋林与周边260户养殖户签订了收购合同，让养殖户不出门就能把羊肉卖上高价钱，使得每户养殖户的经济收入与市场同比高出3000多元；与51户建档立卡贫困户结成帮扶对子，建立帮扶协议，每户贫困户每拿出100元入股即可领养滩羊1只，3年后退回本金还能收入360元；为8户特困户无偿提供15只生产母羊，签订高于市场价格的回收订单，确保特困户“零投入、零风险和高回报”；为8户残疾人家庭每户分3年注入帮扶资金4500元，因农户夏树金一家三口都是残疾人，在注入帮扶资金的同时，还为他无偿提供了40只生产母羊，助力脱贫。

创新思路，发展亮点多

近年来，盐池县始终把发展滩羊产业作为农业头号富民产业和脱贫攻坚重要抓手，把滩羊小产品做成农民增收致富的大产业。县委、政府的决策引领，让强奋林有了新想法和新思路。于是，凭着“转变发展方式，再造羊肉高品质市场，竞争和整合利用周边资源重构肉羊业低成本”的创新思路，强奋林一心一意地发展自己的企业，使得企业“芝麻开花节节高”，一步步走上发展壮大之路。

强奋林在致富的同时没有忘记做公益事业。在一次“捐资助学”会上，强奋林深情地说：“我小时候因为家里穷，想念书，可是由于家境情况不能如愿以偿。我今天看到有知识、有文化的人就十分羡慕他们，所以我手头有了点钱，最想做的就是让自己的孩子多读书，也让更多家庭有困难的孩子多读书。”为此，他成立了“奋林爱心扶贫基金会”，先后与盐池县希望公益服务中心签订捐赠协议并捐款8.9万元；向“希望工程”捐款12.9万元；资助盐池县第四中学的50名贫困生每生每学期800元帮助他们完成初中学业，近年来捐资济学济困累计资金达120万余元。强奋林先后被盐池县委、政府表彰为“热爱公益奉献社会”先进个人、“救助医疗卫生事业”先进个人等荣誉称号。

四年来，公司不断完善制度，强化内部管理，树立了良好的信用形象。2016年，公司被定为“吴忠市残疾人扶贫基地”。2014年，强奋林被选为“自治区科技特派员”；2015年，被大水坑镇党委、政府表彰为“滩羊养殖示范带动先进个人”；2017年，被评为“吴忠市优秀科技特派员”。

高瞻远瞩，做新型农民

从产业的长远发展考虑及多年发展滩羊产业积累的经验，强奋林认识到，一个企业要立足于市场，就不能满足于今天的现状，对于滩羊产业如何发展，他还有更高的追求与目标：继续加强滩羊品种选育，着力提高滩羊的产肉性能；继续指导养殖户科学饲养管理，按照不同的饲养期进行分圈饲养，提高繁殖母羊配种率；继续带领农户进行集中养殖，逐步实现滩羊养殖规模效应；大力提升滩羊肉的品质，建立产销战略联盟，为滩羊产业发展赢得市场主动权。

强奋林不断地调整创业致富的人生标杆，努力实现自己的人生价值，用理想和信念之火点燃生命、诠释激情、拼搏进取。他坚信，在党的强农惠农政策指引下，团结带领父老乡亲勤劳致富的康庄大道一定会越走越宽广。

退伍军人发“羊财”

——记盐池县新型职业农民王旭彤

军旅生涯铸就了他的忠诚、坚定和果敢，确立了他人生的价值取向；社会熔炉磨炼了他的意志，丰富了他的阅历，开阔了他的视野；生活积淀开启了他创业成功的航船，让他在青春岁月里书写属于自己的华彩乐章。

他就是放羊娃、退伍军人、打工仔、创业者王旭彤。

穷人的孩子早当家

1983年，王旭彤出生在宁夏盐池县一个农村家庭，父亲是乡村民办教师，母亲务农。父亲微薄的工资收入和母亲的辛勤劳作勉强维持着一家人的生计。小时候王旭彤每天放学回来都会帮助家里喂羊、放羊。也许是穷人的孩子早当家吧，小小年纪的王旭彤总不让大人指派就干这干那，帮助家里减轻负担。初中毕业后他因8分之差没能考取宁夏艺校，那时，王旭彤不想再上学给家里添负担，想报名当兵，因年龄不够他还是上了高中。2001年，18岁的王旭彤高中没有读完就毅然报名参军，如愿以偿地成为一名军人。部队的学习和训练让这个年轻后生一天天成长起来，一天天成熟起来。在部队的驾驶员大比武评比中，王旭彤以优异成绩被评为四十七军的“全军优秀”，他也因此被调入中国人民解放军总参部军务部。儿子在部队的优秀表现，让家人无比自豪。谈到两年的军旅生涯，王旭彤自豪地说，部队生活虽然短暂，但在这里我学到了许多知识，学会了做人做事，明白了人生的价值。

融入社会方知难

2003年，王旭彤光荣退伍。本来他可以留在部队继续服役，可他对领导说：“我想早点到社会上去磨炼，早回去早立足。”退役后的那两年，王旭彤经人介绍到北京一家私营企业给老板开车。那时候，开车的工作还算不错。有着军人素质而且手脚勤快的他给老板开车门、拿衣服、端茶送水，尽管如此，老板还是挑三拣四常常训斥。王旭彤说：“那份工作虽说卑微，工资也就解决温饱，但我从老板和与他交往的人身上学到了不少为人处世的经验，学到了许多做人做事的道理。”

2005年，为了方便照顾父母，也为了寻觅到创业的机会，王旭彤离开北京，回到银川。创业需要资本，也还没有想好做什么，王旭彤想还是先找份工作再做打算。可是学历低、无专业，接连的应聘都没成功。迷茫中，王旭彤又重操旧业，到企业给老板开车。那时，在银川给人开车工资很低，勉强能够维持自己一个人的生活。这样坚持了不久，王旭彤又一次萌生了创业的念头。2006年新年刚过，他向父亲提出了自己创业的想法，父亲很支持他，给了他3万元，他拿出了自己几千元的退伍费，在银川商城租下摊位开了一家女装店。卖服装看似简单但也有着门道和学问，由于经验不足经营不善，店铺仅仅维持了几个月便撑不下去了，只好关门歇业。第一次创业失败，近4万元的投资也所剩无几。无奈之下，王旭彤再一次投入了打工者的行列。在接下来的几年里，他做过手机推销员、装修公司监理、公司采购员、4S店车管等等。骨子里本不安分的王旭彤在打工的平淡生活中时时寻找着创业的商机。当家乡“盐池滩羊”成为中国驰名商标，盐池滩羊肉走俏国内市场的商机出现的时候，王旭彤眼前一亮，他看到了希望。从小就跟羊打交道的他，思谋着家乡有这么好的资源，何不试试养羊发展养殖业呢？再度创业的梦想又一次滋生，于是，他辞掉了银川的工作，回到家乡开始了他漫漫的创业历程。

如鱼得水创业路

2010年上半年，带着满满的信心和决心，王旭彤回到故乡盐池县南王记圈村养起了滩羊。他稳扎稳打先筹钱购买了50只基础母羊。滩羊养殖是家乡的传统产业，自己并不陌生，再加上父母的帮忙，一家人精心管理和饲养，羊只个个膘肥体壮，产羔率达到150%，一年下来纯收入1.5万元。2011年，他扩大养殖规模，饲养量发展到200多只，效益稳定。牛刀小试获成功，王旭彤坚定了发展滩羊产业的信心，他也觉得自己找准了创业的方向。

通过两年的养殖实践，王旭彤发现，养殖户辛辛苦苦饲养几个月的羊只纯利润也不过七八十元，而羊肉贩子和加工企业销售或者加工一只羊的利润却比养一只羊的利润要高许多。带着这样的困惑，他想探探贩羊的门道。于是，他走村串户收购羊只拉到银川贩卖，不试不知道，一试吓一跳，原来贩羊比养羊效益更高更快。这一试，让善于学习和总结的王旭彤得出了一个结论：必须延长产业链，把握市场需求，走生产、加工、销售一体化的经营模式，才能更好更长久地发展养殖产业。

王旭彤牵头成立了盐池县彤辉滩羊养殖专业合作社，之后，又创建了宁夏航晨生态农业开发有限公司，并且注册了自己的产品商标“穆萨一品”。成立合作社、创办公司这并不是王旭彤的头脑发热、盲目追风，他依靠惠农政策，争取贷款，先后投资近300万元建成了8600多平方米的标准化养殖基地，并建设了宁夏唯一一家肉制品净化车间。王旭彤深知开公司干事业需要知识的储备、科学的管理、资金的投入。他多次参加盐池县农广校、自治区组织部及中组部、农业部组织的农村实用人才带头人培训班的学习，自身综合素质和经营能力得到极大提升。如今，王旭彤的滩羊产业已经走上了养殖、加工、销售、品牌一体化的发展道路。他生产加工的滩羊肉产品“穆萨一品”已经远销北京、杭州、厦门、海口、西安、太原、济南等大中城市。现在，公司辐射带动当地110多户固定农户发展滩羊养殖，羊只年销售量近2万只，实现销售收入500多万元，利润120多万元，户均增收7000元。

2015年，彤辉滩羊养殖专业合作社分别获得市级、自治区级示范合作社称号；2017年，获“自治区科技特派员示范基地”称号；2017年，被自治区农广校确定为“新型职业农民培训基地”。王旭彤也成了盐池县从事滩羊产业的成功人士，新型职业农民带头人创业致富的典型。王旭彤的创业经历让他深深地领悟到：幸福是奋斗出来的。

致富不忘众乡亲

今年只有35岁的王旭彤，让我们感受到了他的创业激情和奋斗精神，他还有着感恩社会、回报桑梓的情怀和爱心。他创业之初就时时牵挂着带领乡亲们一起发家致富，他常常和乡亲们一起探讨养羊的技术，公司一直坚持高于市场价收购乡亲们的滩羊，从不拖欠大家的钱。他发起成立了盐池县“利剑”应急救援保障服务中心，共有43人加入，由他担任队长。2017年8月九寨沟发生地震后，他组织了十几名队员筹资15万元赶赴灾区救援。他们千里驰援的义举还是后来一位在灾区发现他们的宁夏人说出后大家才知道，这样才有了宁夏电视台、《宁夏日报》、《吴忠日报》等媒体的采访报道。在县里，每逢有重大活动，他们便默默到现场维持秩序。他还组织发动队员连续三年在春节前夕到敬老院打扫卫生，给老人们包饺子，为老人们送去欢乐和温暖。

最近，王旭彤又在公司建立了农村电商服务平台，配置了4台电脑供周围群众使用，方便乡亲们的土特产品能及时地卖出去。王旭彤的爱心和诚信感动着众乡亲以及与他打交道的客商，他的爱心和忠诚也赢得了一位回族姑娘的芳心。这位回族姑娘，是他在银川打工时认识的。由于不同民族的关系，姑娘的家里一直不同意他们的婚事。精诚所至，金石为开，姑娘的家人最终同意了他们的婚事，姑娘也放弃了银川的工作，和他一起艰辛创业，夫妻共同成就着属于他们的幸福生活。

谈到未来的计划，王旭彤满怀信心地说，现在扶持政策这么好，加上盐池滩羊的独特品质，在未来三年，他将继续完善生产、加工、销售一体化运行，拓展高端市场，力争实现年销售滩羊5万只，带动周边500户群众发羊财奔小康，解决劳动力就业180人。谈到企业今后的经营，王旭彤笑着说："学习无止境。经营企业没有最好，只有更好，现在我考虑着在基地投资50多万元建造一个滩羊展示馆，通过展板、沙盘、电子屏等方式介绍盐池滩羊的特点、特质，让更多的人了解滩羊、认识滩羊。"

盐池草畜产业的领跑者

——记盐池县新型职业农民杨德云

在中国，有一个羊肉品牌家喻户晓，那就是“盐池滩羊”。它是唯一走上杭州G20峰会、金砖五国会议餐桌的羊肉食材，由此盐池滩羊肉在全国名声大噪。

在盐池，滩羊产业已成为农民脱贫致富的主导产业，对农民纯收入贡献率超过40%。有一群先行者为草畜产业现代化转型发展摸着石头过河，他们曾苦闷徘徊，他们穷则思变，他们开拓进取。

杨德云，一个土生土长的草原汉子，以舍饲养殖滩羊起家，以敢趟地雷阵的胆识，为盐池草畜产业闯出一条金光大道，领跑草畜产业发展。

羊把式的惨淡经营与思变

杨德云，盐池县高沙窝镇油坊村农民，盐池县千禾饲草料配送有限公司总经理。45岁的他回首创业史，有太多的感慨，也有太多的喜悦。

1990年，由于初中毕业没考上高中，杨德云只好回家种地放羊。每天跟着羊屁股转，日子过得跟白开水一样乏味。

盐池十年九旱，日益增多的羊只让草原不堪重负，传统的粗放养羊收入微薄。那时，杨德云很迷茫但也很无奈。如果按照传统放牧养殖，这辈子只能和父辈一样穷下去。人得换个活法，羊得换个养法。杨德云苦苦寻找突破养殖的方案和机遇。

2003年舍饲禁牧后，机会来了，杨德云扩大养殖规模搞起了舍饲育肥，一度明显提高了经济收入。但是羊只缺草成为持续扩大饲养规模的又一个制约因素。种植人工饲草，由于气候干旱草产量太低，外购饲草成本又太高，养殖规模增大了，收入却降低了。“如何解决羊只缺草问题和饲草料的搭配问题，保持盐池滩羊肉原有的特殊风味？”这是摆在杨德云面前的“课题”。

草产业的革命

杨德云是一个善于观察和探索的人。在羊只生产经营过程中他发现，单纯地喂一种饲草，滩羊的长势并不好，而用苜蓿、甘草、柠条、青贮玉米等搭配的饲草料喂羊，不仅羊只长得快，而且疾病少，肉质鲜嫩。但是，由于水资源和土地的制约，种青贮玉米、苜蓿等还不能彻底

解决盐池县舍饲养殖缺草少料的难题。

这该怎么办？眼光敏锐的他把目光投向了漫山遍野的柠条——何不把老百姓的柠条收购过来，开发成饲草喂羊，共同创收？把柠条加工成羊饲料，这无疑是对非常规饲料开发利用的另一种尝试。

2011年底，杨德云注册成立了盐池县千禾饲草料配送有限公司。筹集资金300万元，购进割草机、铡草机、粉碎机、打捆机、揉搓机、颗粒加工机等机械设备，但是由于收割机加工技术的问题，年产柠条草粉及青贮饲料仅为200多吨，效益较低，每吨柠条饲料纯利润仅为50元左右。

科技支撑，华丽蜕变

思路决定出路。杨德云立即投入行动。从2014年起，杨德云连续三年聘请自治区农科院、科技厅、农牧厅饲草专家团队作为技术顾问，联合县农牧局技术人员对柠条平茬加工技术进行研发，通过反复的试验，终于在柠条的收割、揉丝等技术上取得了飞跃性的突破，加工效率得到了明显的提升，柠条揉丝效率在原有基础上提高30%以上。同时，杨德云不断优化柠条饲料资源开发运营模式，他通过承包或者购买农户的柠条林，形成以柠条饲料加工为依托，以统一管护与科技示范监测为保障，建立统一收获、统一加工、集中配送与技术服务的“企业+农户”管理运营模式。公司的柠条饲料开发步入了产业化发展的快车道。

“滩羊养殖+饲草加工”的模式运行，赢得了广大养殖户的一致好评，也得到了各级领导的高度重视。在饲草料配送服务中，杨德云以服务赢得了客户，以规模求得了效益，年纯利润达到60万元左右，成为盐池县草畜产业发展新型职业农民代表。在他的帮助和带动下，以花马池镇等乡镇为主的养羊大户们也看到了身边的财富，纷纷投资购置柠条加工机械，利用柠条资源，壮大养殖规模，仅周边的宏翔、深井等规模养殖园区的养殖户年出栏育肥羊只就达到20万只以上，户均纯收入15万元以上。

再展宏图

由于在草畜结合、秸秆转化和柠条资源开发利用中做出的贡献，杨德云成为盐池县草畜产业当之无愧的标兵，他所经营的公司先后被授予“吴忠市产业化龙头企业”“盐池县农作物秸秆和柠条饲料加工利用先进集体”；2016年他本人被自治区农牧厅授予“全区十佳农民”荣誉称号。

2017年，盐池县政府将柠条饲料作为盐池滩羊专用饲料的主要粗饲料进行大量生产，统一制作，统一配送。

2017年底2018年初，杨德云又参加了盐池县新型职业农民培训，进一步充实自己。经过培训学习，他又有了更为开阔的发展思路：在乡村振兴战略实施和盐池县脱贫致富奔小康的过程中，新型职业农民培育领域大有可为。于是杨德云积极争取农民田间学校建设项目，新建高标准农民田间学校1所，完善基础设施，强化人才支撑，与自治区农科院、宁夏大学、盐池县农牧局、科技局等单位建立了稳定的联合开展饲草技术研发与推广合作机制，广纳贤才，组建了一支服务于滩羊产业的精英科技团队，在新型农业经营主体培育方面充分发挥了作用。

看着农民田间学校里认真听课的学员，看着饲草车间流畅运转的机组和整齐摆放的饲草产品，看着公司大门上熠熠发光的“盐池县新型职业农民培训实践基地”的牌匾，杨德云由衷地觉得盐池县柠条资源终于物尽其值，成为滩羊产业持续发展的饲草保障，成为全县养殖户脱贫致富道路上的新方向。2018年，杨德云与自治区各大饲料厂签订了1000吨的柠条草粉销售订单，与花马池镇、王乐井乡的30余户农户签订柠条平茬、加工合同。他所创办的农民田间学校成为盐池县培育新型职业农民的新平台，当年培训新型职业农民200余人，带动近100户农户开展柠条平茬，创收致富。

盐池滩羊产业链上的擎旗手

——记盐池县新型职业农民朱玉河

提起朱玉河，在盐池县花马池镇可算是个响当当的名字。认识朱玉河的人对他的评价也几乎一致：“是个朴实的农民，敦厚老实。”就是这位“敦厚老实”的农民，凭借自己的商业头脑和一股子敢打敢拼的劲头闯出了一条特色鲜明的致富之路，带领深井养殖业合作社120户养殖户共同致富。

滩羊规模养殖闯出一片天

2008年以前朱玉河和其他村民一样，也是散养了几十只滩羊。随着“盐池滩羊”品牌越来越响亮，他看到了规模养殖的希望。

起航赶上了顺风船。盐池县计划在深井村建设20万只滩羊养殖园区，对于朱玉河来说，这简直是天赐良机。2009年园区投产后，他把自家原有的20多只生产母羊赶进园区，贷款加上积蓄凑了13万元，从市场又购买了100多只架子羊，开始搞起了全舍饲规模养殖。

虽然朱玉河对滩羊养殖并不陌生，然而要实现规模化养殖却是个专业性、技术性都非常强的事情。一个半路出家的农民，掌握规模养殖技术的困难可想而知。尽管朱玉河每天都把羊只当宝贝一样伺候，但规模化滩羊养殖与小规模散养还是有较大的差别，加之缺少经营管理经验，对市场不熟悉，造成羊只出栏率低，死亡率高，销售不畅，根本实现不了预期的目标。

机会总是留给有准备的人。面对失败朱玉河并没有气馁，而是积极寻找问题的根源所在。他一方面向县里的养殖大户、畜牧专家请教，另一方面去内蒙古、青海等畜牧发达地区考察，学习先进的养殖管理经验，随后又购买了100多只母羊和100多只育肥羊补充进园区。

到2010年底，朱玉河的滩羊养殖逐渐形成规模，可以满足一些客户大批量的订购要求。这一年，朱玉河挣了5万元。

成立合作社成为滩羊养殖标杆

凭着2年多的规模养殖经验，朱玉河悟出一个道理：随着市场经济的成熟，农民一家一户零星、分散、粗放的养殖模式，不仅风险大而且成本高，很难实现富裕。于是，在他的带动下，盐池县深井滩羊养殖专业合作社于2011年成立了，95户村民参与了合作社，养羊小户、散户从此有了“娘家”。

合作社以服务社员、带动盐池滩羊产业发展、增加农民收入为宗旨，采取“市场+合作社+农民”的模式运作，力争形成以滩羊养殖、销售、培训、有机肥研发为主体的产业模式。

此后，朱玉河奔走于村里各家各户，与养殖户分析养羊形势，商量合作发展模式，动员组织贫困户发展滩羊养殖，然后又指导科学养殖、组织采购种羊。“那段时间，大家的积极性都很高，经常聚到一起探讨关于滩羊养殖的问题。”朱玉河笑着回忆，自己的成功，也让乡亲们看到了致富的希望。

合作社像滚雪球一样发展壮大。2015年，得知社员们有心扩大养殖规模，但苦于没有资金的困境后，朱玉河第一时间联系到4家银行，由合作社牵头实行连带责任保证和担保，为养殖户贷款2200万元。资金问题解决了，合作社当年出栏育肥羊就达到9万多只，经营收入5000多万元，直接带动社员增收近500多万元。

建立滩羊养殖产业链体系

怎么才能赚钱？朱玉河一边养羊，一边思索。他私底下算过一笔账，从购进一只小羊到出栏大概需要3个月时间，除去其中的饲料、人工等费用，一只羊纯利润才40块钱，远远达不到预期的要求。他开始主动去盐池县农牧局和县农业经营管理站咨询了解畜牧业扶持政策和现代化发展经营模式以及滩羊舍饲养殖技术。

朱玉河发现养羊成本中饲料支出最高，占到了70%。要想扩大收益，就必须从饲料环节入手。他提出由合作社联系饲料供应商，统一采

购、配发。经过多方调查和实地考察，合作社与内蒙古一家饲料公司签订协议，给养殖户提供的饲料比市场价每吨低200~300元，仅这一项每年就节约资金100多万元。合作社采购的玉米每吨也比市场低40元，每年节约资金160多万元。同时，合作社又拓展出自己的产品销售渠道，与多家滩羊专卖店、酒店、经销商等达成合作协议，确保产品能卖得出、卖得好。

羊肉质量有保障，“盐池滩羊”的品牌也越来越响。截至目前，一只滩羊的纯利润已经从当初的40元增长到了110多元，而且是供不应求。

发展合作社和乡亲们共同致富

在朱玉河的带领下，深井园区从基础设施到标准化新技术应用都有了新的变化，合作化经营方式和科学技术的应用显现了巨大的效力。

2012年合作社被评委为“吴忠市农民专业合作示范社”，2013年被评为“自治区示范合作社”，2016年荣获“国家农民示范合作社”荣誉称号。

目前，园区滩羊目前存栏4万多只，每年出栏15万只，经济效益达到800万元。社员们通过滩羊规模养殖，都实现了脱贫致富的目标。

朱文峰以前是深井村出了名的困难户，要供3个孩子上学，种地和打工是全部收入来源。合作社成立之后，朱玉河帮朱文峰担保贷款、选购滩羊、联系销路，几年下来，朱文峰不仅供2个孩子上了大学，就连家里的物件都换了一茬。

其实深井村的变化还远远不止朱玉河说的这些，利用国家扶持发展农民专业合作社的机遇，再加上县里的支持下，合作社直接带动就业人数300多人，更带动了运输、原料生产等产业。朱玉河自豪地说：“现在的深井村家家户户已经都盖上了新房，买了皮卡车，年收入最少的都在5万元。村民们是能挣钱，敢花钱，还能存下钱，这种日子在以前想都不敢想”。

深井滩羊养殖专业合作社是盐池县脱贫工作的一个缩影。2018年9月29日，自治区人民政府发布《关于盐池县退出贫困县的公告》，同意盐池县退出贫困县序列。得到这个消息之后，朱玉河和乡亲们都开心地笑了。

旱塬上茁壮成长的“药王”

——记同心县新型职业农民白金锋

深秋季节也是收获的季节。10月下旬，在同心县预旺镇土峰村，白金锋正在地里忙着收获中草药——柴胡。

白金锋出生于同心县预旺镇的一个普通农民家庭。从小家境贫寒，艰苦的生活条件造就了他吃苦耐劳、坚韧不拔的性格。由于吃苦能干，挣了些钱，他便在同心县城购置了房屋，日子过得也算有滋有味。但当他看见家乡父老依然挣扎在贫困线上时，他有了一个大胆想法——回乡务农，带领乡亲共同致富。

因地制宜发展产业

同心县预旺地区是宁夏中部干旱带的核心地带，广种薄收是这里农业发展的常态。近几年随着农业产业结构政策的调整，中药材产业尤其是旱生药材种植优势逐渐凸显。当地药材种植主要以银柴胡为主。银柴胡为旱生药材，能适应当地干旱气候，是当地有名的中药材。野生银柴胡在同心地区有广泛分布，种植收入也是当地传统农业收入的4~5倍。

白金锋在小学五年级时辍学，拾过发菜，做过小工。长大后，他随着村里人外出打工，发现种植中药材用水少，还能挣到钱，也适合家乡干旱的土地，于是他决定返乡试种中草药。2012年，白金锋在当地产业政策的支持下抢抓机遇，联合当地村民，共同组建注册同心县华世中药材种植专业合作社，通过“合作社+基地+农户”的模式推广示范柴胡等中药材种植管理技术。刚开始，白金锋最大的困难就是技术问题，他利用所有空闲时间，自学药材种植等技术，还先后前往区内外中药材种植基地学习。目前合作社各类中药材种植面积已达5000余亩，辐射带动面积10000余亩，拥有500平方米办公场所和3000平方米中药材仓库，累计为社员和农户收购销售（鲜）中药材500余吨，销售总额达到200余万元，有效增加了农民收入。同时，合作社也成为预旺地区重要的中药材收购销售点。

土峰村驻村书记王龙说：“白金锋非常能吃苦。按照他现在的情况，足可以雇人收药材，可是他一直坚持自己开车下地收获，而且还帮助合作社的其他农户收，最后把农户种植的药材再集中收购再统一卖出去，帮助周边村民一起致富，是个顶呱呱的好小伙。”

科技支撑产业发展

“银柴胡种植对于我们来说既熟悉又陌生，熟悉的是在同心县有小面积种植，有一定的种植经验；陌生的是大面积种植药材的种植技术和管理经验还没有掌握。”白金锋感慨道。

白金锋开始犯愁，寝食难安。眼前的困难又怎能打倒那颗想要带领老百姓共同致富的火热的心呢？他开始订阅各类报纸杂志，在互联网上搜集相关信息，并多次出外参观考察、拜访名师。2012年底，白金锋只身前往甘肃药材种植户家了解学习银柴胡种植技术。为了拿到高纯度的银柴胡种子，白金锋一度住在农户家中，亲自学习药材从种植到收获的全过程。白金锋一边摸索种植技术和管理方法，一边通过自学和成人自考，取得了大专学历。在经历了一次次的失败后，白金锋的种植业逐渐有了起色，他也变得成熟起来。看着自己辛苦付出后的成就，耿直的

白金锋说出了一个老百姓朴实的心声：不学习根本无法适应当前发展需要。种地谁都会，但要种好地就必须不断学习。

培训夯实产业基础

“课堂上解决了中药材品质一直不能提升的问题，培训班没有白上，为老师点赞。”白金锋对新型职业农民培训班充满感激。近几年，在县市区农广校组织的新型职业农民培训班中总能看到白金锋的身影。他是培训班里来得最早走得最晚的人，也是问题最多举手最勤的人。一起的同伴都亲切地称他为“勤奋哥”。通过培训班系统的理论学习、现场观摩、交流讨论，白金锋受益匪浅，这不仅增强了他的业务技能，也使他对自己的创业有了明确的定位和认识。新型职业农民培训班成为白金锋思想观念转变的“炼丹炉”。合作社规模的不断扩大、先进技术的引进及信息化运作都是白金锋思想观念转变的真实写照。培训学习不仅为白金锋创业成功提供了契机，更为区域产业发展奠定了人才基础。

近年来，白金锋和他的合作社先后引进适宜本地发展的黄芪、苦参等10余种优良中药材品种，并组织召开现场会，把先进技术传给农户，保证每个社员和农户都能掌握1~2门药材种植实用技术。在白金锋的带领下，合作社通过培训、观摩、发放教材等为当地培养了一批懂技术、会管理的中药材技术人员，为当地中药材发展奠定了坚实的基础。

带领群众开启致富大门

2016年，一直渴望入党的白金锋在自己不懈努力下终于加入了中国共产党，成为了一名光荣的中共党员。“全心全意为老百姓服务，带领广大青年朋友共同致富。”这是作为中共党员的白金锋的心声。2017

年，白金锋被推选为同心县团委副书记，成为一名年轻的产业致富带头人。

“白金锋为土峰村及周边30余户建档立卡贫困户提供药材苗和技术指导，鼓励贫困户发展中药材产业。他还上门提供采挖服务，帮助解决群众在生产中遇到的实际困难，贫困户种植的中药材还可以通过合作社卖出好价钱。这样下来，建档立卡贫困户每户还能再增收2000元左右，特困户加上打工收入每年可增收1万元左右。”预旺镇乡镇干部虎新说。2018年秋季种植药材630亩，合作社采挖382亩，收购农户268吨鲜药材，带动建档立卡户18户，户均增收8670元。白金峰创立的中药材种植专业合作社，不仅加速了当地农业产业结构调整步伐，找准了旱作区农民增收致富途径，更是走出了一条稳定的增收路子。

在各级政府的大力支持下，经过合作社和白金锋的不懈努力，合作社的各项工作都已步入正轨并盈利，白金锋本人也成为当地的致富带头人，被同心县委和政府评为第四届“最美同心人”，合作社也被相关部门认定为优秀合作社、示范合作社，并荣获多项殊荣。

蓬勃发展的中药材产业已成为土峰村的支柱产业。白金锋也正履行着一名党员的责任，带领农民开启致富大门。

富民强村“种药”人

——记同心县新型职业农民顾有权

美丽村庄的创建并不是有些人想象的那样做点花花文章，上报一摞先进材料，而是经济指标得达标。在宁夏中部干旱带同心县，每一个美丽村庄都有自己的支柱产业，就像沟南村的油用牡丹，小山村的三大“铁杆庄稼”，南塬村发展以中药材为主的“绿色农业”。中药材是同心县的十大富民强县产业之一，不光是南塬村村民手里有了钱，其他农民的口袋也鼓了起来。

同心县的中药材种植也就是近五六年的事情，却轰轰烈烈，方兴未艾。药材种植种类有20多种，包括银柴胡、板蓝根、地黄、黄芪、黄芩、甘草、荆芥、土贝母等。有一个人这里不得不提，此人便是预旺镇南塬村“种药”能人顾有权，在十几年试验、示范、推广中，同心县预旺镇南塬村村民顾有权不仅成立了富民中药材种植专业合作社，还引领诸多农户加入中药材种植行列中，在同心东部旱塬勾勒出一抹唯美“淘金”图景。

创新种植模式，拓宽销售渠道

“多年来，虽说一直从事中药材种植，也取得了较为客观的经济效益，但在创业初期因为缺乏中药材种植技术和经验，也走过不少弯路，吃过不少苦头。”顾有权感慨道。

从2001年开始，顾有权通过反复试验，推广适宜同心旱塬地区种植的中药材品种，先后种植了银柴胡、板蓝根、地黄、黄芪、黄芩、荆芥、土贝母等20余种中药材。在他的引领带动下，本村及周边乡镇农户乃至甘肃环县部分农户都参与到中药材种植行列中，截止到2005年他发展种植户达300户，高峰期时银柴胡面积达到7000亩，板蓝根3000亩。

2009年10月18日，顾有权注册成立同心县富民中药材种植专业合作社，入社社员53人。马文华、马成科、杨成武、李海平等一批人当初抱着尝试心态加入合作社的人，如今在顾有权带动下已发展成为当地中药材种植“大拿”，有的还成立了自己的专业合作社。社员李海平介绍，他跟随顾有权探索先进中药材种植技术，以15亩旱田创造了产值26万元的东部旱作区中药材单产收入纪录。

顾有权深知种植技术和经营管理水平的重要性。2013—2018年，顾有权聘请河北安国峥嵘公司的中药材专家，从种植到市场营销进行全程跟踪指导，先后培养马文华、杨成武等一批合格的种植大户。其间示范推广了红柴胡、山药、小茴香、黄芩、地黄、板蓝根、党参、银柴胡等20余种中药材品种，同时也引进了中药材初加工技术，将地黄加工成熟地，在同心县城、高闸、金积、红寺堡等地大量销售，由此提高了同心县地黄的知名度，也引来了不少省内外的客商前来洽谈业务，先后有陕西、河北、陇西等地的商人前来订货。

截至目前，富民中药材种植专业合作社现有社员300人，种植中药材面积达11500亩，年总产值超过2100万元。现有工作室80平方米，库房164平方米，机械设备18台。辐射带动张家塬乡、马高庄乡农户种植红柴胡、银柴胡、黄芩、小茴香、板蓝根、地黄等中药材达3.05万亩。

“根据市场需要，种植品种变换比较频繁，为了让中药材可持续发展，合作社建立了中药材品种试验田。”2018年，顾有权带领合作社成员共同学习、研究，不断掌握种植技术，提高管理能力，为同心县中药材发展打下了坚实的基础。同心县富民中药材种植专业合作社所培养的骨干先后成立了5个中药材合作社。在县委和政府、村镇两级领导班子和相关部门的大力扶持下，为同心县中药材种植创收做出了贡献，带动了乡亲们共同走上脱贫道路。

多业态稳发展，培育特色产业

“充电”——这是顾有权种药材生涯期间的必修课。2014年，他参加同心县农业广播电视学校举办的新型职业农民培育中药材种植技术培训班。在学习班上，他不仅聆听了知名专家的理论知识讲解，还参与实操练习，学得会，记得牢，外出观摩学习使他开阔了眼界，增长了见识。通过培训学习，中药材的种植技术和经营管理水平得到了进一步提高，顾有权由以前传统粗放的农业耕作方式转变为精耕细作的现代农业种植方式，从而提高了种植效益。

2018年，顾有权的合作社为确保合作社建档立卡户尽快脱贫，对建档立卡户实行对口扶助，不但在技术和资金上进行扶助，而且在思想上进行帮扶。增大贫困户药材种植面积、品种，提高贫困户药材种植技术并及时输送贫困户药材市场信息。10余年的中药材种植经验，顾有全成了当地土生土长的中药材种植专家，各类中草药的功效、种植方法、市场行情等，他都能信手拈来。遇到农户向他取经学习，他都毫不保留地将自己掌握的技术和盘托出。由于示范带动效应彰显，顾有权的富民中药材种植专业合作社先后跻身“自治区示范合作社”“优秀农民专业合作社”行列。

如今的顾有权俨然成为中药材种植专家，各类中药材的功效、种植方法、市场行情等，他都能娓娓道来。他希望通过自身努力，带领周边的农民通过种植中药材走上富裕之路。2013年，顾有权当选为吴忠市人大代表，并被评为市级劳动模范；2018年被评为“区级十大种植能手”。

回乡致富的标兵

——记同心县新型职业农民马宏鑫

产业兴旺是实现农民增收、农业发展和农村繁荣的基础，也是实现乡村振兴的关键所在。中药材是吴忠市和自治区重点培育发展的农业特色产业。同心银柴胡已进入安徽亳州、甘肃陇西等国内重要中药材交易市场，被列入中国中医药采购联盟名录。为加大质量安全监管，提升品牌形象和产品竞争力，目前同心银柴胡已完成质量可追溯体系建设，通过商务部认证，确保了农产品从基地到市场的全程质量跟踪和可追溯，中草药的种植在增加企业效益的同时，更是带动了农民增收。

马宏鑫凭借一股永不服输的韧劲儿，在党的富民政策下带头发展中药材种植与深加工，为农民致富一路领跑，成为远近闻名的“新农人”。

尝败果，系统培训找寻出路

“说起当初搞中药材生产，是有一定偶然性的。”马宏鑫说。2010年，当时的预旺镇有几家农户种植银柴胡，正好赶上银柴胡市场涨价，赚了不少钱，他像“赶潮流”一样决定加入药材种植。无奈的是，当自己种植的110亩银柴胡收获时，恰好赶上新一期的银柴胡掉价。马宏鑫回忆道：“原本亩产销售万余元的药材，结果只卖了不足千元，当初投资的钱差点血本无归。”

许多种植户纷纷弃种，马宏鑫不甘心，心想自己要在哪里跌倒就从哪里爬起来。2016年，他参加了同心县农业广播电视学校组织的新型职业农民培育理论培训，系统地学习常见中药材规范化种植技术、中药材覆膜穴播种植技术、中部干旱带中药材病虫害及其防治技术、中药材产地初加工技术等。同年，他还参加由县农广校组织到隆德中药材加工基地和陇西文峰、首阳中药材市场等地的观摩学习。通过理论学习、实地观摩和实训，他不仅开阔了眼界，而且掌握了中药材种植、加工、销售、营销等基本知识，使他成为一个懂得实地营销和网络销售的新型职业农民。他意识到，必须走科学种植和规模经营的转型之路。

马宏鑫说：“物以稀为贵。通过种植中药材，相比农作物来说，收入更高，成本更低，加上技术规范化种植，每年每亩平均收益达1000元。”

扩品种，改善加工打开市场

马宏鑫了解到，适合预旺镇种植的中药材不止银柴胡一个品种。他先后多次赴陇西、隆德、彭阳等地学习先进的种植技术，遴选出了适合当地种植的黄芪、黄芩、红柴胡等5个品种进行试种。他坚持科学化管理，从选购种子、育苗、平整土地到施肥下种都亲自动手。没想到，试验田当年就喜获丰收。

他当即决定扩大种植规模，在青羊泉村流转了500亩土地种植黄芪、黄芩、红柴胡、银柴胡、板蓝根，一年生黄芪、板蓝根亩产值达到1500元，多年生药材长势喜人。针对本地中药材初加工过程中存在的干制技术落后、效率低、污染严重等问题，马宏鑫通过改良烘干技术，引进先进设备，改进初加工生产环境，提高效率，实现提质增效和农民增收的目标。“不足10元的原药材，通过产地初加工可以卖到20多元，这就实现了原药材价值的最大化。”马宏鑫说。

中药材产地初加工技术的投入使用，使同心县的银柴胡第一次吸引来了亳州的客商，极大地提高了马宏鑫做中药材产地初加工的信心。从自己种植自己加工的简单模式，转变为“合作社+农户”的模式，形成种植、加工、销售的产业链，他的药材从此远销全国各地，成了当地小有名气的能人。

2016年秋季，马宏鑫联合同心县兰卉、富民、泉跃睿等中药材种植专业合作社共同扩大种植和加工规模，流转土地2000多亩用于中药材规范化种植基地建设，从种植源头上保证中药材的品质。建成4000平方米的钊苑合作社中药材产地初加工基地，购进先进的中药材清洗、切片、筛选、烘干设备，严防中药材初加工过程中不规范操作造成药材品质下降问题。他的药材加工业从简单的烘干、分级、出售转为烘干、分级、切片、筛选等精加工，高品质的药材在各地市场供不应求。

带乡邻，培训务工助农增收

合作社的发展越来越快，马宏鑫又把精力投入到帮助周边群众共同致富上。在他的劝说和引导下，越来越多的农户加入合作社，种植中药材的农户队伍不断壮大，在农户选购种子、种苗，田间平整土地、施肥下种的各个环节都有他的身影。

哪家农户管理中遇到了难题，他都亲自跑去查看和指导，他们的种植地里一年生、多年生的药材层次交错，种植结构趋于合理。对于那些想发展中药材又苦于缺乏资金的农户，他提供种子和种苗帮助他们种植中药材。本着实用、实际、实效的原则，合作社利用田间课堂等多种形式，聘请专家给农户进行中药材知识培训，举办各种类型的技术培训班6场次，参训人员200多人次，接受技术咨询1000多人次，发放技术资料1000多份。

合作社在支付农户土地流转费和打工收入的同时，每年再按不低于利润的40%给贫困户分红。目前，已经吸纳贫困户中30多人到基地打工，人均增加收入2600元。

不仅如此，钊苑中药材种植合作社针对建档立卡贫困户产前没钱种、产中没技术、产后没市场的问题，免费给予种子，种植过程中进行技术帮扶，制定保护价并与其签订收购合同，带动建档立卡贫困户种植中药材302亩。

良好的效益，悉心的指导，热情的帮助，马宏鑫吸引了众多不能外出务工的留守人口，他们一个个都进入了他的合作社。2016年合作社共有180多人次务工，工人工资支出达60万元。合作社现种植银柴胡2040亩，黄芪等其他药材540亩，2016年共投入资金210万元，收购加工银柴胡等药材一千多吨。药材主要销往河北安国、安徽亳州、甘肃陇西等药材市场。

一分耕耘，一分收获。目前，同心县已成为宁夏最大的中药材种植县，中药材合作社、家庭农场、种植大户不断涌现。中药材种植成了促进农业增效、农民增收的新经济增长点。马宏鑫计划，在同心县钊苑种植合作社将在现有的基础上，争取建成集中药材新品种实验基地、种苗繁育基地、中药材规范化种植基地、中药材产地初加工基地、农村电子商务服务基地一体化的中药材企业，助力同心县中药材发展经济带，引领产业发展。

拒绝靠天吃饭　带头创业致富

——记同心县新型职业农民马天祥

中药材产业是当前宁夏农业市场上最有前景、最具开发潜力的朝阳产业之一。对同心而言，发展中药材产业既是基础产业、绿色产业，更是富民产业、兴县产业。

1993年，高中毕业后的马天祥怀抱着走出大山、闯出一片天空的理想，走南闯北，外出务工，为日后创业致富积累了丰富的人生阅历和经验。2004年他被同心县劳动就业局评为“优秀进城务工人员”，同时获得劳务经纪人资格证书；2005—2011

年，先后带领50余人奔波于山西、内蒙古、新疆、陕西等地，6年时间有20余人从大山搬进县城，并且购买了自己的房产；2012年，马天祥经过商议带领5位村民成立了同心县神农益民中药材种植专业合作社。

回乡创业带领老乡共同致富

预旺镇是传统旱作农业山区，经济落后，农业基础设施条件薄弱。多年来，靠天吃饭思想根深蒂固，影响了农民生产生活的积极性。2000年，为落实“十二五”生态移民搬迁政策，胡堡子村开展生态移民搬迁，使得大片耕地撂荒。当时，在同心县已小有成就的马天祥看着撂荒的耕地，感到很可惜，他寻思：该为家乡做些什么？2012年，马天祥召集王有山、马忠泽等5人筹资29万元，成立同心县神农益民中药材种植专业合作社，流转撂荒土地2680亩，带领大家精细化、规范化种植马铃薯、小杂粮和中药材。2015年底，合作社带动周边农户种植马铃薯2000余亩，中药材、小杂粮600余亩，解决当地留守妇女劳动力20余人，户均增收3800元，切实提高了群众的经济收入，激发了当地群众生产生活积极性。

2016年，面对经营压力，马天祥忧心忡忡，“目前合作社种植技术、经营理念、营销手段等与区内外同类型合作社还存在较大的差距”。为进一步壮大合作社，带动更多群众致富，马天祥主动带领社员参加了同心县农业广播电视学校举办的新型职业农民培训班，学习了马铃薯种植技术及病虫害防治与管理，中药材及小杂粮种植技术及病虫害防治与管理，并以优异的成绩获得新型职业农民证书。他本人还参加了由中国就业培训指导中心举办的创业培训，学习了SYB课程，并获得创业培训合格证书。通过培训学习，马天祥在种植技术上有了质的飞跃，也使他的经营理念有了天翻地覆的转变，让他不再满足于“小打小闹”，而是有了干实事、干大事的愿景，他暗自下决心，要让家乡的百姓和他一样转变思想、更新观念，全部富起来。马天祥积极带领社员到固原、西吉和陕西杨凌等地考察学习，经过筛选和甄别，成功引进了现代优良晚熟的马铃薯品种“青薯9号”，利用2015年流转和承包的5600亩耕地，全程机械化耕种，并在当地得到推广。2017年，神农益民中药材种植专业合作社在同心县石狮镇杨塘村流转水浇地108亩，试验种植15种中药材，从而打破了同心县中药材品种单一的局面。

破除思想桎梏强化“造血”功能

“都是乡亲，不能丢下他们不管吧！周边群众想致富，也想跟着我干，他们不再‘等、靠、要’，而是积极参与神农益民中药材种植专业合作社，群策群力、共谋发展，打造了合作社和群众的命运共同体。”回顾合作社的发展历程，让马天祥深刻地认识到，一人富不算真富裕，大家富才是真富裕。

群众的热情也激发了马天祥的斗志，于是，他带领社员积极打造“洛里堡”中药材及小杂粮金字招牌，合作社秉持着“五个统一”（统一供应农资、统一技术培训、统一标准化生产、统一品牌和包装、统一保护价收购）的服务宗旨联结社员。在其示范带动下，周边10余个村庄积极参与，大规模种植了“青薯9号”，产量比当地品种和传统种

植技术高出30%以上。2017年，合作社注册资金由29万元增加到600万元，有效地带动了周边70余户农户增收，帮助6户建档立卡户增收，3户已脱贫，力争帮助更多建档立卡户脱贫致富。

神农益民中药材种植专业合作社开创了“企业+合作社+农户”的致富模式，为同心县农业发展致富蹚出了一条新道路，同心县政府以此为契机，大力支持农村合作社的发展，出台了一系列扶持政策。2017年，马天祥被同心县农牧科学技术局选派为农业科技特派员，赴中国科学院大学深造学习；同心县免费为神农益民中药材种植专业合作社提供培训，先后有6名社员通过培训成为新型职业农民，为合作社的经营奠定了高素质的人才队伍；同心县政府利用“互联网+”模式打造了农副产品线上营销新平台，马天祥紧抓政策机遇，积极进驻电商平台，大力拓展市场，将产品销售到了全国各地。

“十三五”期间，同心县计划大力发展特色优势产业，重点扶持枸杞、油用牡丹、中药材等特色优势产业，重点加大对农产品研发和精深加工的扶持力度，引导和鼓励特色优势产业优化升级。对此，马天祥下定决心抢抓机遇，进一步扩大经营范围，提高生态种植经营水平，延伸产业链条，强化产品科技含量，实行品牌化销售。计划在未来5年内，各类种植达1万亩，辐射带动周边农户500户以上，努力为本地区精准扶贫、农民脱贫致富做贡献。

寻良方，开良药，收良效

在同心县委、政府的大力支持下，在“洛里堡”中药材及小杂粮金字招牌的吸引下，2018年同心县神农益民中药材种植专业合作社创收50万元，带动预旺镇胡堡子村5户建档立卡户户均增收1万元，辐射带动周边75户农户增收。随着合作社经营规模逐步壮大，经营种类逐渐呈现多样化，企业效益逐渐攀升，带头人马天祥满怀信心、干劲十足。为了丰富同心县中药材种植种类，2017年在石狮开发区杨塘村育苗基地试验性种植了黄芪和黄芩共40亩，成功改良和培育出了适合在同心县东部干旱带种植的黄芪和黄芩新品种，亩均创收分别为2400元和3600元，为同心县中药材种植开辟出了新道路，2018年在全县推广种植1000余亩。

2018年，投入30万元，在种子、种苗基地试验种植黄芪、黄芩、紫锥菊、地黄等15种108亩。目前，黄芪、黄芩、紫锥菊、地黄等8种中药材试种成功。计划2019年在预旺镇推广种植800亩，预计年产值160万元，进一步辐射带动预旺镇95户群众增收。凭借多年种植和外出学习的经验，马天祥深知企业要发展，靠简单的种植始终无法在市场上占据主动权，始终处于产业链的最底端。他决定2019年在同心县石狮开发区惠安村投入300万元，建设年生产中药材切片200吨药材初加工基地，计划落成后预计年产值100万元。

2016年，合作社被评为“同心县农民专业合作社示范社”；2017年，被吴忠市评为“吴忠市市级农民合作社示范社”；2018年，被自治区评为“自治区扶贫示范合作社”。

科学养殖增效益　示范带动奔小康

——记同心县新型职业农民买廷仁

同心县位于宁夏中部干旱地区，是国家脱贫攻坚的重点地区，同时也拥有丰富的饲料和传统的养牛经验。4年前，同心县王团镇张家湾村农民买廷仁看中了当地丰富的饲草资源和人力资源，走上了养殖黄牛的道路。

脱贫致富找路子

思路决定出路。多年的农村生活使人们养成了“几亩地，一头牛，老婆孩子热炕头”的闲散生活习惯。张家湾村村民的生活以传统农业为主，大多数人家庭都比较贫穷。为了改变家乡贫穷落后的面貌，2014年2月，买廷仁牵头创办了同心县自刚养殖专业合作社，决心改变家乡的贫困面貌。“如果按照市场的价格养牛，一头肉牛如短期育肥需要牛成本在0.30万~0.35万元，需要饲料、人工、水电费在0.15万元左右。总计0.45万~0.50万元。若生长达到1000~1150斤出栏，按7元/斤计算，总计在0.70万元以上。也就是说纯利润在0.20万元。”按照合作社初期的行情，买廷仁这样算账。

合作社创建初期，由于养殖技术不到位，效益很不理想。买廷人深深体会到科学养殖的重要性，只有科学养殖才会有效益。于是，他通过购买书籍、查阅资料自学养牛知识，还主动到同心县农牧局向畜牧专家请教科学养牛技术，再加上自己平时在实践中不断摸索积累了一些养殖经验，但是这些远远不能满足合作社的技术需求。

科技培训长知识

欲想要让口袋富起来，必先要脑袋“富”起来。在总结完合作社成立以来的经验后，买廷仁走上了“充电”的路子。“在同心县农广校组织的新型职业农民养殖培训班上，我学到了肉牛舍饲养殖技术、饲料配方技术、疫病防治技术等基础知识，同时还跟随培训班到县内外好规模较大、设备先进的肉牛养殖合作社观摩实训。”买廷仁激动地说。

通过理论学习、观摩交流，买廷仁开阔了眼界，更新了观念，找到了改进发展的新路子。为了给全村脱贫起一个良好的带头作用，树立一批创业兴业和带领群众脱贫致富的好典范，2016年买廷仁又一次参加了同心县农业广播电视学校举办的新型经营主体带头人培训。买廷仁为合作社聘请了一名肉牛养殖专家做技术顾问，利用农闲时间组织社员和周边农民开展养殖技术方面的培训，每年培训社员和农户200余人次。

牛的繁殖周期长，买廷仁选择养殖母牛。买廷仁给笔者算了一笔账：养殖母牛成本低，只有放低成本生出来的肉牛成本才能低，才能加大养牛利润，不然周期长，投资大，回本慢，这样会加大农民养牛成本，很多人都不愿意养。如果一头体重300斤左右的改良肉牛公牛牛犊，买牛需要1800元左右，每月平均用草300斤左右，折合现金150元左右。外加各种疾病的预防，每月按30元计算，每头牛和工资费用不过80元，如每月平均生长100斤那么半年就可以生长600斤，加上原来买的300斤总计就可以达到900斤。

在如何节本增效上，买廷仁可谓用心良苦，用科学养殖算出了每头牛的养殖成本。每一次的补栏、出栏，买廷仁都详细记录着成本：“每头牛购买需要1800左右，运输、检疫等各种费用预计100元左右；草料的精细共计2000元左右，每头牛到出栏总计费用4000~4200元，饲养6个月加上买牛时的体重按900斤算每头牛可卖到5600左右，除去以上每头牛的全部费用4000~4200元，那么每头牛的纯利润在1400~1600元，在管理不好的情况下不低于饲养半年1300元。”

扩大规模增效益

具备了一定科学养殖技术和先进的管理方法后，买廷仁思考着如何扩大规模提高效益。他利用自己学习掌握的方法开启了标准化、规模化、科学化肉牛养殖模式，按照标准修缮和扩建了牛棚、饲草料棚、青贮池等，新购置了铡草机，为进一步扩大养殖规模奠定了坚实的基础。

2014年，在买廷仁的带动下，周边3个村70多个养殖户实现人均收入1万元以上。截至2018年底，牛存栏数已达到120头，年获纯利润24万元左右，这大大增加了其养牛的信心。经过十几年的发展，买廷仁说养牛自繁自育最重要也最稳妥，随着牛价格高以及疾病增多，自繁自育成为养牛最稳妥的发展模式。初期以10头基础母牛为主，所繁公牛犊育肥后卖掉，母牛继续留种扩群。公牛犊所获效益除可供补贴母牛发展外，还有一些剩余。致富后的他告诉别人现在他最想说的就是“从艰辛中感受充实，从勤劳中收获喜悦，从政府帮扶中感受温暖，从养牛中获得效益”。

目前，合作社占地面积1000平方米，建筑面积600平方米，存栏牛100余头。2016年，自刚养殖专业合作社被同心县人民政府评为“全县优秀示范合作社”。

示范带动奔小康

自刚养殖专业合作社从示范推广做起，从品种、技术、质量、销售等环节上着手，在县农科部门的帮扶指导下，先后引进了国内肉牛新品种、养殖新技术，建设优质肉牛标准化生产示范基地，通过试验示范和推广成效明显，对社员和贫困户进行系列化服务。

多年的创业实践，使买廷仁深深地体会到，创业是艰辛的，尤其在创业之初确实存在一定的风险。如何打消人们在创业之初的顾虑呢？买廷仁在帮助和带领乡亲们的实践中，不仅用自身的创业经历去引导、帮助和感染他们，更是用实实在在的行动去支持和带领他们。在闲暇的时候与社员交流发家致富的经验和养牛过程中的好点子，并积极指导本村其他养牛户，辐射带动全村农户通过养牛发家致富。目前全村75户农民养殖肉牛，存栏达到540头，促进了该村养殖业的发展。

展望未来，买廷仁信心百倍，他说自己心中一直有一个梦想，就是进一步学习科学养牛技术，不断扩大自己的养牛规模；他还想用自己的实际行动和掌握的先进养牛技术，带动全镇群众共同走养牛致富的路子，让村里想致富并且勤劳朴实的人全都过上富裕的日子；他计划发展牛产业公司，依托王团镇丰富的饲草资源优势支持和带动王团镇肉牛事业的大发展，力争将本村本乡牛产业不断发展壮大，进一步提高肉牛市场竞争力，尽全力为地方经济发展贡献一份力量。

从牛倌到“牛王”的蜕变

——记同心县新型职业农民徐荣振

初次见到宁夏同心县韦州镇旧庄村村民徐荣振，是在他成立的同心县荣振养殖专业合作社一号牛棚旦，其时他正在查看着当天的草料是否符合标准，并向建档立卡户老马详细地交代着什么。

老马到这个合作社已经4年多了。说起能到牛场工作，老马非常感慨，从只能干苦力工作到学习怎么养牛，每年能从合作社取得一定分红，还可以在这里学习工作，点点滴滴的事情说个不停。

"感谢党的好政策，"老马激动地说，"像我这样的困难群众在这里工作的有好几个，还有好多都是在家养牛，有不懂的问题，徐总都会耐心解答。"

吃苦耐劳当牛倌

1995年高考落榜的徐荣振随父亲从同心县城回到韦州镇，老父亲从集市上买了3头牛交给他，算是给他开启人生之路的一个"托付"，看来他以后的生活只能"与牛为伍"了。可是不甘命运安排的徐荣振，暗自发誓要做一个不一样的农民。从三头黄牛着手，他虚心向附近的老兽医学习疾病预防，自己购买关于养殖方面的书本刻苦钻研。

当时身边的人都嘲笑徐荣振："养牛有什么好学的，不就是把草料喂给牛就行了吗？"可他发现，周围的养殖户养殖母牛的很少，原因是饲喂周期长利润少。从发现问题到解决问题，徐荣振不知多少个日夜待在牛圈，以致很长时间身上总有牛粪味。为了解决这一问题他反复实验，发现一头母牛产犊后产奶量一头牛犊根本吃不完，他就从市场上购买奶牛产的小公牛（当时奶牛所产的小公牛无人饲养，都是淘汰用作血清的制作，价格比黄牛所产小牛价格低很多），1头母牛的产奶量可以喂养3头小牛，第一批小牛3个月断奶后还可以再喂养3头小牛。就这样，徐荣振经过多年摸索和实验性养殖，逐步探索出一条肉牛养殖扩量增效的"一托X"模式，即利用西门塔尔母牛乳肉兼用、泌乳性好的特性，引购西蒙塔尔基础母牛，在其产犊后，每头基础母牛托带两头公牛犊进行贴奶喂养，80—90天后断奶，西蒙塔尔基础母牛还处在泌乳期，可根据基础母牛体质和奶量情况，再拖带1~4头进行贴奶喂养，断奶后经饲养根据市场行情适时出栏，形成了"一托二"到"一托六"模式，这一养殖技术的创新解决了近年来养基础母牛成本增加，效益低下的技术瓶颈，走出了一条良性循环，效益显著的肉牛生产之路，示范引导和带动了一批规模养殖户，正是这样一个“一托X”的秘方，让徐荣振的养牛之路越走越宽，更是带动周边乡镇农户一起致富。“一托X”模式得到了自治区农牧厅的认可，并在全区大范围应用推广。

虽然自己的肉牛养殖场已经初具规模，但有些大的订单还是签不了，而周围的养殖户也存在这种问题。在一次自治区的农民专业培训中，徐荣振了解到“农民专业合作社”这个新名词，回到家后的徐荣振立刻打电话给农牧局负责人了解关于注册农民专业合作社具备的条件和要求，经过咨询，得知自己的养殖规模已经达到注册专业合作社的条件时，徐荣振欣喜若狂，连夜把这个好消息告诉了身边的养殖户。2007年9月，徐荣振牵头与其他4家养殖户入股正式成立了同心县荣振养殖专业合作，并将周围52户养殖户全部纳入合作社。

合作社成立之后，徐振荣为合作社拟订了养殖计划，并为合作社成员提供统一的生产物资的选购，统一市场销售；为便于合作社的规范管理，提高效益，2012年合作社又新建了占地103亩的标准化养殖场。多年来，采用滚雪球的经营方式，徐荣振从最初的3头牛的“牛倌”已经发展到现在的年平均存栏量3000头，年出栏量5C00头的“牛人”。

勤奋学习当“牛人”

徐荣振，一个高中毕业生，在一次去外地买牛过程中，看到了现代化牛场的管理模式和兽医技术，他很惭愧，他知道不能一门心思只知道喂牛、买牛、卖牛，想要做大必须主动去学习。加之韦州镇一直有养殖肉牛的传统，但产业化经营水平不高，销售渠道单一，收入水平不高。自己的合作社该如何发展？这让徐荣振寝食难安。

为了改变现状，2014年在同心县农牧局的支持下徐荣振先后参加了同心县、吴忠市、自治区举办的新型职业农民培训班。通过培训，徐荣振在养殖经营思路上发生了翻天覆地的变化，在不断的学习和外出考察中，徐荣振决定对肉牛品种进行改良，率先在同心县韦州镇开展了德系乳肉兼用弗莱维赫肉牛改良业务，提高了肉牛品质，增加了养殖收入，形成了品种化、规模化、专业化，发挥了示范引领作用。同年申请注册了“荣振罗山”商标，并在银川市开设了牛肉直销店，在北京市、广州市招募代理商。从而打破了肉牛养殖销售壁垒，实现了养殖销售一条龙的产业链升级，带动了全镇养殖户的积极性。2013年荣振养殖专业合作社被评为“同心县示范社”，2014年被评为“自治区级示范合作社”，2016年被评为“国家级示范社”。

示范带头大家“牛”

“大河有水，小河不干。”只有乡亲们都富裕起来才是真富裕。富裕起来的徐荣振并没有忘记帮助过他的父老乡亲。

2017年在上级党委、政府的正确领导和大力支持下，徐荣振率领合作社创建“专业合作社+贫困村+村集体合作社+金融机构+保险机构+基地+建档立卡户”的联合自营、托管与半托管相结合的模式，形成了“金融扶贫+产业扶贫”链条；扶贫带动本乡镇精准扶贫户462户养殖肉牛，由合作社统一提供养殖所需生产物资，并在养殖初期与建档立卡贫困户签订购货合同，保障养殖销售环节，避免了贫困户的养殖风险，稳定了贫困户的养殖效益。增加了建档立卡未脱贫户收入，增强了扶贫造血功能，建立健全了稳定脱贫长效机制。2017年末，韦州镇肉牛养殖存栏量已由年初的2000多头，发展到8000多头。

自己事业做大做强的同时，徐荣振时刻不忘帮助身边贫困乡亲的孩子，他每年都会走入家乡的小学为学生发放学习用品。2018年，同心县

委、政府为了解决10万建档立卡贫困户户3万余名贫困学子能够顺利从幼儿园读到大学，发起成立了同心县教育扶贫兴俊基金，徐荣振也积极响应，主动捐款10万元，献出自己的爱心，来决战教育扶贫，挖断贫困之根。

徐荣振积极响应自治区政府第十二次党代会提出来的不但要脱贫还要致富的目标，积极给这些农户贷款，希望带领他们走上脱贫致富的道路。“一拖X”养殖模式也被农业部定为肉牛养殖重点推广项目，合作社被评为“同心县扶贫示范合作社”“国家级示范合作社”，徐荣振先后获得“同心县优秀人才”“吴忠市特殊贡献人才”“全国脱贫攻坚奋进奖”等荣誉。

徐荣振下定决心抢抓机遇，进一步提升品牌知名度，把“荣振罗山”牛肉销售到全国各地，更好地带领父老乡亲脱贫致富。“在未来的5到10年不仅要带领贫困户脱贫，还要通过输出养殖技术和养殖管理方法，带领有意愿的养殖大户和个人养牛。争取将韦州镇建成存栏量超10万头的中国养牛第一镇。”徐荣振说。

养殖绒山羊的女强人

——记同心县新型职业农民杨英

清晨的同心县王团镇大沟沿村弥漫着淡淡的雾气，清净悠然。村子里不时传来几声羊叫，这叫声是杨英家羊的，其时杨英正忙着打扫羊舍。杨英是同心县王团镇大沟沿村的一名回族妇女，也是当地绒山羊养殖能人，更是当地的脱贫致富的引路人，她养殖的绒山羊已销往全国各地。

历经艰辛，开始创业

杨英出生在同心县的一个小山村，“家乡常年干旱少雨，农民靠天吃饭。我家中兄弟姐妹5个，父母常年体弱多病，家境十分贫寒。为减轻家庭负担我早早辍了学。”每每说起自己的成长经历，杨英难掩心中的苦涩。然而，这些“宝贵”的经历，造就了杨英坚韧不拔的性格，她心里从未放弃过一个信念：我要走出贫困！

2002年，嫁为人妇的杨英，家里的主要经济来源只有几亩山地和几只羊，入不敷出，生活过得格外艰辛。直到2014年的一天，当地村委会组织村里在家务农的农民到同心县参加养殖培训班，并组织大家到当地较大的养殖场观摩学习。就是这次培训，对杨英的启发非常大，可以说是她人生的一个重要转折点。“在整个培训过程中，授课老师生动的讲解深深吸引着我。观摩时我主动与养殖场场主交流，了解他们的养殖效益，那个时候我心中萌发了自己也要创办养殖场的想法，通过发展养殖业走上致富路。”杨英说道。

2015年初，杨英把自己开办养殖场的想法告诉家人后，由于受传统思想的束缚和资金的制约，她遭到了家人的强烈反对。后来她通过摆事实讲道理先做通了爱人的思想工作，然后又同爱人一起说服了父母，也得到了亲朋好友的支持。同年4月她主动到同心县农牧局，向主管领导说明了自己的想法和诉求，得到农牧局领导的鼓励和支持。满怀信心的她，通过亲戚朋友和银行贷款筹到了一部分基础资金后，于当年5月初步成立了杨英家庭养殖农场。

迎难而上，拨云见日

俗话说，“万事开头难”。创业初期，由于资金短缺，为了扩大规模，杨英卖掉了自家唯一一处住宅院落。有了资金，如何选择合适的养殖品种以及如何经营管理等一道道难题又摆在了她的面前。经过购买专业书籍，学习摸索养殖技术，并且多次实地调研考察，同时结合家乡地理环境，杨英最终决定选择养殖易成活又耐旱的绒山羊。

“一次性从内蒙古购买了400多只绒山羊进行舍饲圈养。在最初的养殖过程中，由于欠缺养殖技术，羔羊的成活率较低，无明显的经济效益。”杨英困惑了，为了把养殖产业发展下去并要取得成效，她一边请教畜牧兽医专家，一边自己继续学习养殖技术。白天给羊添饲料、给水、打扫羊舍、喂药、观察绒山羊的习性，晚上坐在灯光下总结经验，改进饲养方式，每天坚持做好这些事情，起初没有帮手，她只能一个人跑前跑后地忙碌着。实践出真知。经过不断摸索，杨英的养羊技术一步步得到了提升，总结出了一套养殖绒山羊的有效方案。几年下来，她的羊群由400只发展到近900只，收入也增加了不少，在当地也小有名气。

加强学习，强化技能

随着养殖规模的不断扩大和品种的不断更新，杨英认为原有的技术远远不能满足现有的需求。“我多次参加了同心县、吴忠市和自治区农经站、农广校及其他农业部门组织开展的新型职业农民养殖培训、家庭农场主经营管理培训、新型经营主体带头人培训等培训班，通过理论学习、观摩交流，开阔了视野，转变了观念，提高了技术，懂得了只有采取合理的经营模式和科学的养殖方法，才能使自己的养殖事业稳步发展并取得成效。在参加培训学习的同时，我还钻研养殖方面的书籍，多方咨询专家，不断提高自身的专业技术和经营能力。”杨英意识到，必须要不断加强技术学习，才能够进一步提高养殖效率。

近两年来，杨英总结经验汲取教训，利用农村水质良好、饲草来源广阔的优势，不断扩大绒山羊的养殖规模，先后在辽宁、内蒙古等地大量引进绒山羊种羊，虚心请教区市县的畜牧专家教授，力求提高自己的养殖技术和经营能力，从而实现标准化规范化的养殖。在专家们的精心指导下，经过杂交改良，现已成功培育出适合在宁夏生存的“敏盖绒山羊”，此羊耐粗饲，抗病力强，适应当地环境，产绒量高，经济效益好。

杨英意识到，要想羊好，关键在饲料，“通过几年的实践经验总结：紫花苜蓿、甘草叶、豌豆秸秆等饲草料含有丰富的营养，可以作为辅助草料对绒山羊进行喂食。于是我拟定了山羊食草营养搭配的饲养方案，为绒山羊摄取多种所需营养；加之圈养与放养相结合，使得山羊长势旺，繁殖能力快，当年出栏绒山羊达到了1000只。”截至2018年，杨英的家庭农场累计养羊2000余只，实现销售收入140万元，净收入31万元。

不忘初心，助邻脱贫

获得初步成功的杨英深深懂得今天的成果来之不易，与党的惠农政策和各级部门的大力支持密不可分。自己脱贫了，可身边许多乡邻还在脱贫中挣扎。经过三年的打拼，杨英清楚地认识到：要想把一个产业做大做强，不是一个人单打独斗能够完成的，必须要有一个大的龙头企业来引领广大农户积极参与，才能实现规模化养殖，才能在品种、技术、市场销售上有保障，否则很难持续性发展。

为了带领乡亲们共同走上脱贫致富之路，2016年，杨英带头成立了绒山羊养殖协会，成功吸纳了周边多户村民进行养殖，实行舍饲圈养。她也毫无保留地把自己多年来掌握的养殖技术和管理经验分享给周边的养殖户，对他们耐心指导，并为他们提供绒山羊种羊。为了帮乡邻们增加收益，她实行“家庭农场+农户”模式，让自己的家庭农场和周边的养殖户结成联盟，共同发展。在她的示范带动下，更多的养殖户参与到了绒山羊养殖中来。小养殖户们也对接上了大市场，随着绒山羊价格的不断攀升，优良品种的绒山羊已销往甘肃、新疆等多地。

截至目前，杨英每年平均带动5户建档立卡户养殖绒山羊，每户养殖收入增加5000元。杨英计划，在今后3年内至少带动30余户养殖户发展绒山羊养殖产业，存栏达到5000只。

杨英经营的家庭农场先后被评为“同心县优秀家庭农场”“吴忠市示范家庭农场”“自治区级示范家庭农场”“吴忠市妇女巾帼创业示范基地”。她还组织成立了“农民田间学校”。

“大青”葡萄，让生活甜起来

——记青铜峡市新型职业农民陈山

在青铜峡，有这样两句营销广告词：“吃优质葡萄，选先锋大青。”“吃好葡萄找陈山，不再远去吐鲁番。”陈山的名字与先锋大青葡萄一齐声名远播，陈山的事迹在青铜峡可谓家喻户晓。

敢为人先，带领乡亲走上产业化道路

青铜峡市先锋村有着得天独厚的气候和土壤，当地老百姓种植大青葡萄已经有100多年历史了，这里的大青葡萄味甜、个大、卖相好，从来都不愁卖。可是村里的葡萄产业一直没有形成规模，这可急坏了先锋村的大青种植户陈山。2015年，青铜峡市鼓励先锋村调整产业结构，陈山积极响应政府产业规划，本着集中连片、规模适度的原则，建设大青葡萄长廊。没有树苗，政府免费提供；没有资金，政府联系贷款给补贴。村民们还是犹豫不决，作为青铜峡市先锋大青葡萄种植专业合作社理事长陈山率先带头示范，短短两年间，先锋村的大青葡萄种植面积就达到了1万亩，一条集生态观光、采摘体验、农家休闲于一体的大青葡萄长廊以及现代休闲旅游田园经济带，正在悄然形成。目前，青铜峡市仅小坝镇和叶盛镇的大青葡萄种植户就有2000多户，年产量5000吨，产值8000多万元。

“通过参加青铜峡市农牧局组织的新型职业农民培训，我认为一个人的成功不算成功，一个产业的成长也不是一两个人能够完成的，必须要有一个大的龙头企业引领，这样在品种、技术、市场上才有保障，才能有竞争力。”陈山讲道。在党的惠农优惠政策指引下，经过十几年的打拼，如今的陈山已成为青铜峡市远近闻名的新型职业农民致富带头人。一方面成立公司，另一方面加强对周边农户的引导，通过陈山的示范带动，为农民提供种苗和技术指导，让周边更多的农户参与到种植先锋大青葡萄的规模发展中来。他设定目标，在3年内带动周边农户100户，发展先锋大青葡萄种植基地3870亩，真正把这个产业做大做强。2015年，陈山出资建设先锋大青葡萄综合服务中心，集中所有力量开始全心全意带动小坝镇先锋村村民脱贫致富奔小康，并成立了大青葡萄专业合作社，亲自给农户们做技术指导。到目前为止，先锋大青葡萄种植面积已达到3877亩，带动周边农户365户。

依托科技，提升大青葡萄品质

知识就是力量，信息就是财富。为改变现状，陈山首先想到的是要充实自己，转变观念，尽快让自己成为一名新型职业农民。而这一行动，陈山从一开始就再没停下来，“参加了农牧科技局组织的新型职业农民培训班，通过培训不仅了解到了政府关于农业发展的惠农政策，还学到了不少农业新技术。为进一步拓展知识面，我多次到市林技中心及周边的县市的种植大户进行考察调研，并认真记录所学到的信息。”每每说到自己的学习经历，陈山犹如打了“鸡血”一股。

陈山直言，为了提升合作社成员和葡萄种植户的种植水平，他做了三件事：一是配合农广校组织开展技术培训。每年的冬季，他紧抓农闲时机，积极地邀请自治区葡萄种植专家和市林业局技术推广中心的高级林业研究员，根据市农广校的要求和葡萄种植户的需求，对他的合作社160名骨干成员和广大葡萄种植户开展免费技术培训，组织学员与老师们进行课堂互动，释疑解惑；葡萄生产季节，他时刻注意合作社成员的葡萄田间管理情况，把学的科学技术面对面、手把手地教给全体社员。二是强强联手。2015年7月，合作社出资建设先锋大青葡萄综合服务中心，建成了一个占地7.24亩的葡萄批发零售市场，配套建设了合作社办公场所100平方米，农民田间学校120平方米，农资配送服务库420平方米，大青葡萄保鲜储存库500平方米，葡萄批发交易大棚800平方米。同时采用先进的保鲜技术，尽可能延长葡萄保鲜周期，在现有的基地基础上建设2个大青葡萄采摘园，增强果农对于市场调控的抵抗力。三是利用前沿科技，更新种植技术。成立专业的葡萄种植技术服务团队，每月定期对成员进行跟踪服务，建立信息回馈机制，指导合作社成员按健康种植技术规程进行绿色食品标准化种植。

陈山所做的三件事，让合作社成员的种植水平普遍得以提升，成员们的种植效益每亩增收8000～10000元。

公益服务，树立品牌占领广大市场

合作社在种植上实行“六统一”服务管理，即统一生产计划、统一生产标准、统一施肥管理，统一技术服务、统一包装、统一价格销售，服务率达到90%。实行“产前、产中、产后”一条龙服务，标准化生产率达到95%。合作社注册了“先锋大青葡萄”商标，填补了当地农产品种植品牌建设方面的空白，产销一条龙让小农户对接上了大市场。为了让农民增收，合作社增效，合作社根据“龙头企业+合作社+农户”的形式结成联盟，共同发展。

随着近年来网络销售的兴起，陈山还成立了网上电子商务信息服务站，通过开展农业公益服务、便民服务、电子商务服务、培训体验服务，提高农民的现代信息技术应用水平，为农民解决葡萄生产的产前、产中、产后的相关问题，实现普通农户不出村，新型农业技术不出户，就可享受便捷、高效的生活信息服务，大青葡萄产品销往陕西、内蒙古、甘肃、青海、北京、天津等地，品质获得区内外一致好评。

2016年，在葡萄市场价低廉的情况下，全村3870多亩葡萄种植利润近800多万元，合作社160名成员的葡萄种植纯收入为12000元左右。通过近3年的不懈努力，陈山和他的合作社在取得了经济效益的同时也收获了不少荣誉。2014年，合作社被青铜峡市农村工作领导小组授予“优秀专业合作社”；2015年，被吴忠市授予“市级示范合作社”；2016年，被评为“自治区大青葡萄示范基地”；2017年，被中国科协财政部授予“全国科普惠农兴村先进单位”；2018年，被自治区农牧厅授予“自治区级农民合作社示范社”。2018年，陈山被青铜峡市农村工作领导小组在全市首届中国农民丰收节活动中被评为“十佳农民企业家”。

现在的陈山已是先锋村大青葡萄产业的开拓者，成为新型职业农民的带头人，带动全村乃至全镇依靠先锋大青葡萄产业走上致富之路，先锋大青葡萄也将成为名副其实的支柱产业、特色产业、有发展潜力的产业。

勤学苦干成就致富梦

——记青铜峡市新型职业农民陈学义

过去提到农民，人们常常会将其与“泥腿子”“乡下人”等画上等号。然而近年来，随着工业化、城镇化的进程加快，越来越多的农民“洗脚上岸，背包进城”，农村“空心化”成为了新常态，“谁来种地”的问题日益突出。

新型职业农民培训不仅满足了农民的物质生活，更成为丰富农民精神生活的最佳途径。如今在青铜峡，“农民”再也不是一个标签化的尴尬身份，而是逐步成为一种令人羡慕的职业。梦想如何启程？一个农民的梦想，又如何实现？陈袁滩镇沙坝湾七组农民陈学义给了我们一个最生动、最完美的回答。

“泥腿子”洗脚上岸农业结构面临大调整

现年54岁的陈学义是青铜峡市陈袁滩镇沙坝湾七组的农民，他头上还有两个让人羡慕的“头衔”——青铜峡市沙坝湾盛合农作物专业合作社和青铜峡市隆盛农机服务有限公司理事长、总经理。

生在农村长在农村的陈学义一直想改变农村面貌，在农业上有所作为，改变多年来农业单一产业结构。21世纪初，农村出现外出打工热潮。由于陈袁滩镇距离青铜峡市小坝城区较近，大部分农民到城区打工，农村出现大面积的“撂荒地”。陈学义瞄准时机，放弃了出外打工的想法，决定回到村里流转土地种植粮食、蔬菜等农作物发家致富。对于他的决定，家人和亲戚朋友都认为风险太大，有的甚至出面极力劝阻。但是，陈学义始终相信“无粮不稳”这一硬道理，毅然拿出自己多年来的全部积蓄，流转下了近百亩的“撂荒地”。在他的辛勤劳作下，第一年粮食生产就获得了大丰收。头几年，陈学义依靠传统方式种植小麦和玉米，投了不少资也流了不少汗，但增产不增收，难以发家致富。在种粮面积稳定之后，努力提高科学种田的水平，成了陈学义考虑的首要问题。

“2009年11月份，我参加了青铜峡市农业局举办的新型职业农民培育班，通过新型职业农民培训，了解了国家新型职业农民培育工程的有关政策，学习了农业各方面的先进技术，在思想和技术上有了质的提高。”通过此次学习，陈学义再次萌发了创业的念想。2010年，在党中央一号文件的发展现代农业精神的号召和强农惠农政策的引领下，在青铜峡市农业部门的关怀和大力支持下，通过多次外出参观学习的陈学义，于2010年8月牵头成立了青铜峡市沙坝湾盛合农作物专业合作社。合作社成立后，陈学义一门心思扑在经营管理上，紧紧围绕当地农业产业化发展，坚持为社员办社宗旨，以为政府分忧，帮农民致富为己任，计划用2—3年时间，在沙坝湾村发展以水稻、小麦为主的综合种植产业集群，造福当地村民。

天道酬勤，一分耕耘一分收获。在种粮过程中，陈学义清醒地认识到，市场时刻在变化，苦干不如巧干。为此，他不断学习新的科学种田知识，以此完善粮食种植经营管理经验。他认为，在实践中必须做到人无我有，人有我新。

培养新型职业农民冲破“谁来种地”窘境

近些年，因土地已不再是一些农民家庭养家糊口的唯一依靠，在一些地方，土地托管便应运而生，国家各类政策的出台也为职业农民铺平了发展道路。

按照传统眼光，陈学义只是一个种地务工的普通农民。而当新型职业农民之风渗透至这座小城时 ，陈学义也搭上了这趟时代开启的列车。为了学习新技术，陈学义订了有关农业生产的书籍及报刊，闲暇之时，他就反复学习科学种田知识。另外，在农技部门的指导下调整了传统的种粮模式。为了提高土地的利用率，他每年在育秧大棚秧苗产出后又抓紧时机种植各类蔬菜，在西瓜收获后，再种植大白菜。同时，他还积极引进新的优良品种，在病虫害防治方面，及时请教农技部门有关专家科学用药，防止病虫害的发生，每年秋粮作物收完后，所有的田地实行深秋翻。正是由于他运用科学技术和采取科学的管理方法，合作社粮食作物连年丰收。

过去，一提到农民，大部分人脑海中都会浮现出一群面朝黄土背朝天的人在田间劳作的场景。但随着时代的变迁，农民这一职业似乎又有了新的演变。现在陈学义的种植规模不断扩大，承包的土地面积达到439亩，主要种植水稻、瓜果、蔬菜。2018年仅水稻、瓜果、蔬菜等种植就实现利润100多万元。同年，

他引进水稻优质品种“天隆优619”，种植面积达到200亩，并发展拱棚育秧50棚，实现机械化插秧，当年水稻亩产达到650公斤，200亩水稻总产量达到13万公斤。

在2018年5月3日国家优质稻品公关推进暨评介会上，陈学义引进的水稻优质品种“天隆优619”生产的大米因为品质优良，颗粒饱满，晶莹剔透，做出的米饭软糯甜香，在众多参赛品种中脱颖而出，获得金奖。

陈学义始终认为，一个人富不算富，大家富才是富。每年农忙时周围的群众都到他的承包地里打工挣钱。他也指导和帮助村里搞种植、养殖的村民。2018年，他还成功注册了“陈袁滩地溜子”专用商标，让群众多年种植的地溜子成为了品牌，实现了种植销售一体化模式，从而带动周边群众增收致富。

勇探新型农民之路　谱写共同富裕之歌

——记青铜峡市新型职业农民黄学锋

广武村的来历可不一般。广武营，这座古城曾是明朝边防宁夏西路要冲——昔日戍边的军事堡寨，在1967年青铜峡水库拦河大坝建成水位上涨时已被淹没。但广武古城所在地一直都在，从过去的广武乡再到现在的青铜峡镇广武村，这个曾经的边塞要地，如今经果林产业搞得轰轰烈烈。可谓不闻战马声，但见瓜果香。

走进青铜峡市广武苹果生产基地，极目远望，满眼翠绿，沿109国道两侧连片的苹果园，一眼望不到边。这里的人们通过发展苹果产业开始走上了致富之路，有今天可喜的变化，与青铜峡市学峰林果专业合作社董事长黄学锋是分不开的。自2008年创办学锋林果专业合作社以来，特别是成为新型职业农民的学员后，黄学锋一年四季几乎没有闲暇，春季忙组织调运苗木，夏季忙指导果树管理、调运水产品，秋季集中精力组织购销苹果，冬季请专家组织开展技术培训，由单一农副产品购销发展到技术指导、购销储藏、包装运输“一条龙”服务。目前，由黄学锋组织的购销产品涵盖周边市县及东三省、四川、海南、深圳等地，还出口到尼泊尔、俄罗斯等国。

小康路上树典范

青铜峡市广武有“苹果之乡”的美誉，苹果种植历史悠久。然而，2007年前，这里的苹果曾一度滞销，果农劳碌一年，却落得苹果挂在树上无人问津的尴尬境地，农民收入急速下滑，部分果农忍痛砍伐果树，毁掉果园。

面对这种局面，黄学锋开始盘算如何给苹果找到销路。2008年，黄学锋牵头，联合三趟墩村10余个种植大户登记注册“宁林”牌苹果商标，成立学锋林果专业合作社，建立技术服务队，积极推行科学种植技术，统一技术指导，统一品种结构，统一标准分级包装，统一价格和调配销售，为拓展产品市场做好充足准备。在营销中，他十分注意客户需求，时刻提醒自己眼睛勤看，头脑多想，心中善记，主动关注把握市场动向，虚心听取客商建议，注意捕获市场动向，做细市场，做精服务。凭着良好的信誉，黄学锋与客商建立了牢固的合作关系，彻底解决了农户卖果难的问题，他成了当地最大的苹果代理人。多年来他坚持走“合作社+协会+基地+农户”的经营模式，带动大家共同富裕，成为新型职业农民典范。他牵头成立林果专业合作社，创立高酸苹果协会，建立渔业合作社，各类会员发展到近730人，联系带动当地及周边市县农户近2653户，每年为果农增收1600万元。

开拓思维做引领

“坚持向规模化、规范化、信息化、品牌化、集约化方向发展，把学习新技术、创新新产品作为可持续发展的根本。”黄学锋说。2014年黄学锋参加了青铜峡市农广校组织的新型职业农民培训，通过那次学习，他的思想有了极大的转变。思路决定出路。每年冬春农闲时节，黄学锋不但自己主动参加培训，还出资邀请林果专家讲课，积极组织周边农户参加林果技术培训，邻近几个村3000多名果农每年都得到轮训；他还深入到田间地头与农户一起学习，一起体会最新的果树修剪技术，前来咨询、学习、取经的人络绎不绝。

“把应用新技术、创新产品作为可持续发展的根本。”黄学峰率先引进富士苹果套袋、贴字技术等七大系列40多个花色品种，示范园面积1000多亩，辐射灵武、中宁等周边市县。果品生产不只是卖出去，更要卖得好，因此，每年农闲季节他就邀请专家对大户开展市场营销、如何成为职业经理人等方面的培训，使他们成为懂市场、会经营、善经营的新型职业农民。学习培训最新的果树修剪技术，推广使用农家肥、复合有机肥和测土配方施肥技术。对学习优秀的学员，他自掏腰包，提供食宿，组织他们到陕西洛川、甘肃天水等地学习先进的果树管理技术。与30多家外地商户开展网上交易，每年实现网上交易2400多万元。仅苹果一项销售到外地以及出口到俄罗斯、尼泊尔等国家就达3万吨，销售总收入8000多万元，当地苹果种植户实现人均收入两万多元。按照市上统一安排，黄学锋被选派到青铜峡市移民新村——同进村，开展科技扶贫

工作，重点以开展庭院经济示范、集中养殖、林果种植等三个方面为突破口开展扶贫工作，为贫困户提供种苗、农资、技术，安排贫困户到果园进行修剪、除草、打药、摘拣苹果等工作，取得了良好的经济效益和社会效益。

宝剑锋从磨砺出，梅花香自苦寒来。黄学锋牵头的专业协会和农民专业合作社在建设方面走在了全市的前列并取得了丰硕的成果，为乡村振兴做出了突出的贡献。他所领办协会成为自治区“3A级示范性农村专业经济协会”“星火科技12396信息服务示范点”，先后荣获“全国科普惠农兴村先进单位”“中国质量信用AAA级示范社”，获得青铜峡市“果品流通大户”“林业种植大户”“林果销售大户”“十佳创业致富党员”“示范合作社”等众多称号；他本人被青铜峡市评为“优秀共产党员”“劳动模范”等荣誉称号。

九渠侧畔花正俏

——记青铜峡市新型职业农民陶丽

青铜峡市位于宁夏平原中部，黄河穿城而过。自秦汉开掘的秦渠、汉渠、唐徕渠等九大干渠均从青铜峡境内引出，引黄灌溉条件得天独厚。青铜峡人则以自己的勤劳智慧，创造了“天下黄河富宁夏，塞上明珠青铜峡”的辉煌成就。陶丽就是这群人中一名新时代新型职业农民，也是宁夏清逸园科技培训（中心）有限公司总经理、青铜峡市清逸园水产养殖专业合作社理事长、乡村休闲旅游带头人。

撸起袖子加油干

出生于青铜峡市小坝镇农村的“80后”陶丽，毕业后便在市电信局找到了一份工作。本可以舒舒服服当一名“白领”，可回到家乡的所见所闻让她很有触动。

“当今，中央和国家给予我们西部以及农村很多优惠政策，可是村子里的人不为所动，好像甘于贫困。不但经济没有什么发展，而且村容村貌相当差劲。”谈起当时的心境，陶丽有说不完的话，“作为一名从家乡走出的年轻人，有知识也有商业信息，所以，我决定回乡创业，给乡亲们做个示范，尽力带着大家一起勤劳致富。”

陶丽的想法立即得到镇党委、政府领导的肯定和欢迎。万事开头难，再难也要干。陶丽东借西凑筹钱兴建了当地第一家规模较大的“农家乐”——清逸园农庄。经过长期依法经营、诚信待客，农庄很快成为著名的旅游服务企业。

紧接着，为了带领更多的当地包括贫困户在内的村民参与旅游业发展，在农庄基础上，陶丽成立了青铜峡市清逸园水产养殖专业合作社。如今，基地扩大到206亩，距离青铜峡市区5公里，交通便利，配套设施完善，设有专用停车场，成为一家集绿色观光、水产养殖、餐饮娱乐、休闲垂钓、实地培训为一体的新型生态农业示范基地。清逸园内设有休闲垂钓，养殖、种植观赏，果蔬采摘，特禽养殖，餐饮住宿，健身娱乐，儿童娱乐等7个区域，既有雅致之美，又有雄浑之感，既有田园之风，又具新潮之魅。餐饮一次性可接待游客500人次，住宿50人次，有力推动了本市休闲旅游产业融合发展。由此，合作社先后被授予“全国农技推广补助项目农业科技试验示范基地”“青铜峡市钓鱼运动协会技术培训交流基地”。

一人富不算富

凭借自己和家人的智慧与汗水，再加上各级旅游行政部门的指导和帮扶，陶丽的清逸园水产养殖专业合作社日益壮大，虽然资金周转始终困难，但镇民政部门号召广大企业主尽可能为残疾人安排就业时，她便毫不犹豫地积极响应，招聘了部分残疾人到合作社并缀带他们安排了力所能及的工作；遇到特殊困难情况，还对残疾人家庭送去额外的生活用品和慰问金。2014年，合作社被评为“青铜峡市残疾人扶贫养殖基地”。

“再贫穷的残疾打工者，也是我的乡亲呀，无论遇到多大的经济困难，只要他们愿意在我这儿干，我都会像家人一样对待。”陶丽经常对乡亲们说。由于小坝镇离青铜峡城区只有5里路，随着城乡一体化建设，不少失地农民面对变化的经济社会现实有点手足无措，想创业又愁没有门路，想致富又没有技术。对此，陶丽与家人商量后，便自筹资金创建了清逸园科技培训（中心）有限公司，2018年新晋为“全区新型职业农民培育示范基地”。

陶丽告诉笔者，清逸园科技培训（中心）有限公司自成立以来，每年配合吴忠相当及青铜峡市相关部门主办和承办各类培训班，主要包括新型职业农民培训及农村实用人才培训。仅2017年，就组织举办了全市渔业安全生产暨水产品质量安全培训班、新型职业农民经营主体带头人、粮食作物生产、园艺生产、家畜生产等多个培训班。培训之后，陶丽的合作社便以多种服务带动周边农户调整农业结构，增加了农民收入，改善了居民饮食结构，解决了农村剩余劳动力就业问题。

“通过陶丽他们举办的培训班，我们当地和周边的农民素质提高得很多了。”受益农民老张逢人便说，“现在，我们按照陶丽说的办，在

网上开淘宝店，售卖本地旅游特产。赚了多少钱，这可是秘密哦。”为提高公司职工和水产养殖户的综合素质，陶丽配合市农牧科学技术局水产中心，邀请宁夏大学生命科学学院教授，自治区农广校、水研所、水产站的专家在培训中心现场授课，为大家系统讲授健康生态养殖技术和渔业经营管理知识及安全生产、法律法规知识，同时为周边养殖户提供跟踪技术指导、现场培训、信息共享等服务，并配合自治区、吴忠市、青铜峡市钓鱼协会组织多次专业竞技垂钓比赛。由于合作社的钓鱼基地完全采用国标建设，比赛也采用国家规则，所以很多赛事在全国都有名。“全国各地都有钓手前来挑战。”合作社员工说起他们的钓鱼大赛无不津津乐道。

不忘初心继续前进

盛誉之下的陶丽并无半点满足，她认为她还有很多事情要做：“最紧急的就是扩大合作社区域和参与户数及人数，一来扩张自己的事业，以规模取胜；二来乡亲们可以抱团取胜。眼下要不分昼夜地跑旅游局等部门、走访农户，成立旅游集团公司，服务内容包含吃喝玩乐，还要想办法叫客人留得住、经常来。”

每次的例会陶丽总会对员工们说：“十九大以后，改革开放力度只会越来越大，新时代形势一定越来越好，把企业做大做强，做到全球知名旅游服务品牌，这才是我的梦想。”

目前，陶丽的清逸园科技培训（中心）有限公司，正紧紧围绕水、路、绿、园、廊等方面做文章，充分融合黄河文化、绿色文化、园林文化、田园文化、民族餐饮文化，凸显幽雅复古、绿色健康、生态文明等特色，充分满足人们回归自然的愿望，正确引导人们在健康的环境中体验农家生活，真正把文化特色融入到农家旅游中。并能够有效地解决农村剩余劳动力，产生良好的社会效益和经济效益，有效地促进青铜峡市的经济发展和特色产业调整以及农村旅游综合实力的提升。

一分耕耘，一分收获。2015年以来，陶丽的合作社分别荣获“宁夏旅游四星级农家乐”“青铜峡市示范合作社”“青铜峡市食品安全示范单位”等荣誉称号。特别值得一提的是，2016年7月，合作社被评为“全国休闲渔业示范基地”，2017年被评为“全区示范合作社”，2017年被自治区旅游委评为“宁夏旅游五星级农家乐”。

艰苦创业谋发展　脚踏实地履职责

——记青铜峡市新型职业农民叶小云

“果树落叶后，在冬季休眠期，树体结构、树冠上的枝条分布状况一目了然，此时果树上不必要的枝条就应及时进行修剪……”在青铜峡市叶盛镇龙门村的果树培训实践课上，一群农民团团围住叶小云，听他讲解果树种植技术。

叶小云，现任青铜峡市叶盛镇龙门村党支部副书记，小云劳务服务有限公司总经理，龙门林果协会会长、党支部书记，小云林果专业合作社理事长。多年来，他吃苦耐劳，积极主动报名参加了青铜峡市新型职业农民培育和农村实用人才培训学习，并把学到的知识技能与多年积累的实践经验有机结合应用到生产实际中去，带领乡亲共同致富，取得了较为显著的成效，用实际行动在当地群众中竖起来一面致富带头旗。

让脑袋先“富”起来

叶盛镇龙门村是一个小有名气的杂果之乡，但因地处偏远、栽种技术落后、果品品质退化，致使果品产量低、品质次、滞销严重。看到这一现象后，叶小云采用“外出考察+现场操作”等模式，利用闲暇时间借助电视、书刊、网络等平台认真系统地学习了新型职业农民基本素养、农产品市场营销、果树嫁接换头、贴字套袋等技术，迅速掌握了支农惠农政策、林果购销信息、老旧果树嫁接换头及协会组织管理等实用技术，提升了经营管理能力，树立品牌意识，迅速成为了当地林果种植的行家里手。通过理论培育和实操观摩、借鉴其他企业的管理经验，叶小云掌握了一整套林果种植先进技术，并把学到的知识技能应用到生产实际中去，得到了各级领导和周围群众的高度赞许，多次被同行邀请参加现场演示，被誉为当地的“林果土专家”。掌握了这些技能后的叶小云先后成立了林果协会、专业合作社及劳务公司，并建立健全了切实可行的规章制度，设置了理事会、监视会，成立了工、青、妇、团等组织机构，带领全村村民民走上了共同致富的道路，成为带领村民脱贫致富的领头雁。

叶小云告诉笔者，2016年以来先后组建了“人才工作示范点”和“1+N林果服务创新团队”，主要从事林果产业升级、技术创新、果品嫁接及品质提升的研发和创新。“工作室设在叶盛镇龙门村文化大院，面积1845平方米，配置了电脑等办公必需的硬件设施，开通了与创新团队各成员交流联系的微信平台，并从项目、资金、技术、人才、资源、政策等方面予以大力支持，每年投入技术研发、成果转化、推广应用、科技培训等相关创新工作的费用在70万~100万元，保障了工作室创新工作的持续性和有效性。”让叶小云自豪的硬件设施搭建了起来。他先后聘请了科技、农牧、林业等部门和单位的技术人员作指导，开展各种农业技术培训，引导种植户实施老旧果木品种嫁接改造，积极引进套袋贴字等先进实用的新技术，开辟网络销售渠道，提高了林果品质，解决了乡邻“卖难”问题。近三年来，累计投入资金40余万元，先后改良老旧果园82个，实施套袋林果2050余亩，年生产销售苹果等各类优质水果近1200吨，形成了集林果种植、高新技术示范推广、果品包装经营于一体的果品产业化生产营销模式，实现了林果产品的规模化、产业化、品牌化发展和林果产品的价值增值。

多模式探索培育路子

作为青铜峡市确定的重点宣传文化体育中心户和评选的优秀科技示范户，叶小云的家也就成了龙门村林果协会日常活动基地。叶小云说：“家中建有图书室、电子阅览室及普法宣传栏，图书室坚持常年免费开放，宣传栏目内容每到更换之时，他结合本地实际，精心筛选宣传内容，下载打印张贴供群众阅读浏览。”他还在农闲时个人出资组织健康有益的文化娱乐活动，组织“好婆婆”“好媳妇”“五好文明家庭”等评选表彰活动；主动邀请各类专家举办科技培训，实地指导果农进行果树修剪和嫁接换头。近三年来，他先后组织各类文体娱乐活动18场次，举办科技培训、普法讲座24场次，参加村民达3600余人次；更换科技、普法宣传栏42期，印发宣传材料12000余份；到他家图书室借阅图书和点击上网的村民累积达到4200余人次。叶小云的家成了龙门村群众获取科技知识的“充电器”，普及法律知识的“大喇叭”。

叶小云有着一股永不服输的创业精神，他头脑灵活、思维敏捷、敢闯敢拼、吃苦耐劳。多年来，零、散、乱的传统农业种植模式导致农业创新能力不强，信息化程度低，土地收益差，农民种植积极性不高，传统农业模式已严重制约了当地农业的大发展。在党的富民惠民政策的激励下，2017年叶小云带头流转土地240亩，种植小拱棚西瓜、甜瓜、茄子、辣椒、西红柿。为了掌握果蔬新型种植技术，他多次到市农技推广中心请教，并购买有关小拱棚蔬菜种植方面的书籍进行自学。经过精心培育、科学管理，西红柿、西瓜等果蔬菜品长势喜人，仅西红柿一项年收入超过100万元。他的连片蔬菜种植取得了成功，他还鼓励和带动周围的几户村民也以同样的方法进行种植，经济效益同样可观。目前，合作社正在探索实施复式种植，一旦条件成熟，此项种植技术将大规模展开，将大大提高土地的利用率和收益率，有效增加农民收入。

现代农业需要新型农民

在党的富民政策激励和村党支部帮扶下，叶小云通过自身不懈的努力并立足当地实际，在增收致富的道路上带头创业，致富后不忘左邻右舍，带领周围群众共同创业致富。积极参加区内外举办的各类名优产品推介会，在互联网上开办龙门村林果销售网页，帮助村民建成6个具有采摘、餐饮、休闲等功能的农家乐，把龙门村打造成了全市闻名的乡村旅游示范村。与各大农林场、专业合作社及银川、灵武、盐池等周边10余家劳务公司建立用工关系，先后向周边市县区输出劳动力54600余人次，劳务收入达到1219万元，不仅拓宽了劳务输出渠道，还实现了由简单体力劳动输出向技能型劳务输出的转变，对于促进全村经济和其他各项事业的发展，发挥新型职业农民的示范带动作用。

由于个人素质“硬碰硬”、服务群众“实打实”、干事创业“手拉手”、谋划发展“干加干”，叶小云先后被评为全国“全国优秀农民工”“全国农村专业技术协会先进工作人才”，全区“十佳”青年中心建设先进个人、优秀农村科普带头人、科技致富带头人、科普工作先进个人、优秀信息科技特派员、岗位学雷锋标兵、“五一劳模奖章”获得者，吴忠市优秀农村科普带头人，吴忠市劳动模范、孝德之星，青铜峡市优秀文化宣传员，科技“110”优秀信息员、优秀团干部，“六个十”先进个人；青铜峡市及叶盛镇优秀共产党员。他所创办的合作社2014年被宁夏农牧厅、宁夏林业厅、宁夏工商局、宁夏供销社等部门联合评为“自治区级示范合作社”，2016年被农业部、水利部、财政部等部委联合评为“国家级农民合作社示范社”，2018年获得自治区“五一劳动奖章”。

叶小云把带领广大农民群众脱贫致富，促进全村经济和其他各项事业的发展作为自身价值的体现，奋发向上，自强不息，树立了新时代农民的光辉形象，真正发挥了新时期农民创业兴业的典范作用。

打“国玺”品牌　领乡邻共富

——记青铜峡市新型职业农民张国玺

多年来，张国玺带着农户们建基地、成立合作社，利用“互联网+养殖”，让全村的生猪生产走出了青铜峡市，走向了全国，打出了“国玺”生猪品牌，实现了生猪养殖“合作社+基地+农户”的产业化发展之路。在青铜峡市大坝镇，张国玺这个名字家喻户晓，他是国玺生猪养殖专业合作社理事长，也是科技特派员，更是同行业的领军人物。在他的带领下，大伙也通过养猪走上了致富路。

学习科学技术，开展标准化生产

与张国玺的第一次“碰撞”，让人觉得他是一个有想法、善追求的人。“单纯依靠种地不会从根本上解决贫穷的问题。2000年我开始养猪，由于缺乏资金和经验，刚开始只能从十几头养起，其间经历了所有创业人遇到的困难与问题，但最主要的还是技术的缺乏和思想意识的淡薄和信息的闭塞，这使我一度负债累累。一次偶然的培训学习，解决了我养猪技术方面的困惑，我坚信养殖业要想创造高收益就必须靠科技，靠标准化养殖，靠科学管理。”张国玺说道。

在养殖的过程中，别人只是凭着经验养猪，而张国玺养猪的方法是经验一定要和科学相融合。为了提高科学养殖，张国玺可谓“煞费苦心”，“看养殖方面的书籍，把每一个科学论断都要落实到实际操作中；抓住一切机会去学习，先后参加了2010—2011年市农广校组织的在宁夏农校举办的‘致富带头人畜牧兽医专业培训班’并荣获优秀学员、2014—2015年市农经站组织的在贺兰县、陕西杨凌举办的‘农村实用人才带头人培训班，在学习中喜欢和老师学员探讨、沟通。”一系列的学习、培训开阔了视野，启迪了思想。让张国玺对养殖有了全新的认识，他重新规划了发展生猪产业的思路、模式和措施。张国玺充分认识到要想真正脱贫致富，小规模散养只能是蜻蜓点水，从根本上解决不了问题，必须走规模化、产业化、标准化发展道路。他先后把养殖规模从50头发展到现在的1230头，圈舍也从60平方米发展到现在的2000多平方米，目前存栏良种母猪100多头，年出栏育肥猪700多头，年纯收入达20万元。

生猪健康养殖是目前行业主抓的工作，张国玺率先制定健康养殖操作规程和制度，按照国家标准使用兽药、饲料，严格遵守休药期，确保生产出来的猪肉健康无公害。在他的严格要求下，每个养殖户都要建立养殖生产记录。多年来，合作社生产的猪肉从无质量问题。“只有好的品种才是促进生猪生产力的第一要素，每年引进优质长白、约克、杜洛克种公猪20头左右，二元母猪100头左右，年内出栏育肥猪1万余头，辐射带动周边2个乡镇5个村228户发展标准化养猪生产技术。”通过技术培训，张国玺就像脱胎换骨了一样，养殖水平有了质的提高，经营理念也是非同寻常，成了远近闻名的土专家和规划决策者。从2007年至今，国玺生猪养殖专业合作社一直被评为青铜峡市畜牧行业科技示范户。养殖收入增长了，环境也要做好，国玺生猪养殖专业合作社为了美化净化环境，在养殖场周围种植3亩多果树，20余亩农田，建成养殖场沉淀池30立方米，猪粪堆积发酵场400平方米。基地的生猪产生的猪粪集中收集发酵产生的粪水入沉淀池发酵后还田，农田生产的玉米等饲料用于生猪饲料，实现良性循环，降低了生产成本，保护了环境，增加了收益。把环境保护、粪污处理与生态农业技术发展结合起来，变革了传统畜牧业生产方式，实现了养殖户废弃物的再利用，使环境得到有力改善，降低了畜牧业对农村周边环境的污染。他不但自己做好环境美化净化，还带动周边养殖户一起做好循环利用推广，使畜牧养殖走上可持续发展的健康环保之路。

创办培训基地，科技助推产业发展

为了让更多的人学习到更有用的养殖技术，张国玺在大坝镇新建培训教室100平方米，可以一次性接待150人就餐的食堂150平方米，培训教室配备桌椅60套，购置电教设备1套。“每年冬季农闲，在青铜峡市农牧和科技局的组织下，国玺生猪养殖专业合作社每年都承办着全市新型职业农民畜牧养殖技术培训班，聘请区内外畜牧养殖专家讲授养殖业市场行情预测、饲养管理技术、疫病防治、品种的改良等内容。每年为培训学员开展跟踪指导服务350余人次，上门开展技术服务。”张国玺自豪地说。

同时，为了使培训能够达到理论结合实践的目的，张国玺建设了一处占地2000平方米的生猪实训基地，让学员在接受理论培训的同时，到猪场接受实地操作。通过现场讲解的形式让学员边看边学，边学边议，培训的效果十分明显，养殖户们每次培训都踊跃参加，大家纷纷表示，要把学习到的经验和做法运用到今后养殖生产中。沟通培训，提高了农民科技素质，培育了很多有文化、懂技术的新型农民。2015—2017年举办养殖及疫病防治培训班13期1422人次。标准化养猪技术的普及，使陈俊村成为全市的养猪大村，截至2017年，全村饲养母猪达到920头，育肥肉猪18400头，成为农民致富增收的一项主要产业，纯收入达到55万元，经济效益显著，辐射带动了全市及周边地区生猪产业发展。

建立合作组织，惠及乡亲共同致富

张国玺从事养猪生产已经20多年了，无论是技术还是经验都是行业

里的佼佼者，这也给他带来了衣食无忧的生活。在他自己富裕的同时，没有忘记回报众乡亲、回报社会。2012年，他联合几个养猪大户成立了青铜峡市国玺生猪养殖专业合作社，并担任理事长。张国玺告诉笔者说："合作社成立后，完善各项规章制度和管理方式，本着为广大养猪户提供防疫、饲料、营销、信息服务的宗旨，合作社承诺在生猪生产、饲料赊购、饲养管理、技术开发与普及等方面，出现的任何问题，都可以帮助社员解决，有效降低了养猪风险。只要你真心实意为大家办好事、办实事，老百姓就会信服你。"

成立合作社之初，张国玺就决心多为大家办实事。养殖户看到这些都纷纷要求加入合作社，社员由刚开始的十几人发展到现在的58人。为了解决社员的技术需求，合作社专门成立了养猪技术小组，张国玺任组长，由有多年养殖经验、有文化、善钻研、技术过硬的4名养猪户组成，技术小组经常到养猪户家中传授生猪养殖经验，谁家的猪有问题，他们也是第一个到达现场给予解决，并按照张国玺的要求做好严格的防护和消毒工作，以防疫病的传播。社员经常向这些"土专家"请教技术方面的问题，每年受访农户260多人次。合作社还向贫困户赊欠仔猪和饲料，2017年累计赊欠18万元，扶持贫困户脱贫致富，在张国玺的带动下，越来越多的养殖户都脱贫过上了小康生活。2017年合作社社员养猪收入户均增收13254元。

2014年，国玺生猪养殖专业合作社被评为"青铜峡市示范合作社"；2015年，被评为"吴忠市示范合作社"；2017年，被评为"自治区示范合作社"。2017—2018年，张国玺先后被青铜峡市大坝镇评为"创先争优活动先进个人""2017年度优秀共产党员"。

做新时代的农机人

——记青铜峡市新型职业农民章岩军

“日出而作，日落而息。”“面朝黄土背朝天。”……人们以往对于农民的刻板印象，今后可能要彻底改观了，他们中的一些人已不再是传统意义上的农民，因为他们的名字叫“新型职业农民”。

章岩军长期以来一直与农业机械打交道，从事农机社会化服务已经有15年了，凭着刻苦钻研、吃苦耐劳的精神和对农机服务事业的热爱，走出了一条发家致富的道路。

职业培育，自主创业

想想现在自己越干越大的事业，章岩军感觉就像是做梦一样。生长在农村的章岩军，从小看惯了父辈面朝黄土背朝天的身影，深深体会到作为农民的艰辛和不易，那时他就下定决心，希望通过自己的努力改变自身的命运。章岩军自幼对农机维修感兴趣，有一股子不达目的誓不罢休的“倔”劲。经过不断的自学和“倒腾”，他已经能熟练掌握农机维修技术，周围邻居的农机坏了找到他，他都热情地帮忙免费维修。技术熟练后的章岩军在青铜峡市瞿靖镇光辉村开了一家农机修理铺。在创业的过程中，章岩军不断加强学习，又自学了电焊和车床技术。2016年，他自己研发制作了节能灶台，获得国家发明专利；后来，他自主研发的起垄机、盘式打梗器，均获得了国家专利。

村里有人常常和他说，当老板多好，还在乎一个农民的称号干吗。章岩军却说，现在的农民已经成为一种职业，跟城里上班的人一样。章岩军的事业之所以能越干越大，“那是因为经过这几年新型职业农民培训，开了眼界、变了观念、练了胆子”。2013年，章岩军参加了青铜峡市农广校组织的新型农民培育培训班，赶上这么好的机会，他积极参加了所有培训课程。通过学习，章岩军了解到国家惠农支农政策及创业就业优惠政策，思想观念有了很大的转变。为了在农业上有所作为，在相关部门的支持下，2014年1月，章岩军成立了青铜峡市顺达农机作业专业合作社。“合作社以从事农业生产和各类农机作业服务为主要业务，主要开展组织机械化生产和收割、农机维修、技术培训、技术咨询指导、提供各类信息等服务，着力发展以机耕—机插—机收‘一条龙’为主的农机作业服务，并不断开展其他农业生产方面的业务。”章岩军介绍说。

章岩军这几年的变化，正体现出了新型职业农民要在“育”上下功夫的理念。几年来，他不断发展壮大合作社经营规模。2017年他被青铜峡市农牧局和科学技术局聘为科技特派员。2018年获批申报建设顺达农民田间学校、实训基地，在青铜峡市瞿靖镇光辉村建设农民田间学校培训教室，配备投影仪、手提电脑、功放设备等多媒体教学设备，田间学校设科技书屋，活动室、餐厅、卫生间等，占地面积800平方米，桌、椅、水电暖设施配套齐全，各项规章制度健全。通过多次装修改建完善了各类培训设施。现在，顺达农机专业合作社已成为青铜峡市农业广播电视学校的实训基地和基层农机作业服务基地，该社以从事农业生产和各类农机作业服务为主，创新农机服务模式，采取“合作社与农机户+研发团队+科技特派员+农户”四位一体的核心机制，四方都能获利。结合新型职业农民，农民田间学校，实训基地，开展新科技、新技术、新设施的推广应用与试验，加强安全生产教育培训、示范工作，不断优化产业结构，使合作社增效，农机户、科技特派员增收，农户获益。

发展至今，章岩军的合作社现有技术骨干5人，拥有大中型农机具

26台（套），有大型拖拉机5台，平地仪2台，搂草机1台，打包机1台，自主研发可调节蔬菜起垄机3套，旋转犁5台，玉米联合收割机2台，秸秆粉碎还田机2台，旋耕机5台。在现代农业机械的助推下，合作社年机耕21400亩土地，玉米收割3800亩，蔬菜起垄9800亩，平地730亩，实现了农机综合作业服务。通过服务周边种植户的同时，也提高了自己的经济收入。

掌握技术，服务群众

产业兴旺是实现农民增收、农业发展和农村繁荣的基础，也是实现乡村振兴的关键所在。近几年，国家农机购置补贴政策的实施，为章岩军致富插上了“翅膀”，他不再为没有启动资金而担心后劲不足，先后通过购机补贴购进了大型拖拉机、小麦免耕播种机、深耕犁等先进适用的农业机械。根据不同农时为农户提供农机作业服务，因服务周到，农户们一到农忙时节都纷纷找章岩军帮忙，从种到收，他开始了一年四季皆创收的致富链条。

章岩军告诉笔者：“现代农业要想创造高收益，就必须依靠科学技术，依靠科学管理，顺达农机作业专业合作社成立后，为了学习先进实用技术和管理理念，依托实训基地邀请市农牧局、科技局、农广校的专家开展技术指导。”利用农闲协助农广校开展新型职业农民培训班，新型职业农民农机手培训班及其他类型的培训，以“农民”为中心，以“田间”为课堂，以“实践”为手段，以“能力建设”为目的，组织开展信息技术交流，通过培训有效搭建种植户与农机大户之间的桥梁。几年来，合作社共组织各类培训16场次，培训新型技术型学员千人次，组织外出观摩学习24次，拓宽了农民群众的眼界，让农民群众增收致富有了新思路。

面对文化知识水平不高的农民难以快速理解和掌握科技种植技术和机械使用技术的问题，章岩军当起了技术“二传手”，帮助他们熟悉了解技术要点。平时，他买回农技和农机书籍一个人熬夜“硬啃”，不懂的地方就虚心向专家请教，通过努力不断提高自己的专业技术能力。他掌握了新知识、新技术后，得空就跑到农户的田间地头，义务向他们提供技术指导，把多年积累的经验、知识毫无保留地传授给大家，提高他们的技能，带动更多的农民科学种植、机械化种植。

大家富才是富

他富了，但他致富不忘众乡亲，不丢勤劳和善心。章岩军说：“一个人富不算富，大家都富才是真正的富。”他坚持用自己的经验和实际行动带领身边的父老乡亲共同走上致富道路。在搞农机服务时，遇到家境困难的农户，他都是先干活，有钱了再算账，家庭情况非常困难的就免费提供服务。同时，他还热心公益事业，2018年春节期间，他出资3000元，慰问光辉村21名老党员，为老人们送上新春的祝福，被人们誉为新时代农机服务的带头人。

说起今后的打算，章岩军激动地说道：“下一步，将继续努力，借助乡村振兴战略的东风，在发展多种形式适度规模经营、培育新型农业经营主体、健全农业社会化服务体系、实现小农户和现代农业发展有机衔接等方面发挥自己的作用，努力成为一个懂农业、爱农村、爱农民的新型职业农民，依托基地，争取培育更多和我一样的新型职业农民，以更优质的农机服务带动更多的乡亲共同致富。”

弃高薪回乡创业　强技术服务“三农”

——记青铜峡市新型职业农民朱丹

“一天锄头都没摸过”的金融专业大学生就不能成为“天天跟泥巴打交道”的职业农民？不；创业陷入低谷甚至需要卖房发工资就不能满血复活？不。青铜峡市“80后”回乡大学生朱丹用一连串的“不”，宣示他在乡村创业的勇气与执着。他放弃国有企业职位和高薪，到叶盛镇正闸村成为当地的新型职业农民，用自己勤劳的双手和科学种植思维，紧盯市场，敢于探索，收获了累累硕果，走出了一条金色人生之路。

放弃高薪，扎根农村服务“三农”

第一次见到朱丹时，他阳光、帅气，穿着时尚，很难把他和农民联系在一起。“2010年8月，我从湖北黄冈职业技术学校毕业后，就职于中国平安财产保险有限公司吴忠市中心支公司，担任理赔组组长。2013年3月又到中国农业发展银行吴忠市分行工作，年薪10万元。但怀揣着一颗致富家乡的梦想，经过深思熟虑，我做出大胆抉择，于2015年12月毅然辞去舒适的高薪工作，回家乡创业，将发展方向定位在现代农业上。”说起自己的创业经历，朱丹觉得太“疯狂”了。

年轻人是有血性的，有魄力的，2016年1月朱丹成立了青铜峡市嘉沃农业种植专业合作社，注册资金300万元。朱丹告诉笔者，合作社从事果蔬、粮食的种植和销售等，同时为当地农户提供农业种植技术服务和销售信息服务。合作社自成立后，结合当地的资源优势和实际情况，以“安全、放心、健康、真诚、守信”为经营宗旨，以发展“高效、生态、节水、标准”的现代农业为经营理念，把服务“三农”作为出发点和落脚点，采用先进管理经验、种植技术及经营模式，在自身发展壮大的同时，带动周边农民增收致富。

机会往往只会给有准备的人。2016年，朱丹在叶盛镇正闸村流转土地575亩，种植瓜果、蔬菜，当年实现产值96.9万元，解决当地就业人员156人，全年发放人工工资35万元。2017年流转土地615亩，种植蔬菜60亩，水稻40亩，小麦515亩，小麦收割后复种秋季蔬菜300亩，采用无公害绿色种植技术，积极培育特色优质果蔬产业，对当地农民增收和农业产业结构调整起到了积极的示范带动作用。

不懈努力，甘做新型职业农民

农业工作，一年从春忙到冬，但在繁忙劳作的同时，朱丹不忘给自己“充电”。他积极参加各类学习培训，不断学习把握现代农业脉搏，从而更好地管理企业、服务农村。2016年朱丹参加了青铜峡市农广校新型职业农民带头人培训班，正是这次培训给他留下了非常深刻的印象，“培训的内容涵盖了农业产业化经营的各个方面，包括现代农业政策法规、农业发展现状、农产品市场营销、农产品质量安全、农产品品牌策划、生鲜电商、农产品行业动态和种植、养殖关键技术等内容。”朱丹说此次培训更加坚定了他当一名新型职业农民的信心。之后朱丹多次参加青铜峡市农广校组织的实地考察活动，对现代农业生产经营发展以及如何做一名新型职业农民都有了更全面的了解和更深入的思考。“理无专在，而学无止境也”，为了将来的创业之路走得更加扎实更加坚定，也给更多的后来者提供成功借鉴，他自费报名参加了中央广播电视大学函授本科班的金融专业学习并以优异成绩毕业。

通过参加新型职业农民培训，朱丹深受启发，针对现代农业发展实际，深刻思考了自己所选择行业的现状及发展方向。他明白了要想将合作社做大、做好、做强，必须使生产与销售并重，这样既能“种得了好产品”又能“卖得了好价钱”。“之前合作社的经营模式以‘生产基地+初加工+统一配送’为主，但随着市场和消费观念的不断变化，在区域产品差异化越来越小的形势下，未来比的就是谁更会卖、卖得好。”新型职业农民培训给朱丹指出了未来合作社发展的新方向，引导他从根本上转变经营方式。朱丹提出“互联网+农贸”的营销模式，通过网络寻找销售终端，减少流通环节，降低流通费用，腾出利润空间，从而实现“合作社+农户+互联网+市场”的现代经营模式，形成产供销全链条服务体系，增加农产品附加值，仅此一个转变就使合作社收入增加30%。朱丹还结合自己大学所学的互联网知识，依托互联网大数据，实现对供应市场的有效预测，及时确定种植品种，全年订单小麦700亩、秋季紫甘蓝350亩，实现农民每亩增收1000元，在自己取得成功的同时，也带领乡亲们共同走上致富路。

科技先行，当现代农业排头兵

通过几年实践，朱丹认识到，农业要增产，技术必先行。在技术方面，朱丹舍得下血本，他聘请农业专家和基地的农户一起进行科技培训，掌握粮食生产和蔬菜种植新技术，让自己的合作社在种植技术方面始终走在青铜峡市农业发展的前沿。朱丹组织专业技术人员、有经验的菜农对农民进行现场培训和实地操作，确保良种良法直接到田、技术要领直接到人，极大提高了农民的科学种植水平，为合作社及农民创收打下了坚实基础。

在朱丹的示范推动下，先后在合作社和周边农村推广了测土配方施肥、标准化栽培、节水灌溉、绿色防控等技术，技术到位率达90%以上。在农业生产中，朱丹大力推行机械化作业，购置了大型四轮耕地机、旋耕机、无人机施肥施药、收割机、播种机等农用机械，从整地、播种、收割等农艺作业活动全程实现了机械化，农业机械化应用率达100%，使当地传统农业积极向现代农业转变，为农业的科技进步和机械化应用贡献自己的力量。

截至目前，朱丹已投入170多万元用于果蔬基地的基础设施建设和打通销售渠道，基地拥有10多个农作物品种，全部采用水肥一体化进行节水灌溉、使用生物有机肥料、物理方法预防病虫等先进的生产技术，确保生产出来的蔬菜有机、安全、绿色。

谈及未来，朱丹说："以习近平同志为核心的党中央提出乡村振兴战略，《中共中央国务院关于实施乡村振兴战略的意见》更加增强了我做新型职业农民、发展现代农业的信心和决心，下一步，我将开拓有机果蔬、建设安装大型冷库、电商平台销售业务，尝试蔬菜种植与休闲旅游相结合，使年产值达到300万元。"

自信人生二百年，会当水击三千里。大学毕业生朱丹选择了做新型职业农民，也选择了一条现代农业的希望之路，虽然这条路上有挑战和坎坷，但朱丹说："我要继续加强学习，不断挖掘内部潜力，用知识创造未来，实现自己的人生价值。"

带领群众谱写“黄花致富曲”

——记吴忠市红寺堡区新型职业农民海玉林

不断学习是进步的基础，海玉林作为村里的致富带头人，结束了为期一周的考察学习回到红寺堡。“这次随红寺堡考察团到陕西杨凌学习，增长了见识，看到了差距，启发了思维。”海玉林说，作为一个农民，转型发展有了新的认识。

海玉林，吴忠市红寺堡区太阳山镇周新村村民，现年55岁的他看上去消瘦文弱，书生气十足，但他却是个地地道道的庄稼汉。他乐善好施，乐于助人，帮助村民担保贷款发展产业；他敢为人先，不辞辛劳，带领村民发展黄花菜产业脱贫致富的故事被村民们津津乐道。

乐善好施，乐于助人，为全村百姓担保贷款2500万元

周新村位于宁夏中部干旱带核心区域，这里干旱少雨。

海玉林和父辈都住在这里，他种有200亩的小麦、糜子，但庄稼十年九不收，年景好的收入也仅两三万元。

2008年，扬黄水通到了周新村，海玉林又耕种了56亩玉米，养了100多只羊，但收入依旧微薄。他不甘于贫困现状，颇有经商头脑的他，在村里开了第一家小卖部。在他的精心经营下，小卖部生意一天比一天好，村民们购买生活日用品都到海玉林的小卖部，渐渐地，海玉林一家的生活有了起色。

当年，周新村又陆续从彭阳县、泾源县搬迁来一批移民，这些移民基础差，底子薄，生活困难。虽然自家也不是很富裕，但乐善好施的海玉林还是经常接济这些贫困的村民。

妥玉明是从彭阳县搬迁过来的移民，妻子是个残疾人，还供养着两个上大学的子女，家庭十分贫困。海玉林主动找到妥玉明，为他的发展出谋划策。

“老妥，你要是没资金，我帮你担保贷款，你搞养殖，日子一定会好起来的。”海玉林鼓励妥玉明养牛。妥玉明听取了海玉林的建议。

海玉林帮助妥玉明在农行贷款2万元，并做了担保人。妥玉明购买了2头牛，经过两年滚动发展，妥玉明不仅还清了贷款，而且还净落了3头牛。之后，海玉林又为妥玉明担保，续贷了5万元。如今，妥玉明滚动发展到了30多头牛，年收入10万元以上。他逢人就说：“要不是老海

帮我担保贷款，就没有我今天的生活。”

和妥玉明一样，贫困户马临峰也是在海玉林的帮助下，从最初的5万元贷款起步，到现在建了一家小型养殖场，养殖60多头牛，年收入30多万元。

周新村共有650户村民，海玉林先后为480农户担保贷款，担保贷款总额共计2500万元，至今480多户无一人违约逾期，因此周新村还被农行、信用社等评为“信用村”。“找海玉林担保，他从不拒绝，60岁以上老年人不能贷款，否则海玉林能为全村人担保贷款，非常了不起。”村民们这样夸赞海玉林。

海玉林的妻子苏芬是村妇女主任，起初不理解他的做法，经常和他吵架。“为这么多人担保，万一还不上怎么办？”

“村民们都很困难，能够帮助大家脱贫致富，也是为我们自己积德，村民致富了，我也感到高兴。”海玉林说。

敢为人先，二次创业，
带领群众谱写“黄花致富曲”

海玉林一直不满足于“小富即安”的生活状态，他在寻找一条致富的新路径。他积极参加红寺堡区农牧局组织的各类技能培训，通过不断钻研和学习，他的发展理念有了变化，走产业化发展才是致富的必由之路。

2015年，红寺堡区大力开展产业结构调整，并出台优惠的补贴政策，引导和鼓励农民种植黄花，村民们都很抵触，但头脑灵活的海玉林却嗅到了商机。

2016年2月，海玉林独自一人到太阳山兴民村、陕西大荔县、湖南祁东县学习考察了20天，后在网上查询黄花菜相关报道和行情，通过考察学习，海玉林对黄花菜有了新的认识，深思熟虑后，最终下决心发展黄花菜产业。

随后，海玉林不厌其烦地上门做群众工作，说服周新村的30多户村民和他一同发展黄花菜产业。海玉林拿出家里18万元的“压箱底钱”，贷款10万元，又向亲朋好友借了70多万元，从陕西省大荔县购进了90万元的黄花菜苗。当年4月份，他将自己的56亩玉米全部改种为黄花菜，成为村里第一个种植黄花菜的农户，他还将剩余的黄花菜苗赊给了村里30户农户，共种植1720亩。

后来，海玉林又对周新村不同地块进行检测，发现硒含量非常高，他多方咨询联系，在村里建立了富硒黄花菜种植基地，并于2017年成立了“旺林家庭农场”，组建了一支由50多人组成的种植管理团队，他还通过积极参加新型职业农民培训班、外出考察、实地走访等方式，掌握了黄花菜种植技术。

“一个人富起来不算富，乡亲们都富起来才是我最大的心愿。”海玉林说，他一有机会，就向村民描述黄花菜的发展前景，讲述黄花菜种植的技术及销售渠道，打消了农户的顾虑。2018年，周新村有2000余人都投入到黄花菜的种植中。

海玉林深知信息就是财富，他自掏腰包，邀请自治区、吴忠市、红寺堡区的农技专家，对种植户开展技术培训，并带领大家积极参与到田间学校。起初，学到的都是理论，没有多少实践。于是，海玉林专门到兴民村“偷师学艺”，在村主任家边打工边学习，最终学到了黄花采摘、蒸煮、晾晒等一整套的技术。

随后，在黄花菜采摘期间，海玉林将学到的技术毫无保留地传授给了周新村村民。2018年7月初，周新村连续几个阴雨天，导致大面积的黄花菜无法采摘和晾晒，海玉林冒着巨大风险，将村民的鲜黄花菜以高于市场价收购，晾晒成1400吨的干黄花菜后统一销售，解决了周新村群众黄花菜加工和销售的难题。

功夫不负有心人。在海玉林的带动下，2018年，周新村黄花菜累计种植面积达5000亩，亩均纯收入2500余元，黄花菜成了周新村的支柱产业。

创新思路，不断进取，
甘当群众脱贫致富的引路人

黄花种植户的收入逐年增高，但海玉林很冷静，他看到了黄花市场潜在的风险。“村里的黄花面积越来越大，加工、销售等后续产业跟不上的话，最终会导致‘谷贱伤农’。”海玉林说。

海玉林在“旺林家庭农场”制定了一系列的科学管理规定，种植上实行“五统一”（统一生产计划、统一生产标准、统一施肥管理、统一技术服务、统一加工销售）服务管理，实行“产前、产中、产后”一条龙服务，投资100余万元，建设了2000平方米的晾晒场，锅炉房1间，

将标准化生产率提高了85%以上。

他认真钻研电商，通过学习、咨询，逐渐开拓了网上黄花菜销售市场，并培养专职人员负责，力图将周新村的黄花菜通过网络销售到更广阔的市场。

2018年8月，海玉林先后到福建、上海、浙江、湖南等地考察黄花销售市场，在浙江省宁波市的一家金针菇罐头厂，海玉林成了“编外招商局长”，不厌其烦地向该业负责人推介红寺堡，推介红寺堡黄花菜产业，最终，这名负责人被海玉林的坚持打动，表示将在红寺堡投资1亿元建设富硒黄花菜、金针菇深加工项目。

“10月20日，这家企业负责人派专人到周新村，提取了土样和水质。等化验结果出来后，11月底，企业就能签订建厂协议。”海玉林高兴地说。

作为一名农民，海玉林对种植业有自己独到的见解。

村里有8000亩的土地多年来一直闲置撂荒，海玉林看在眼里，急在心里：“如果能够将这些土地利用起来，能为老百姓增加不少收入。”

征得周新村村委会同意后，海玉林组织种植黄花菜的村民召开会议，研究周新村未来种植业发展模式，一致通过了开辟闲置的8000亩土地种植玫瑰花的建议。

海玉林表示，希望通过自己的努力，带动大家建设美丽乡村，将周新村打造成为一个以黄花菜、玫瑰花种植为主，旅游、参观、采摘等为辅的休闲旅游乡村，形成“种植—养殖—加工—销售”一体化生态循环发展的模式，让周新村的男女老少都参与到产业中来，使周新村的黄花菜、玫瑰花走向全国各地。

十年磨一剑　筑梦羊产业

——记吴忠市红寺堡区新型职业农民寇启芳

2018年末，吴忠市红寺堡天源良种羊繁殖养殖有限公司“农民田间学校”第二期开班，红寺堡区5个乡镇60多名养殖户聆听了来自国家绒毛用羊产业技术体系岗位科学家马利清的讲座。“要感谢寇总开办了农民田间学校，邀请北京的专家到红寺堡给养殖户培训指导，我这才明白养羊还有这么大学问。”大河乡河西村养殖户冯玉贵说。

冯玉贵所说的寇总，名叫寇启芳，是红寺堡天源良种羊繁殖养殖有限公司总经理。10年来，她孜孜不倦，致力于宁夏滩羊的选种选育、技术服务工作，尤其是在滩羊基因精确编辑育种技术和高档滩羊肉研发应用方面取得的重大突破，破解了滩羊产业发展的“瓶颈”，为宁夏滩羊产业的后续发展提供了可靠的技术支撑。

熟悉寇启芳的人都知道，这些成绩的取得，是寇启芳脚踏实地，一步一个脚印“闯”出来的。

下岗女工艰苦创业，
从“民间兽医”到“滩羊老板”

1987年，寇启芳从宁夏农校毕业，被分配到自治区农牧厅一下属单位工作。1999年下岗后，她面临着新的职业选择。为了充分利用自己所学的畜牧专业知识，年轻的寇启芳在银川南门附近开了一家兽药店，当起了一名“民间兽医”。

众所周知，作为一名女性，从事兽医工作要比男性辛苦得多。但寇启芳却不以为然，她常常骑上自行车，深入养殖户，为家畜禽看病、送医、送药，帮助养殖户解决实际困难。有时，她一天要骑行七八十公里，饿了，吃一口干饼子；渴了，喝一口凉水，在不到两年的时间内，她的体重下降了10多斤。

她吃苦耐劳、讲信誉的精神，很快赢得了广大养殖户的信任，大家都亲切地称她为“寇大夫”“寇医生”。与此同时，“寇医生”的技术有了更高水平的提升，服务范围和领域也进一步拓展。为了能够更好地为广大养殖户服务，她东凑西借，购买了一辆皮卡车，将自己的业务范围从银川周边拓展到区外。多年来，她的足迹踏遍宁夏南北以及周边内蒙古阿拉善左旗、乌海，陕西榆林、定边、靖边等地。短短几年之内，她累计出诊上万次，行程几十万公里。

同时，为了能更及时、准确地为养殖户服务，寇启芳日夜琢磨，探索建立了养殖户档案，创建了“科技联户”服务模式，服务周边畜禽养殖场（户）达到近200家，业务量增加了十几倍。在为广大养殖户带来了实实在在收入的同时，也实现了个人人生路上的重大转变，闯出了一片新的天地。

2003年，寇启芳离开银川，来到了一穷二白的红寺堡，在一片荒滩上建立了一家占地200余亩的养殖场，从300只滩羊起步，开启了筑梦羊产业的征程。

无私奉献勇于创新，累计为农户创造效益1.5亿元

创业并非一帆风顺，经过多年的艰辛奋斗，汗水和泪水织就了累累硕果。

经过多年的精心选育，寇启芳组建了5700多只滩羊基础母羊核心繁

育群，建立了种羊登记数据库与完整的选种选育信息档案。她充分利用已建立起来的技术服务平台、服务网络与技术团队，与红寺堡区周边11个县（市、区）畜牧技术服务单位、30多家中小企业及上百家养殖户建立了技术协作服务网（点）。

如今，通过寇启芳的努力和技术指导，累计向广大养殖户选育推广滩羊优秀基础母羊5万多只，优秀种公羊2万多只，推广滩羊专用全混合日粮6万吨、营养舔砖3000多吨。组织群众开展各项技术培训100多期，培训人数达1万余人次，开展科普讲座100场次，听讲人数达到1万余人次。

通过技术培训与示范推广，示范区规模化养羊场85%以上繁殖母羊实现了“两年三产”，小规模养殖户已实现“一年两产”，繁殖成活率平均达到147%以上。滩羊核心群串子花型裘皮比例达到53%以上，一级二级裘皮比例达到9%。全舍饲条件下，12月龄出栏羊胴体重25.6公斤。裘皮羔羊出栏时间由60天缩短到30—45天，出栏胴体12.5公斤，平均增加了0.9公斤。农户饲养一只繁殖母羊的纯收入由不足100元增加到200元以上，服务农户累计新增纯收入1.5亿多元。

由于寇启芳无私奉献，勇于创新，近年来，寇启芳先后获得自治区“优秀科技特派员”“劳动模范”“三八红旗手”等10多项荣誉。目前，红寺堡天源良种羊繁殖养殖有限公司成为宁夏唯一一家通过国家“动物疫病净化创建场”的规模化羊场。

在取得不俗成绩的同时，寇启芳还积极履行社会责任，助力红寺堡区的脱贫攻坚。

4年前，寇启芳在红寺堡的5个乡镇10个行政村，选择了100多个养殖户，常年进行羔羊早期断奶、饲草料加工调剂、滩羊疫病防治的免费技术指导。

不仅如此，以2017年起，寇启芳还选择大河乡龙源村35户双老户，每户捐助2只滩羊，2户特困户每户捐助3只滩羊进行帮扶；她还在龙源村建立了滩羊养殖扶贫基地，带动100户建档立卡户进行科学养殖。2017年10月，建档立卡贫困户赵强认领到寇启芳捐助的2只“扶贫羊”，经过1年的发展，赵强家的羊滚动发展到6只。

“今年羊价好，前不久刚卖了3只，算下来可以增收5000元，这要感谢寇启芳，在我困难的时候给了我脱贫致富的信心。”赵强感激地说。

创建劳模工作室，
攻克两道产业关键技术难题

唯创新者进，唯创新者胜。寇启芳在创新的道路上不屈不挠，不断进取。

红寺堡区是宁夏滩羊核心产区，2003年宁夏全面实施封山禁牧措施。科研基础设施落后、滩羊生产关键技术攻关与研发应用能力不足，滩羊存在生产性能低、体重偏小、增重慢、胴体等级较低等缺点，再加上国内外裘皮与羊肉价格的冲击，成为当前影响宁夏滩羊产业升级转型的三大“瓶颈”。

为解决滩羊产业发展的技术瓶颈，2015年，寇启芳组建了一支科研团队，成立了“寇启芳劳模创新工作室”，开始向这些技术难题发起攻关。

寇启芳是劳模工作室的领军人物，2年的时间里，她的团队和西北农林科技大学等高校和科研院所合作，以宁夏滩羊为种质材料，利用国际先进的分子聚合技术，培育出了产肉性能好、一胎多羔、无角、小脂尾等遗传性状高产、优点肉用型滩羊新品种（系）。同时，针对宁夏滩羊舍饲后皮下与内脏脂肪大量沉积，严重影响滩羊肉品质现象，寇启芳

带领技术攻关团队，通过调控母体营养提高子代肌内脂肪位点，开展高档（大理石花纹）滩羊肉生产技术研究，取得了重大突破。

“利用分子聚合技术开展滩羊新品种培育研究，在我国尚属首次，也是世界上分子聚合类型最丰富、种群规模最大的研究成果。高档滩羊肉生产技术研究与应用，也是国内首次开展的利用营养调控关键技术进行的研究。”自治区农业农村厅相关负责人介绍。

目前，“寇启芳劳模工作室”已培育出宁夏滩羊新品种300余只，培育“二代羊”24只，并稳定遗传。培育的肉用型滩羊新品种比原种滩羊体重增加了30公斤以上，而且多胎。配套应用高档（大理石）肉生产技术，可使滩羊效益提高2倍以上。

近年来，寇启芳积极主动与西北农林科技大学、宁夏大学等高校和科研院所合作，开展了“高档滩羊肉生产技术研发”“舍饲滩羊营养需要研究”“滩羊多胎性研究”“基因编辑与滩羊新品系培育”等多项关键技术研究与应用，并取得了初步成果，为宁夏滩羊产业后续发展提供了可靠的技术支撑。

2016年3月，寇启芳又投资新建了宁夏滩羊技术工程中心及产业示范园。“提升滩羊品质，让宁夏滩羊走向全国，是我今后努力的方向，也是我义不容辞的责任。”寇启芳说。

新的征程催人奋进，在提升滩羊品质这条科技之路上，寇启芳会走得更加坚定而从容。

新思维带民众走上脱贫路

——记吴忠市红寺堡区新型职业农民马德勇

吴忠市红寺堡区是全国最大的异地生态移民扶贫开发区。历经20年的开发建设，累计异地搬迁安置宁南山区八县移民23万人，谱写了“沙丘起高楼，荒漠变绿洲”的生态建设壮歌。2012年，马德勇响应国家政策，从固原旱作山区搬迁到了大河乡石坡子村，开始了他的新生活。

搬迁之初，马德勇信心十足，简单收拾了住宅就开始经营起了承包的6亩水浇地。然而，耕种过程中出现的产量低、效益低等问题，让这个以前从事旱地作物种植的山区汉子头疼不已。正在这时，他听说红寺堡区农牧部门举办新型职业农民培训，便毫不犹豫地报名参加。

2013年1月至今，马德勇每次都会去参加新型职业农民的培训，“通过参加新型职业农民培训，不仅开阔了视野、提高了能力，也为创新创业提供了有力支撑。”马德勇由衷地说。

基地引导，致富有奔头

多年来，石坡子村移民继续沿用传统农业种植模式导致的结果是农业增效缓慢、农民收入不高，创新能力不强、信息化程度低，土地收益差、农民种植积极性不断下降，传统农业模式已严重制约了当地农业发展和农民增收。“率先在自家承包地里栽植枸杞，经过自己的精心培育，科学管理，枸杞长势喜人，加之近年来枸杞价格一路上涨，收益很好。”参加了不同规模、不同层次培训的马德勇侃侃而谈。在他的带动下，之前很多多年撂荒的土地就这样实现了较好的收益，大片撂荒地几年内就发展成了枸杞种植区，仅此一项，村民收入有了很大提高。

2016年，马德勇在新型职业农民培训中受到启发，他拓宽思路，带领移民创办了吴忠市红寺堡区德勇枸杞种植专业合作社，组建了红寺堡区德勇枸杞协会，并注册拥有“硒之梦”农产品商标。

马德勇介绍，合作社入社农户180户，其中贫困户18户，季节性用工30多人，其中残疾人6人，年支付用工工资50万元。合作社现有土地面积3500亩，其中，枸杞种植2800亩，油牡丹400亩，青贮饲料种植200亩，枣瓜间作100多亩，年产量达200吨，年综合产值总额达500万元。目前枸杞种植，农副产品收购、加工、销售，枸杞苗木培育，病虫害防治，技术培训等工作都在开展。并正在建设枸杞种植初加工项目，360平方米封闭式枸杞加工房，枸杞清洗流水线，12台高效智能烘干机，20吨冷蔬保鲜库。“这些设施的完善，不仅提高了土地的利用率和收益率，有效增加农民收入，而且为村里剩余劳动力和部分残疾人提供更多就业岗位。”马德勇说。

乡村振兴的基础是产业兴旺，农业致富带头人在其中起着关键的作用。改革开放以来，一批致富带头人不忘初心、回报社会，在自身发展壮大的同时，不忘兴业富民、勇于承担推进农业产业发展、助农增收脱贫致富的责任。

扩大经营范围，增加收入渠道

“只有经营才有收益，只有扩大经营范围，才能有效促进多渠道创收”参加过多次培训的马德勇分享他的感受。为此，他积极筹措资金开办了占地面积6400平方米、建筑面积4200平方米的红寺堡区德勇铁艺制作加工厂，并带领员工积极创新创优产品品牌。目前，半挂车厢、行

吊、龙门吊、铁艺围栏、艺术大门、各种冲压件、大型桥梁模板、特殊焊接、枸杞果栈子、建筑用灰车等产品，在满足宁夏市场的同时，远销河南、河北、陕西、青海等地。

马德勇说："在现有产品畅销的基础上，还要积极与区内外加工销售企业加强合作，实现产品订单销售，这样不仅减少运营成本，还会降低市场风险，同时促进规模发展，在更大范围、更广领域内实现劳动力、资金和技术等生产要素的优化配置。"

注重利益联结，增强社员致富信心

如何破解传统农业收益低下，如何实现传统农业华丽转身，如何提高农民种田的积极性，马德勇首先想到的是转变农民的传统思想。"将经济效益与社会效益捆绑嫁接到农民身上，让一些看得见、摸得着、拿得起、放得下的变化和实惠呈现在他们面前。"马德勇说。合作社实行"统一供应农资、统一技术培训、统一标准化生产、统一品牌和包装、统一保护价收购"的"五统一"服务模式来联结社员，不仅保证了农户生产资料的及时供应，而且质量可靠，为成员成功种植提供了物质保障。

"现在，成员所用同等化肥比市场价格低89元/吨以上，年可节省62万余元。"马德勇说。合作社成员85%的农产品由合作社统一销售，不仅保证了农产品及时出售、回笼资金，而且每年可实现二次分配，为成员增收50万元左右。同时，合作社聘请农业知名专家作技术顾问，不定期举办农业技术培训会，较好地提升了社员综合技能。目前，合作社已被评定为吴忠市四星级专业合作社。

大学生返乡创业　养殖路上有作为

——记吴忠市红寺堡区新型职业农民马伏兴

在许多大学生热衷于涌向城市谋求一席之地的今天，仍有一些大学生选择回到农村这片广阔的天地，运用科学文化知识和经营管理能力，成为有文化、懂技术、善经营、会管理的新型职业农民主力军。毕业于固原师专外语专业的马伏兴便是一名投身于这支新生力量的人，是带动乡亲们开辟养殖业集群化发展之路的新型职业农民。现年36岁的马伏兴用6年的时间记运了新型职业农民的发展历程。

抓住机遇，搭上惠农顺风车

2012年，尝试过各种职业的马伏兴毅然决然选择回乡创业，在亲朋的介绍下加入到红寺堡区贺兴种植专业合作社。“虽然我没有深入接触过农业，但我上过大学，有思想，有知识，我相信我能在农村这片广阔的土地上干出一番事业，成就自己的未来。”马伏兴饶有兴致地说。由于他学历高，能力强，踏实肯干，勤奋努力，合作社对外接洽的事项就由他负责。一来二去，马伏兴认识了不少种养能手，这让他有了新的大胆的想法。

2013年马伏兴放弃了合作社的工作，选择自己创业，成立了“红寺堡区兴财养殖专业合作社”。合作社成立后，马伏兴又在红寺堡区大河乡乌沙塘村农业综合园区建成占地80亩的肉羊养殖基地。

“到目前，我们的合作社已经形成较大规模，逐步走向成熟和稳定。其中养殖暖棚2600平方米，羊只活动场地9600平方米，青贮池1200立方米，饲、草料棚各1座，消毒室、兽医室各24平方米，现代化养殖设施建设相对齐全，对于未来的发展，我更有信心，更有底气。”说到合作社的发展和养殖基地的成功，马伏兴不经意间真情流露。

技术引领，羊场踏上快车道

“知识是黑暗中的一盏明灯。特别是创业以来，我越发感觉到科学知识的重要性。要想让合作社得到更大更好的发展，就一定要学习先进的科学技术。”面对科学养殖、专业技术的巨大力量，马伏兴斩钉截铁地说。合作社成立后，马伏兴坚定地带着合作社成员多次参加县、市、区农牧局、农广校组织开展的农民实用技术、新型经营主体带头人、种养大户、科技人才等培训活动。在培训中他不断通过理论学习、现场观摩、座谈交流等活动开阔眼界，转变思路，学到了更多种植、养殖专业技术，掌握了合作社先进的管理经验。

“通过培训和学习，我和我的社员学到了很多种植、养殖技能，开始摸索科学管理合作社的方法，运用自身所学开创专业化养殖、科学化管理的新型合作社。”马伏兴说。几年来，在他的带动下，合作社不断建立和完善各项制度。建立健全会计核算员岗位制度，通过聘用专业会计核算员，对合作社财务进行监督，使合作社产权更加明晰，财务管理更加规范；完善专人专管、职责明确的人员管理制度，合作社成员各司其职、各负其责，自觉履行责任和义务；建立合作社议事制度，为确保信息畅通，运作有序，每个理事、监事、社员代表根据社员居住分布状况和生产状况，分工联系社员，做到社情员意上传下达；健全社员学习培训制度，学习培训做到有组织、有计划、有考勤、有笔记、有测试、有奖惩，确保每次培训学习有实效。2017年12月，“红寺堡区兴财养殖专业合作社”荣获吴忠市市级示范社称号。

转变观念，走上科学养羊路

“以前没有养过羊，没有养殖经验，一开始根本就不知道该干什么，怎么干，一切养殖技术都是参照过去的土经验、笨办法，一路走来，我切身体会到科学知识在农业种植、养殖上的重要作用。”马伏兴说。由于最初不懂养殖技术和疫病防控，马伏兴付出了惨痛的代价，损失上百头羊，经济亏损尤其严重。然而，通过多次技术培训，尤其是参加了新型职业农民培训学习，马伏兴转变了养羊不选种、养羊不防病、养羊不种草、养羊不加快周转的旧观念，从优良羊品种的选择到每年定期打防疫针，再到自己种草养羊、加快羊只周转速度，这些做法都大大提高了合作社的经济效益。

“学习科学的养羊方法，掌握先进的技术，这才是当前养殖业发展的有效捷径。”马伏兴感慨地说。为方便附近养殖户掌握先进的养殖技术，减少病疫传播。每到羊病高发期，合作社就会提前组织疫病防疫技术培训，请来防疫员手把手教乡亲们加强防疫防范。截至2017年底，合作社发展社员17人，辐射带动养殖户23户，举办养殖技术培训7期，培训养殖农户210人次，接种防疫羊只5600余只（次），为乌沙塘村肉羊科学养殖起到了积极的示范带动作用。

以诚相待，帮助乡亲共致富

“做事得先做人，只有你守承诺、讲诚信，才能赢得大家的信赖，才肯让大家信服你，愿意跟着你一起干。”马伏兴说。建厂初期为了发动乡亲们一起搞养殖，马伏兴挨家挨户去给乡亲们做思想工作，还把节省下来的钱高于市场价支付给工作人员。合作社成立后，他不仅将亲友发展成合作社成员，还雇聘家庭贫困的亲友到羊场里兼职打零工，从来不会因为是亲友而拖欠工资。好几个乡邻都实现了从最初一家养两三只羊，到后来一家养一二十只的转变，家庭年收入也从过去的几千元发展到现在的1.5万元左右。

“一定要互帮互助，实现共赢。只要我能帮，在发家致富的路上一个人都不能落下。”这是马伏兴的愿望，也是他的原则。2016年，全区羊价降低，乡亲们养殖热情也一落千丈。为了帮助乡亲们渡过难关，马伏兴以高于市场羊价10%的价格收购来自附近乡亲230只羊。2017年羊价恢复后，乡亲们又以当初收购的正常价格从马伏兴手中买回羊只，继续搞养殖。慢慢地，在马伏兴的带动和帮助下，很多养殖户都与合作社建立了合作关系，实现了养殖技术共享、销售信息共享。2017年，合作

社带动周边农户羊只饲养量达3120余只，养殖户年纯收入较普通农户高出1500元。

马伏兴的合作社养殖基地严格执行绿色、无公害和有机生态养殖标准，实行粪便堆沤处理生产有机肥技术，推进标准化无公害生产，进行“无公害产地”认证、“无公害产品”认证，注册羊肉商标，把产业做大做强是合作社新一年的发展目标，更是马伏兴和乡亲们的新期望。

“我相信在新型职业农民事业蓬勃发展的今天，和我并肩作战的新型职业农民会越来越多，红寺堡区的大河羊肉一定会走出本地，走出一条适合自己的特色发展之路，引领一方产业发展。”马伏兴坚定不移地说。

寄意黄花谋发展　芬芳人生结硕果

——记吴忠市红寺堡区新型职业农民苏海亮

他和所有人一样，有着对自己梦想的执着追求，凭借着一股吃苦耐劳、永不服输的创业精神，在党的富民政策鼓舞下立足实际，在增收致富的道路上带头发展农村特色种植产业，取得了很大的成功。他就是吴忠市红寺堡区太阳山镇致富带头人、吴忠市太阳山阳光农产品专业合作社负责人苏海亮。致富不忘左邻右舍，他带领周围群众努力学习新知识、新技术，刻苦钻研创业过程中出现的难题，开创了兴民村新农村特色种植产业发展的良好局面，为农民致富做出了贡献，他因此成为远近闻名的“新农人”。

勤学好问，脱颖而出

吴忠市红寺堡区太阳山镇兴民村，也算得上是“物华天宝，人杰地灵”的好地方，该村位于吴忠市的南大门，地理位置优越，但在改革开放前，由于相对落后的农业经营管理方式，农民的日子过得很穷很苦。在改革开放后，尤其是近几年来，在党的富民惠民政策的引导下，兴民村的老百姓锐意进取，开拓创新，大力发展黄花菜种植发家致富，大家的日子才快速好了起来，该村的苏海亮则是大家种植黄花菜脱贫致富的带头人。

“因为赶上了好机会，我主动报名参加了全部的培训课程，更深刻地了解到党的惠农支农政策，各级党委、政府帮扶农村青年创业就业的各项优惠政策，在我心里也种下了创业的种子。”苏海亮说。2014年，苏海亮回乡过春节，正是红寺堡区在太阳山镇组织开展农业科技推广、农村青年创业就业培训活动的主要时期。当同村的工友们都在准备外出务工的时候，苏海亮四处搜集创业信息，到村委会了解情况，到乡政府咨询有关政策，到农户家里询问黄花菜种植经验技术。经过一番思考，他明白了农村创业的价值所在，于是放弃待遇优厚的工作，决定留在村里艰苦创业。

说干就干，毫不迟疑。2014年5月，苏海亮就在兴民村承包土地，用仅有的积蓄购买黄花菜种苗，开始从事黄花菜种植，但是种植的风险很大，需要有较高的种植技术，起初开始种植，深层次的技术根本不懂，虽然日日辛勤耕作，但还是没有避免黄花菜持续不断地发病死亡，这使苏海亮损失几十万，还落得家里人的埋怨。“失败不可怕，重新再来，和家人商量后，一人前往湖南祁东黄花菜种植基地打短工，在当地虚心地向专家请教，细心地做详细记录，然后又去山西大同、陕西大荔、河南等地参加学习。”每每想到这些苏海亮感慨万千。经过一年多的努力，苏海亮终于掌握了全套种植技术，学到技术后他重返家乡，增强了种植黄花菜的信心和决心。没有本钱他主动向亲属借，没有土地他主动上门和邻居签署租赁合同，2015年10月正式成立阳光农产品专业合作社。

眼下苏海亮的合作社种植面积达2000亩，共投入资金300多万元。在外学习也让苏海亮长了见识，“合作社通过订单形式建立精密利益连接机制，通过‘集体服务’‘统购统销’的经营模式组织生产，成员间合作关系紧密，社员产品全部由合作社统一包装、统一销售，合作社为社员统一注册了‘兴茗萱’商标，社内正在建立信息网络平台，先进生产标准的实施，产业化程度的提高，品牌效应的提升，网络销售的畅通，为合作社产品销售效益的提高奠定了基础，2016年合作社销售收入达到200余万元。”苏海亮说道。

带领乡邻脱贫致富

“我现在种植黄花菜方面有了门道，就要让其他想要靠种植发家致富的人少走弯路。”苏海亮认为，所掌握的技术，都是上级领导、业务部门和父老乡亲们关心支持的结果，自己富了不算，大家致富一片红，自己要知恩图报，用已掌握的技术带领乡亲们都来发展黄花菜种植，让大家都富起来。

“通过学习、解读了党对农业的各项优惠政策，增强了我在新形势下当好一名新型职业农民的信心。作为新型农民，我们要关心人民身体健康，种植绿色环保的农产品，要质量第一、安全第一，要注重环境污染与农药的安全使用。学习发达国家发展现代化农业的经验，把自己

所学习知识运用到现实工作中，依靠科学发展农业；学习了科学种田知识和技术、信息技术、环境保护可持续发展等新的知识，发展前景非常好。”2017年苏海亮参加了红寺堡区科学技术局和农牧局举办的新型职业农民培训班的学习，并取得了职业资格证书，使他亲身感受到党和政府对农村、农业高度重视的真情实意，对农民关爱的拳拳之心，心中倍感温暖和亲切。

几年来，每年都要免费举办种植技术培训班3期以上，并把个人积累的种植经验编印成小册子赠送给大家，对于上门请教的种植户，苏海亮更是精心指导，做到有求必应，遇到解决不了的问题，他亲自上门服务。因此，群众都称誉苏海亮是一个热心人、忠心人、诚信人、有心人。在他的示范带动和热心帮助下，不少农户受到启发，跟着苏海亮学习种植黄花菜，目前已带动周边各县市5000多农户种植黄花菜3万多亩。黄花菜产业为全村增收拓宽了渠道，为全镇经济的发展注入了生机和活力。

振兴乡村义不容辞

经过几年的努力，苏海亮的合作社每年可获利200余万元。苏海亮虽然在种植业上取得了巨大的成绩和经济效益，但在成绩和效益面前，他异常清醒。苏海亮时常告诫自己：“成绩只能说明过去，并不能代表未来，广大乡亲离真正的小康，还有一定的路程，自己的事业也还需要更上一层楼。”

经过反复思考，2018年，苏海亮准备扩大自己的种植规模，形成规模效益。只有加大投入扩大再生产，企业才能有活力、有实力，广大农民朋友才能更富裕，合作社下一步准备进行技术升级，和中国农业大学合作，改良优化种植方式，使黄花菜种植形成产业链，提高附加值。在苏海亮的支持带头下，兴民村的种植业有了突飞猛进的发展，从而推动全镇乃至红寺堡区种植业的进一步发展，为红寺堡区的经济发展做出自己应有的贡献。

现代养殖　圆梦移民

——记吴忠市红寺堡区新型职业农民岳春武

在宁夏吴忠市红寺堡区有这样一个人，他不满足养羊、种地这种平淡的生活，坚信能够靠自己的努力赢得一片天地。最终他由一个只有10只羊的放羊娃成长为身价百万的小老板，成为时代的弄潮儿。他就是吴忠市红寺堡区宏昌养殖专业合作社理事长岳春武。

破旧立新，顺势而为

老家在海原的岳春武，2000年移民到吴忠市红寺堡区。刚搬迁到红寺堡时，这位来自西海固地区的农村小伙子，由雨养农业（宁南山区靠天吃饭）过渡到水养农业（红寺堡区为宁夏中部干旱带的引黄灌区），总有好多不适应。

“刚搬来的时候，有很多不适应的地方，也对自己未来的生活没有太多憧憬，不敢放手去干，也就维持基本生计吧。每年除了种植8亩玉米之外，成天就知道赶着十来只绵羊在开发初期的红寺堡荒滩上放牧，顺便挖些甘草赚点零花钱，10多年过去了，每年的收入勉强够解决全家6口人的温饱。”岳春武难过地说。

近年来，多次参加了自治区、吴忠市和红寺堡区举办的新型职业农民培训、产业扶贫培训和农村实用人才培训后，岳春武豁然开朗——发现用传统放牧和“一把草一把料”的饲养方式搞养殖是没有多大出路的。于是，他果断调整思路、转换方式，成立以滩羊选育、保种、繁育和育肥生产为主的养殖专业合作社，带领周边农户共同开启标准化、规模化、科学化肉羊养殖之路，让他万万没有想到的是，仅仅用了4年多时间，就在滩羊养殖中取得了可喜的经济效益。

“没有想到收益会这么好。现在我们的合作社不论从养殖技术上还是养殖规模都是当地数一数二的。”岳春武自豪地说。2015年岳春武再次投资100余万元，新建养殖场，扩大养殖规模，累计建设标准化羊舍6座7160平方米，饲草料棚2600平方米，青贮池2座3600立平方，办公用房及职工宿舍500平方米，防疫消毒设施90平方米（其中，消毒室30平方米，消毒池25平方米，兽医室35平方米），蓄水窖500立方米，蓄水池20000立方米，建成粪污设施1个，病死畜禽无公害化填埋池1个，购置科学养殖设备。合作社滩羊年饲养量5000只，出栏量3800只以上，年销售额超过200万元。

品牌就是优势

“一定要学会科学养殖，这样你的产品才会是高品质的。把这些都做好了接下来就可以树立品牌形象，打开市场了。”岳春武说。在搞好养殖的同时，他严格执行绿色、无公害和有机生态养殖标准，实行养殖粪污集中堆沤发酵后农田消纳利用，做到控药控添加剂，推进标准化无公害生产，顺利通过自治区农牧厅“无公害产地”认证、农业部“无公害产品”认证，向国家工商总局成功注册“君富盛”“宁硒阳坊”两个商标，为滩羊产品开拓了销售市场。

管理就是效益

“以前觉得农民不需要文化知识，可是自从我成立合作社之后，觉得知识太重要了。”岳春武感慨道。通过多次参加新型职业农民的培训，他掌握了丰富的管理经验，建立了财务核算机制，产权明晰，财务管理规范，按照农民专业合作社财务会计制度进行会计核算。同时聘请专业会计，建立独立账户，实行财务专管；构建合作社有效的风险调节机制和自我发展机制，增强合作社抵抗市场风险和拓展业务的能力；形成合理的盈余分配机制，合作社按照《农民专业合作社法》的规定，按交易量分配盈余的60%，再按剩余盈余进行二次分配，定期向成员公布公示财务收支情况及盈余分配情况；建立激励机制，对管理者、有经验的营销人员等，采取报酬与业绩挂钩的办法合理分配薪酬。经过几年的奋斗，合作社合理的运营模式让所有被带动户尝到了科学养殖肉羊的甜头，得到了全体社员和广大被带动农户的认可。

信息就是财富

“多次的培训，让我深刻感受到了信息的重要性。”岳春武说。通过“走出去”“请进来”等多种方式的培训学习让他悟出“信息就是财富”的真理，并在实践中全面践行。岳春武在自己积极参加有关部门举办的各项业务培训之外，还主动与宁夏农科院、红寺堡区农牧和科学技术局畜牧中心、天源公司等单位建立技术培训协作关系，聘请专家教授到场进行技术服务和实际指导，对合作社成员及滩羊养殖农户进行技术培训。充分发挥合作社桥梁和纽带作用，下联结好社员、上对接好企业和市场，及时捕捉市场销售信息。

“把握消费市场的信息，是销售的制胜法宝。”岳春武说。一方面与收购商签订长期肉羊供销合同，明确收购商、合作社、社员三方的利益关系，形成保护收购价协议，当市场价高于保护价时按市场价收购，当市场价低于保护价时按保护价收购。另一方面与买卖双方经纪人约定，滩羊养殖小户与规模养殖场执行同等价位销售，且尽量做到上门收购，不准压级压价，切实保障社员的切身利益。同时建立信息可逆追机制。利用前沿科技，持续养殖技术更新，时刻对成员进行跟踪服务，建立信息回馈机制，指导合作社成员按健康养殖技术规程进行标准化养殖。

成绩就是价值

“有付出就有回报。现在回想，我当年是尝试对了。”岳春武腼腆地笑了。新型职业农民培育开拓了岳春武的养殖思路，农村实用人才培训改变了他的思想观念，产业脱贫培训坚定了他从事养殖创业的信心。辛勤的耕耘也换来了累累硕果。目前，岳春武带动下的合作社社员达到130人，参与肉羊养殖农户220户，带动饲养滩羊量1万余只，全年出栏6000余只，年销售额达到400多万元，滩羊育肥只均纯收入达到200元以上，社员人均年纯收入增加2800元，较周边非社员农户高33%。为滩羊规模化养殖发挥积极的示范带动作用，也为推进滩羊产业化发展起到有效促进作用。2014年，吴忠市红寺堡区宏昌养殖专业合作社被评为“红寺堡区级示范合作社”；2016年，被评为“吴忠市级示范合作社”；2017年，被评为“自治区级示范合作社”；2018年，被评为“国家级示范合作社”。

机会是留给有准备的人的。岳春武用自己的一颗赤子之心，在新型职业农民的道路上，转变思路，走出了自己的风格；在实现全面建成小康社会的路上，劈波斩浪，奋勇向前，争做时代的弄潮儿。

学用新理念　做大蛋产业

——记固原市原州区新型职业农民樊永宏

现年50岁的樊永宏是固原市蛋鸡养殖行业中远近闻名的土专家，更是一名名气不小的新型职业农民，现任原州区彭堡镇宏科养鸡专业合作社理事长。他告诉笔者："自2009年牵头成立宏科养鸡专业合作社以来，在我的带动下，通过强化培训和服务，使合作社蛋鸡养殖效益稳定，规模不断扩大，带动周边不少农民通过养殖蛋鸡走上了致富之路。"每次想到这些，樊永宏心里就暖暖的。

功夫不负有心人。2016年，樊永宏被原州区人民政府授予“致富带头人”，并当选原州区第三届人大代表，他的蛋鸡养殖产业将越做越大。

疫情成就土专家

2012年4月，原州区头营镇杨郎村突发禽流感疫情，10万多只蛋鸡被杀。突如其来的疫情，使宏科养殖专业合作社的社员人心惶惶，都担心自己寄予脱贫致富厚望的数千只蛋鸡遭遇灭顶之灾。樊永宏看在眼里，急在心里。他按照区乡畜牧技术服务人员的指导，带领理事会一班人带着消毒器械和药品，每3天义务到各社员的鸡舍里帮助进行强制消毒，做到社不漏村、村不漏户、户不漏鸡，强化免疫。经过近2个月的不懈努力，6月份疫情过去了，合作社养殖区域没有死1只鸡，并在后半年社员因为所养鸡没有遭受禽流感的侵袭而收益颇丰，对樊永宏格外感激。这场疫情，使樊永宏深切认识到了科学防疫对养殖户的重要性。

为了生产安全，樊永宏利用合作社与陕西华秦农牧科技有限公司的合作关系，聘请该公司高级兽医师及西北农林科技大学教授，为社员提供重大疫病防治、养殖技术培训等长期服务，以提高社员的疫情防控意识和养殖技术。樊永宏也虚心学习，结合自己多年的养鸡经历，逐渐成长为经验丰富的蛋鸡疾病防控方面的土专家。

培训确立新理念

“随着合作社社员不断增加，养殖规模不断扩大，资金周转、饲料供应、鸡蛋质量、鸡蛋销售、老鸡淘汰等环节的问题越来越多，社员们面临的市场风险和自然风险也越来越大。这些问题必须尽快解决。”樊永宏说。

培训学习是关键。他借助阳光培训工程、新型职业农民培训等培训工作的大力开展，除了自己带头积极参加各类培训外，每年都要争取指标，安排合作社社员参加各类培训，让大家开眼界、长见识。他先后参加了在厦门大学、四川大学举办的合作社法人培训班，聆听高级专家、教授的培训讲座，受益匪浅。通过培训学习，樊永宏的思想发生了非常大的变化。他认识到，对于要把蛋鸡养殖作为一种产业来发展，会养鸡仅仅只是个开始，要学会搞产前、产中、产后服务，懂得经营管理才更加重要。面对困难，樊永宏与合作社理事会一班人学以致用，走出了一条扩大服务促发展的路子。

2014—2018年，合作社累计为1770户（次）社员担保贷款20800多万元，有效缓解了社员发展资金不足的困难。2014—2017年，农行固原市分行两次授予宏科蛋鸡养殖专业合作社为“守信用单位”。在樊永宏的大力推动下，合作社陆续为社员开展了设施采购、鸡苗采购、疫病防控、养殖指导、技术培训、产品销售等“六统一”服务，每年为社员节省养殖成本75万元。从2014年开始，合作社推广标准化生产技术，通过技术培训强化社员标准化生产意识和绿色环保意识，严格执行畜禽养殖业污染物排放标准（GB18596-2001），改善了农村生态环境。2014年合作社先后获得了自治区、国家无公害鸡蛋、鸡肉产品、产地认证。2015年，注册了“六盘梅”商标，产品进入宁夏、甘肃、青海三省区的城市中高端市场，大大提高了产品的附加值知名度。

通过开展全方位的服务，用新理念指导生产，使合作社取得了长足发展。社员从最初的30户，发展到目前的186户；蛋鸡养殖规模也从原来的20500只，扩大到目前的21万只。2017年，在鸡蛋行情低迷的情况下，合作社销售收入达到3040多万元，实现利润290多万元。合作社建立成员账户，按合作社成员数量，平均量化为合作社成员出资，计入合作社成员账户，年底实行按股分红。

2014年，樊永宏被自治区科技厅授予“优秀科技特派员”称号。2016年，原州区宏科养殖专业合作社被评为国家级示范社。

致富不忘众乡亲

2017年，彭堡镇蒋口村被确定为彭堡镇的脱贫销号村之一，樊永宏主动要求参与蒋口村精准扶贫工作，发挥特长，带领蒋口村的建档立卡户脱贫致富。

彭堡镇蒋口村有村民546户1988人，劳动力770个，土地面积13000亩，农民依靠传统的种植业要脱贫致富，局限性很大。如何破解这一难题成了人们关注的问题。在樊永宏的提议下，经镇驻村领导、驻村“第一书记”和蒋口村“两委”班子多次开会讨论，认为通过以建档立卡户及有意愿的农户为社员成立种养殖专业合作社，发展蛋鸡和林下生态养殖是一条行之有效的途径。樊永宏被委以重任。从养鸡产业园的选址、制订发展规划、棚圈设计、建设、设备选购，到成立“玉林果品种养殖专业合作社”等，他都亲力亲为。为了帮助蒋口村和周边农户养好蛋鸡，2017年1月，他争取自治区科技扶贫项目支持，邀请宁夏大学专家在

惠德村举办为期7天50人参加的蛋鸡养殖技术培训班。4月，他和村“两委”班子协商，在原州区扶贫办争取村级发展互助资金100万元，解决了养殖户资金短缺问题。宏科养殖专业合作社作为合作伙伴，为蒋口村提供相同服务。

目前，占地面积35亩的两个养殖园已经建成投产，总投资200万元，建成现代化标准鸡舍3栋，每栋养鸡1万只；建成林下生态养鸡场4个，养殖林下生态鸡17000只，共养鸡47000只。30户建档立卡户优先在园区就业。2018年蒋口村30户建档立卡户人均可支配收入达到3500元，比2016年增加500元，达到脱贫目标。2018年8月11日樊永宏通过彭堡村村委会选定的23户建档立卡户，为每户免费发放价值504元的成品蛋鸡20只、鸡笼1套、饲料10斤，总价值11592元。

樊永宏志存高远：“将来我想为宏科蛋鸡养殖专业合作社通过股份合作的形式办一个实体，以增强合作社的服务功能，进一步提高养殖户的经济效益。”原州区养鸡联合社已经酝酿成熟，他要把蛋鸡养殖变成一个大有可为的产业。

做活草文章　带富众乡邻

——记固原市原州区新型职业农民海军霞

眼下正是秋收季节，固原市原州区官厅镇军霞种植专业合作社理事长海军霞整日待在种植基地，现场指挥收割、装运，确保紫花苜蓿“颗粒归仓”。

对这7000多亩紫花苜蓿，她格外看重。这是合作社1500多头肉牛的“口粮”，也是乡亲们脱贫致富的希望。

海军霞今年35岁，还很年轻，但她坎坷曲折的创业经历、引带致富的典型经验令人叹服。

卖摩托，贩水果，搞运输，为了改变家庭贫困面貌，尝试了一个又一个行业。无论从事哪个行业，凭着勤劳智慧和从不服输的韧劲，她都干得风生水起。

学技能，转思路，长本领，响应党的强农惠农政策，她带头成立种植合作社，引进新品种、新技术，提高特色产业效益，引领乡亲们共同走向富裕之路。

她敢想敢干、处事干练，有担当、讲诚信，在当地群众中有很高威信，被推选为原州区、固原市、自治区三级人大代表。

不甘贫困，执着创业女能人

1982年，海军霞出生在原州区官厅镇一个贫困的农民家庭。姊妹六人，她排行老小。在海军霞的记忆中，父母每天起早贪黑，面朝黄土背朝天，在六七十亩山地里辛勤劳作，却只能勉强填饱肚子。由于家庭经济困难，海军霞初中毕业后，没有继续上高中，回家帮着父母务农。

“一定要想办法改变家里的境况，让父母过上好日子。”从小要强的海军霞暗下决心，要依靠自己勤劳的双手创造美好生活。在家务农两年后，海军霞怀揣梦想，去银川打工。她曾做过餐厅服务员、工艺品销售员等工作，辛苦打拼4年，经济收入却与她最初的设想相去甚远。但这段打工的经历，让她开阔了眼界，增长了见识，磨炼了意志。

2004年，海军霞回到家乡，与本镇青年海晓平结了婚。婚后，她看好当时农村摩托车销售生意，央求亲戚帮忙贷款5万元，加上打工的积蓄，在官厅街道开起了摩托车销售部。卖摩托车4年，净收入10万多元，更坚定了海军霞自主创业的信心。

其间，海军霞筹资17万多元，买下一辆隆德县城发固原市区的班车，雇请司机，自己售票。每天大部分时间在客车上度过，加上时不时地修车、调整班线，其中艰辛可想而知。然而，客运生意稳定的收入，让海军霞家的日子越来越好，她也成为乡亲们眼中的女强人、致富能手。

转变观念，带头做起草文章

海军霞清晰记得，2012年1月，冬闲时节，官厅镇举办农民创业技能培训班，恰好爱人替换自己跟班车，她便去凑了热闹。授课老师讲的“立足地方资源禀赋发展特色种养业”让她受到很大启发。

近年来，随着青壮年劳动力纷纷外出务工，村上出现了大量撂荒地。“土地，不正是很好的资源嘛！”海军霞决定在这些土地上做文章。走访固原市内知名的特色种养基地，咨询农业专家，她做足了“功课”。

2012年11月，海军霞带头，与其他5家农户联合，成立了固原市原州区军霞种植专业合作社，搞苜蓿种植、干草打捆以及包膜加工销售。当年，她流转1000多亩土地种植苜蓿，动员其他社员种植1200亩，加工收购苜蓿500吨。

做大做强产业，引进新品种、新技术是关键。海军霞一方面积极争取政府支持，引进优质籽种，为社员举办种植技术培训班。另一方面外出考察学习先进经验，进行规范化、规模化运营。在她的带动下，村里越来越多的农户加入了合作社，合作社的苜蓿产品销往宁夏多家大型养殖场。

数字见证变化和业绩：2014年，军霞合作社共流转土地2000亩，加工收购苜蓿900吨；2015年，新增流转土地1050亩，购置各类大型农业机械10台，加工收购苜蓿1200吨；2016年，累计种植苜蓿4600亩，通过订单收购苜蓿400吨，合作社社员增加至105户；2017年，首次组织社员种植中药材、小杂粮4000多亩；2018年，新增紫花苜蓿3600亩、秋杂粮500亩。

火车跑得快，全靠车头带。在军霞种植专业合作社的示范引领下，越来越多的群众重新回到黄土地上“淘金”。全村目前建成的苜蓿种植示范点、中药材种植示范点、小杂粮种植示范点，总面积1万余亩，辐射带动周边500多户群众依靠特色种植业致富。

不忘初心，引带乡亲奔富路

一人富了不算富，大家富了才是富。这正是海军霞创办合作社的初衷，几年来，她以自己的实际行动兑现了对乡亲们的承诺。

一有空，她就走家串户，和乡亲们拉家常，为他们谋划致富思路，并给予力所能及的帮助。

每个播种季节，她无偿为村里的贫困户提供籽种，手把手教种植技术，提供平价机械耕作服务。

合作社与种植户签订收购合同，确定苜蓿、小杂粮最低收购价，即使合作社吃亏，也要保证乡亲们稳定受益。

青年党员海小虎是最早一批加入合作社的社员之一。几年来，在海军霞的鼓励支持下，他的种植规模不断增加，收入成倍增长，成为村里有名的致富能手。由于勤劳肯干、致富有方，在2017年村“两委”换届中，海小虎高票当选为村支部书记。

村民海福，父母年迈需要照顾，几个孩子上学开支大，经济曾十分困难。加入合作社后，他调整种植结构，将几十亩地全部种上苜蓿、禾草，一门心思养殖基础母牛，平时他还在合作社打工。现在，他在临近公路的地方购置了宅院，建起了标准化牛棚，养牛15头，日子过得红红火火。

海小虎、海福是军霞种植专业合作社带富效应的缩影。目前，合作社有105户社员。据测算，合作社社员家庭人均纯收入高出全村平均收入800多元。

实干兴业。几年来，在海军霞坚持不懈的努力下，合作社不断发展壮大，在引领当地群众脱贫致富中发挥了积极作用，受到各级组织的表彰奖励。2014年，合作社被评为“固原市农民专业合作社示范社”；2017年，合作社被评为“自治区示范合作社”。海军霞也先后获得“全区优秀致富带头人”“宁夏巾帼创业之星”等荣誉称号。

不忘初心，方得始终。作为三级人大代表，海军霞特别珍惜这份殊荣。她说，这是乡亲们的信任，是组织的肯定。她要不断更新观念、提高本领，做一名与时俱进的新型农民，做乡亲们脱贫致富的领头雁，以实实在在的行动和业绩对得起这份沉甸甸的重托和信任。

我以我行率众行

——记固原市原州区新型职业农民陆小军

“那个娃娃本事有呢，就是不知道咋想的，城里生意做得好好的，不做了，跑回来养鸡来了，现在又成立了个土地股份专业合作社，就连别人不干的组长他还干得起劲得很，又没啥好处，还要自己搭贴钱，有些人还说闲话呢，都弄这干啥呢？”说起原州区彭堡镇彭堡村的陆小军，他父亲时常会埋怨地说。

当你问道陆小军这样做是为了什么，他总会说：“一个人富了，不算富，也没啥意思；我回来帮帮村里人，我以我的行动带动大家，一起致富，共同富裕。”他这种为寻求生活中有“意思”的思想，现在正悄悄地影响和改变着彭堡村和附近村民的思想和日子。

“衣锦还乡”养蛋鸡

2000年，18岁生日刚过的陆小军从固原农校毕业后，干起了“的哥”事业。随着在城市里生活阅历的加深和人际交往面的阔展，他边干出租车生意，边学习现代企业管理知识，他还抽空帮他舅舅联系批发鸡蛋生意。2007年底，陆小军投资80万元干起了“串串香辣翻天”火锅生意，餐饮生意如日中天时，他干了一件出人意料的事：2013年初他转让了城里的餐厅，回老家养起了蛋鸡。同年他发起成立了固原市原州区彭堡镇彭堡村晓鸣养鸡合作社。

有人曾打趣陆小军：“会说话的管够了，现在回来管不会说话的来了。”敢于尝试和探索农村农民“有意思”的生活，他当起了“鸡司令”。从鸡苗购进、养殖方法以及蛋鸡疾病防治等多个陌生领域开始了艰苦尝试和探索。2013年末，养了2000只蛋鸡的晓鸣养殖合作社遇到了一次鸡瘟，这对刚开始产蛋的成熟鸡是灭顶之灾，鸡死了近五成，直接经济损失近2万元。家人和朋友纷纷劝阻小军，别再养鸡了，干你的老本行吧。好强的小军无法放弃刚开始的新生活。“就算交了学费了。”他一遍一遍地安慰自己。2013年底到2014年小军不断去陕西户县、银川晓鸣养殖股份公司调研学习，多次参加原州区农牧局养殖培训学习班学习，并客请了养殖客座老师辅导养殖。知识改变命运，不屈不挠的学习精神和不向命运低头的倔强性格，改变了他这个新型的农民，他成了具有全新知识技能武装起来的新型“鸡司令”。

2014，他一次投资养殖蛋鸡16万只，他的养殖团队具备了规模化养殖需要的全新技术和管理，他的合作社当年创下了收入500万元的奇迹。

居高声自远，非是藉秋风。小军的养殖合作社在原州区养殖户中已是声名鹊起。为了养殖户的利益，他从鸡棚的搭建、鸡苗的购进、饲料的投放等各个环节全程跟踪记录，在合作社养殖客户起步阶段，他对养殖前期的资金投入是无偿的，也几乎是他全资投入的，他只希望农民能好好养，能在养殖中致富。他只能在养殖户鸡蛋和活鸡销售后陆续收回垫资，这种垫资行为风险是很高的，也是值得的，因为他相信他的养殖户是忠诚的，只是缺少资金、技术和销售渠道。他做了养殖户做不到的，低成本投入和高于市场价回购的关键环节，养殖户逐渐已成为他合作社一个个分散的养殖车间。小军养殖合作社就业人员已达到130人，产值每年超过600万元，养殖农民家庭年收入超过5万元。同时打出了“六盘梅”无公害绿色商标。拥有“六盘梅”商标的蛋、肉目前远销兰州、西安、银川等地。

“临时受命”搞新合

彭堡村七组有56户家庭，其中特困户和低保家庭就有16户，占全组家庭户数的29%。七组这个长期在彭堡村历史上保持“困难组”名号的最小生产单位，随着社会改革和城乡就业渠道的拓展，组长这个毫无油水的“官”已是无人问津了。2014年，彭堡村村委会找到小军，让他当七组长期空缺的组长，起到一个组织建制作用，他接受了。2015年末，小军发起成立了固原市原州区新星土地股份专业合作社，建立“土地变股权，农民当股东，收益有分红”的新型经营机制。合作社入股土地1000亩，托管土地32亩，入股农户60户，入股资金12万元。针对土地收益不高，农民种植兴趣不大的问题，他大胆提出对土地出租，并引进来自海原七营、黑城3家种植枸杞的客户，以每亩650元价格出租400亩土地，租期2年，每年每亩合作社收取50元管理费，作为合作社基金，给农户每年每亩600元租赁费。农民是兴奋的，不但得到了租赁，也得到了在家门口打工的机会，男短工每天100元，女短工每天80元，地租的收入和打工收入突破了以往种植年份的收成。每户2016年收入比上年同期增长了30%，即每家多收入3000元。

2017年初春，原州区旱象比往年厉害，春季无法下种。陆小军着急了，他跑了好几家对口单位，微水滴灌项目可以节约用水，这种种植方法，打破了传统大水漫灌的形式，适合十年九旱地方长效农业的发展。在他的积极奔走下，项目到位了，打了机井两眼，700亩旱田微水滴灌设施配套成功。新成立的土地合作社全部包揽了化肥、农药、种植机械费，薄膜农业部门扶贫投资，谷种子他以订单回购方式解决了，农民只是自己出出力气，这在彭堡村农民种植史上从未有过。一眼望不到头的谷田，沉甸甸的谷穗弯着腰，微风吹来掀起一波波的黄色谷浪，远处几个农民在燃放爆竹惊吓正在吃谷穗的麻雀。

“今年七组天天有喜呢。”这何尝不是呢！小杂粮种植每亩可让七组成员增收1000元。田间道路也修好了，砂石路两边种上了绿化的碧

柳，打造园林式的新型农田在彭堡村是可以实现的，为此陆小军自己也付出了6000元投资，种植户一分都没有出。

700亩谷子收割后，一般谷草都成了废料。“不能浪费这些谷草”，他考查了肉兔养殖业，肉兔能够消化谷草。在跑好兔肉销售渠道后，合作社投资30万元建起了600对以贫困户为主体的肉种兔养殖基地，合作社统一回购谷草，仅回购谷草农户每亩就能增加200元收入。兔粪无偿还田不但促进现代农业发展，也为无污染长效农业开了个好头。

2018年，合作社种植小杂粮谷子600亩，并配套滴灌带、喷灌，铺设地膜；种植玉米230亩；建设试验示范展示园102亩，展示园种植谷子、豌豆、毛豆、羽扇豆、蚕豆、冬小麦等42个品种；托管土地32亩，提供新品种，种植技术，产前、产中、产后全程跟踪服务。合作社试验采摘豆角获得了亩均6000余元的经济收入，丰收的喜悦促进了农民采摘园种植的积极性，也带动周边农民种植的积极性。未雨绸缪，为提高农产品附加值，反季节销售，陆小军自筹资金建设200吨冷库，500平方米生产车间，为社员提供贮藏、加工、销售等服务。

机会都是留给有准备的人。面对未来，陆小军和他的团队迈出了跨越式的一大步：规划发展采摘园264亩，计划种植豌豆、毛豆、甜瓜、小西瓜、小番茄、地薯、鹰嘴豆、水果玉米、各类地瓜，进行新品种试验示范，绿色蔬菜、花卉展示，建设田间道路、田间休息厅、儿童娱乐场所，农耕文化展示园，这将给农民带来高于传统种植业收益的180%。

我以我行率众行。陆小军的计划里还有许多关于农民、土地的思路，也有小杂粮深加工，农民退休待遇等新设计，而这一切需要时间印证，他和他的团队正在践行的路上。

知名"土专家"　抱团发"牛财"

——记固原市原州区新型职业农民马万武

"老马，你过来看一下，我家一头牛最近咋不肯吃料，掉膘了。"2018年10月20日一大早，原州区富源肉牛养殖专业合作社理事长马万武泡了一杯茶，正要吃早餐，便接到了这样一个求助电话。

"嗯，嗯。这就过来，你别着急。"他一边应承，一边抓起水杯，走向停在院里的轿车。

自合作社成立以来，上门提供技术服务，为社员排忧解难，已成为马万武的常态。

成立原州区第一家养殖专业合作社，打造肉牛规模养殖“石羊模式”，成立“农民田间学校”，引进国外高档肉牛……在多年的创业历程中，马万武有许多这样的“非凡之举”。

20多年摸爬滚打，马万武实现了从养牛“门外汉”到知名“土专家”的成功嬗变，也引领乡亲们奔上了致富路、幸福路。

探索规模养殖新模式

石羊村是一个回族聚居村，全村886户3267人，耕地1.1万亩。当地素有养殖传统，但规模和效益多年在低水平徘徊，群众生活困难。

作为一名退伍军人，马万武心想，自己应该带头闯，闯出一条脱贫致富的路子，改变家乡贫穷落后面貌，让乡亲们过上好日子。

借鉴周边经济发达农村先进经验，充分考虑村情实际，他将肉牛养殖确定为主攻方向。

要引领大伙发展养殖业，自己首先得成为行家里手，马万武深知这个道理。1993年至1995年，他在自治区职业技术学校参加畜牧专业培训，系统学习了科学饲养技术、饲草料调制技术。完成学业后，他还多次前往山东、陕西、内蒙古等地，实地考察规模化养殖和市场销售经验。

做足了“功课”，他开始养牛、贩牛。他养的牛个个毛色鲜亮、膘肥体壮，出栏快、收益好。从事贩牛行业，他注重捕捉各地市场信息，多进行跨省区贩运，生意搞得风生水起。几年时间，他成了当地有名的养殖大户、致富能人。

一人富了不算富。养牛养出了名堂，马万武便着手带动乡亲们一起发“牛财”。

2008年，在原州区农牧局的帮助下，马万武注册成立了原州区头营镇富源肉牛养殖专业合作社，这在原州区尚属首例。

合作社如何运营，当地没有现成经验可以借鉴。马万武边干边摸索，采取“合作社+基地+养殖农户”的形式，将分散的养殖户组织起来，与变化的大市场有效链接，逐渐探索出了一条合作互助发展、带动群众共同致富的好路子，形成了特色鲜明、示范效应凸显的“石羊模式”。

简言之，“石羊模式”实现了“三转变”“四提高”。“三转变”，即以肉牛养殖专业合作社为主体，转变服务方式、经营方式、融资方式；“四提高”，即提高养殖规模、科技水平、组织化程度和经济效益。“石羊模式”对原州区乃至固原市草畜产业发展发挥了重要的推动作用。该模式引起各方关注，先后被多家新闻媒体报道，被《宁夏政策研究》《当代畜牧》等作为典型经验推介。

“田间学校”教技术育民风

缺资金、无技术，一直是制约农村广大群众脱贫致富的瓶颈。石羊村亦不例外。

借着金融扶贫政策机遇，通过三户联保、合作社担保的方式，马万武为村民协调贷款3500万元，成功破解了发展资金短缺问题。如今，350户村民户均牛存栏15头左右。

“技术甚至比资金更重要！”马万武深知，自己之所以走到现在，正是由于有文化、懂技术、会管理。固原市农广校、原州区农广校举办的培训班，无论多忙，他都赶去听课。特别是2015年以来各级农广校举办的新型职业农民培训班，更让他开阔了眼界、更新了理念、增长了才干。

“授人以鱼，不如授人以渔。”2015年，马万武找到原州区农广校负责人，希望开办一所“田间学校”，以培养更多新型职业农民。他的想法得到了农广校的大力支持，“石羊农民田间学校”很快挂牌成立。

“田间学校”首期培训班，马万武挑选村上20户养殖大户作为学员。肉牛养殖技术、饲草调制技术、圈棚改建技术、新型职业农民相关理论，课程排得满满当当。除了邀请农牧专家授课，马万武也登上讲台，讲自己的创业经历，讲自己积累的养殖经验。按照培训方案，他还指导20名学员分别制订了家庭养殖发展规划，并时不时地上门督促落实。2017年，这20户群众的养殖收入均在15万元以上。

“田间学校”每年举办4期培训班，每期学员50名。截至目前，已累计培训650人次。

马万武还对其中20名优秀学员委以“重任”：每人承包5户一般养殖户，定期上门开展驱虫、开胃、繁育、育肥服务，并手把手教技术。

“‘石羊农民田间学校’不仅教会了群众养殖技术，提高了经济效益，更重要的是提振了全村群众的精气神，涵养了邻里和睦、团结互助的好风尚。”《固原日报》一篇报道中如是说。

洋牛落户石羊村

作为全村养牛产业的掌舵者，引进适合本地饲养的优良品种是马万武的“分内”之事。

2016年10月，马万武随同固原市农牧局有关负责人前往澳大利亚，考察现代农牧业。当了解到澳大利亚安格斯基础肉牛生长速度快、肉用品质好、屠宰出肉率高，马万武兴奋不已。

2017年6月，在脱贫攻坚产业项目支持下，4200头黑安格斯基础母牛漂洋过海，被从澳大利亚运到原州区。农牧部门委托马万武将它们发

放到农户手中。

“这洋牛个个身价不菲，能不能适应咱这儿的环境，该怎么侍弄它们？”牛牵回去了，养殖户却有些犯怵。对此，马万武早有打算。洋牛落户，他立即与原州区农培中心联手，举办黑安格斯基础母牛养殖与管理技术培训班，从各村遴选70名有一定文化基础的养殖户进行专业培训。此次培训，为洋牛“融入”本地生活提供了坚强保障。截至目前，所有黑安格斯基础母牛均已生产，牛犊成活率达98%。

成功属于奋斗者。马万武20多年执着努力，蹚出了一条养殖产业富民之路，探索出可复制可借鉴的宝贵经验。富源肉牛养殖专业合作社被评为“国家级示范社”，马万武也获得了“全国农村青年创业致富带头人”、自治区“十佳农民”、固原市“全民创业之星”等多项殊荣。

从“泥腿子”到“马老师”的蜕变

——记固原市原州区新型职业农民马希礼

一天学校都没进过的马希礼，现在被人称为“马老师”，他很喜欢这个称呼。这是众人对马希礼养兔10年来付出心血的肯定，也是对他认真走过的每条坎坷路途的礼赞。

如今在他的潘家庄养兔场，兔舍整齐有序地排列着，硕大洁白的兔子在各自的屋舍内欢腾，大雁优雅地在林间阔步，鸡鹅无虑地嬉戏，一副田园生活画卷扑面而来。

扎根农村里，埋头苦创业

马希礼说："我自幼家境贫寒，十几岁就离家闯江湖，在这个过程中，自己硬是从车票、旅店等等能接触到的汉字中学会了识文断字。"他上过新疆，下过江南，最终在吃尽了生活的苦头后，回到了他熟悉的家乡固原，开始用十几年积攒的经验经营起一家小百货铺。小百货铺租用原来固原老汽车站的一间平房，为了减免房租，他又起早贪黑担负起汽车站的保洁工作。天道酬勤，在他不计辛苦的拼搏中，老天也高看了这个人一眼，他赚到了人生的第一桶金。

当时，汽车站是固原城区人流量最大的地方之一，地理位置好，生意一天比一天好，正当他准备升级铺面大干一场的时候，遇上汽车站整体搬迁，他的铺面随着汽车站的搬迁而寿终正寝。

知道马希礼的人，都说他是一个闲不住的人。虽然不能继续从事原来的生意了，但是他从政协这个渠道了解到，固原是个少数民族聚居区，养牛、养羊、养鸡的人遍布各乡镇，但是养兔的却很少，尤其是兔肉产业还是个空白。而兔肉营养价值高，高蛋白、低脂肪的特色，很受市场的欢迎。而原州区中河乡漕河村比较贫困，村民观念陈旧落后，但是该村交通便利，离固原城区近，土地丰富，境内种植大片的苜蓿，可以做饲料。正是了解到的这些情况，催生了他的大爱情怀，那就是如果自己带头在该村从事养殖业，进而带动更多的贫困村民加入养殖行列，既可以使他们摆脱贫困，又能赚钱，岂不是两全其美吗？说干就干，当年他就来到中河乡漕河村，承包了一所废旧的学校，办起了养兔场。

困难万千重，决心定成功

创业的历程是艰苦的，不是一帆风顺的。2009年秋天，漕河村的玉米喜获丰收，田地里到处是玉米秸秆，大量的秸秆正是兔子的美味佳肴。勤快的马希礼，看着茫茫玉米田，做着玉兔升天的美梦。当时，他拿出1万元，从山东嘉祥县购进种兔50只，看见这些白白胖胖的兔子，他的心中燃起了致富的美梦。但是运输过程颇为艰难，经过长途颠簸，等到种兔运回固原后，死了20只，只剩下30只，其中18只公兔，12只母兔。仅靠着这点家底儿，他开始养兔生涯。

勤于学习，不负有心人。刚接触这个产业，马希礼啥都不懂，他打听到固原疾控中心兽医郭建平懂得养兔技术，就跑去找郭建平。郭建平也是热心人，看着这个老实巴交的汉子已经拉开养兔的架势，就教他如何防疫、如何识别公母、如何选购优良品种，并帮着他在其他地方选购优质兔种，在郭建平的悉心带领下，马希礼从门外汉变成了养兔的行家。

“家养三只兔，供养油盐醋。”“家养十只兔，供养绵和布。”“家养十只兔，由贫变成富。”这些耳熟能详的俗语增加了马希礼养兔的信心和勇气，加上1只母兔每年平均可繁殖30只兔子，4个月可以出栏，每只兔子按50元售出，1只兔子一年就可以收入1500元，看来这是个好行当，只要人勤快，养兔绝不会亏待人。

俗话说，师傅领进门，修行在个人。马希礼是个有心人。为了让自己的养兔事业有个好的明天，他几乎倾尽全力。有一段时间，他买来学习资料，天天学习，时时琢磨，蹲在兔舍里一看就是半天。在饲养过程中，他观察兔子的嗜好、习惯、健康状况，在实践中学习饲养技术、防疫技巧，慢慢地，他自己根据兔子的状况配置了兔子喜欢的饲料、摸索着配置出了防疫的药方。并创造了一项奇迹，那就是通过不断地用优质的种兔杂交，最后竟然繁殖出了宠物兔——雄狮兔，宠物兔头部毛长若雄狮，身材矫健，煞是可爱，很多人从他这里购买宠物兔后，拿到宠物市场，以高价出售。随着兔种的不断杂交优化，他饲养的兔子品种也越来越好，肉质细嫩鲜美，色泽干净，口感上乘，成为周边群众热衷追捧的美食之一。他养的兔子出栏多少销售多少，甚至供不应求。在市场的推动下，他的养兔规模一天天在扩大，从原来的30只到300只，到1000只。

传播好手艺，带动一方人

周围群众看见马希礼养兔事业日渐红火，更多的人希望他带着自己走上致富路。他是个热心人，毫无保留地将自己的种兔送给大家，等到年底，又将饲养成型的兔子回收回来，在他的带领下，有一批人加入了这个行业。2012年1月，在他带动下，原州区成立了优录思兔子养殖合

作社，自此固原市首家兔肉品牌“优录思”也诞生了，漕河村49户农民成为合作社的第一批社员。

敢闯敢干，马希礼迎来了事业的春天。由于他饲养的兔子品种好，肉质鲜美，固原城区的10多家餐厅上门和他协商销售事宜，随之固原城区各大超市也成了他的合作伙伴，这样2015年他的饲养规模从原来的2000多只增加到3000只，年出栏1万只，收入也增加到20万元。

致富不忘众相邻。马希礼致富后，不管是哪个村的村民，只要希望在马希礼这里学习养兔技术，他都毫无保留地将技术传给大家。在他的带领下，2016年成立了原州区养兔爱好者协会。作为会长，马希礼每天在3个500人的微信群里随时免费、义务解释、回答大家的问题，并不时给养兔户讲课。2016年，他被原州区农牧局评为畜牧师，当年被聘任为原州区科技特派员。免费、义务讲授养兔技术，让他获得了尊重感和价值感，也使他完成了一个从没有进过学堂的泥腿子到“马老师”的蜕变。

现如今，马希礼的扶持户从原州区各乡镇扩大到宁夏境内同心、海原、中宁等地并走出宁夏，走向甘肃。

科技托起创业致富梦

——记固原市原州区新型职业农民明生宏

金秋时节，原州区河川乡明川村的田野里，正午的阳光下，一眼望不到边的苦荞散发着成熟的芳香。致富带头人明生宏操作着大型收割机在苦荞地里作业。600多亩苦荞大获丰收，他被汗水打湿的脸庞洋溢着喜悦。

现年39岁的明生宏，人生经历可谓丰富。高中毕业后参了军，退伍后外出务工，卖过蔬菜，摆过地摊，当过保安，贩过煤炭。2008年，他回乡创业，在黄土地上书写着勤劳致富的精彩篇章。

10年打拼，他不仅成为远近闻名的致富能人，而且勇做原州区新型职业农民排头兵，大胆引进新品种，大力推广新技术，做给大伙看，带着大伙干，为地方脱贫攻坚作出了积极贡献。

抱团发展增效益

和西海固很多贫困地方一样，明川村群众多年依靠种地、养殖、打工维持生计。土地瘠薄，看天吃饭，遇到不好的年景，连籽种也收不回。养牛养羊，一直小打小闹，没有形成规模，经济效益低。打工，一年到头挣个万把块，又顾不上种田，不少土地因此被撂荒。

“发展规模化养殖，是咱村的根本出路。”回到家乡，跟乡亲们谈起致富话题，明生宏总是如是说。

在外打拼多年，跑过不少地方，他眼界宽、思路活，说的话大伙信服。起初，他动员几户群众，一起成立了固原市原州区骏宏养牛专业合作社。

建标准化养殖圈棚240平方米，选购西门塔尔基础母牛30头，明生宏拿出所有积蓄，干得热火朝天。

“花钱买草料，还要雇人喂牛，这么个养法，还能赚钱？”不少村民投来了质疑的目光。

事实最有说服力。半年后，这批牛陆续出栏，除去各种费用，净收入3万多元。其他几户社员养殖规模较小，收益增加几千元至一万多元不等。看到这结果，不少群众动心了。

对一些仍在等待观望的群众，明生宏除了挨家挨户上门做工作，还邀请固原市、原州区农牧部门的专家在村里连续办了两期培训班。专家深入浅出地讲解了当地发展养殖业的资源优势、国家对特色种养业的扶持政策、优质牛羊肉的市场需求，还走进养殖圈棚，手把手教村民科学养殖方法。

就这样，很多群众打消了疑虑，纷纷加入合作社。一时间，村里出现了“家家养牛、户户建棚”的火热景象。

“既然动员大家入了社，就要为社员负好责、服好务。”有了新的惠民政策、扶持项目，明生宏第一时间向社员宣讲，帮助大家积极争取；社员发展缺少资金，他跑邮储银行、信用联社，几年累计为村民担保贷款2300多万元。

培训学习转理念

思路决定出路，态度决定高度。高中毕业，部队历练，又有丰富的社会阅历，在乡亲们眼里，明生宏是个能人。但他觉得，只有不断“充电”，才能与时俱进，当好现代农民。

2015年，明生宏先后参加固原市农广校、原州区农广校新型职业农民课程培训，系统学习了农业企业创办的基础知识、农产品营销基本知识与技巧、现代信息技术应用等课程。他还和其他学员一起到陕西杨凌及市内知名种植、养殖基地考察，实地学习特色农业发展经营先进经验。

通过学习，明生宏的理念发生了巨大转变。尤其是专家讲授的牧草产业广阔前景及亲眼看到的成功案例，引发了他的深入思考。他决定在坚持做好养殖业的同时，利用当地大量的土地资源发展牧草产业，实现“两条腿”走路。

说干就干。明生宏在本村及河川乡黄河村、张易镇南湾村、官厅镇高庄村流转土地，种植紫花苜蓿3200亩。

“从事农业产业，如果延续传统耕作方式，不仅人工费用高，而且生产效率低；只有提高机械化程度，才能保证好的收益。”四处考察，算经济账，明生宏对持续发展牧草产业有了清晰的思路。

他多方筹措资金，一次性购置了苜蓿割草压扁机、搂草机、方捆机、青贮包膜圆捆机，实现了紫花苜蓿种植、收获、前期加工全程机械化作业。这不仅提高了生产效率，还大大节省了人力成本。

“跟着明生宏干，准没错。”基于养殖合作社的成功运营，明川群众不再迟疑，纷纷加入到紫花苜蓿种植行列中。

在明生宏的带动下，近四年，合作社紫花苜蓿种植面积稳定在6300多亩，经济效益可观。据测算，种植户每年户均种草收入2500多元。

科技引领创业路

参加新型职业农民培训，让明生宏深深认识到，只有紧盯市场需求，不断引进新品种，应用新技术，产业发展路才能越走越宽。

正是基于这样的认识，原州区、固原市举办的各类创业就业技能培训班上，总有明生宏的身影。每年陕西杨凌举办的农博会，无论多忙，他都要抽空前往。

他大胆引进新品种、新技术，解决了产业发展中的一个个难题，加快了当地群众脱贫致富步伐。2016年，明生宏被聘为自治区科技特派员。

为提高养羊效益，2015年，明生宏两次从山东引进杜波绵羊77只。该品系绵羊繁殖快、肉质好，适宜本地养殖。两年多时间，他的杜波绵羊已繁殖到300多只，每只羊市场价3000多元。他以优惠价向周边群众提供种羊，带动群众养羊500多只。

针对牧草产业发展需求，他先后引进中牧4号、中牧1号、陇东4号等苜蓿籽种。经过种植试验，最终确定陇东4号为当地首选良种，带动

了当地牧草产业发展加速度。

明生宏多方考察，从四川阿坝州引进苦荞，从安徽亳州引进芍药试种。待见了效益，他将动员乡亲们大面积种植。

明川村有几百亩红梅杏，正常年份，一棵大树产值可达2000多元。然而，每年农历四月八左右的霜冻，往往导致红梅杏严重减产。明生宏看在眼里，急在心上。他几次邀请西北农林科技大学、西北水保研究院相关专家前来问诊把脉。最终，专家开出了良方，采取喷洒防冻剂、建拱棚、做支撑架、在树顶盖遮阳网等办法，有效降低了霜冻灾害损失。

几年时间，明川由一个贫困村转身为远近闻名的富裕村。村民们说，明生宏当记首功。明生宏说，国家实施乡村振兴战略，农村又迎来了新的发展机遇，他要和乡亲们一起努力奋斗，让明川的明天更美好。

小草成大业　带富一方人

——记固原市原州区新型职业农民邱雪峰

在固原市原州区，大家只要提起苜蓿，就会想起邱雪峰，并且津津乐道。因为，邱雪峰是第一个把苜蓿作为产业发展“吃上螃蟹”的人，也是一个另辟蹊径创出“小草大业”的农村致富带头人。

结缘草产业

邱雪峰23岁就投入商海，先后从事过各类农副产品的贩运，目的就是为了把乡亲们种植的农产品、养殖的畜产品卖出去，使自己成为农民与市场的纽带，让农民有更多的收入。

机会始终是留给有准备的人。一个偶然的机会，促成了他在草业行业大展宏图。2009年，已过而立之年的邱雪峰贩运一车麸皮到了内蒙古一个知名的奶牛场，第一次见到了打成方捆的苜蓿草，这是刚从美国进口而来的，价格每吨330美元，当时折合人民币2600多元。

“自己第一次知道苜蓿草还能卖钱！第一次知道苜蓿草价格这么高！”邱雪峰感慨道。

受到巨大冲击的他陷入了深深的沉思。当时固原开始实施退耕还林还草项目，农户漫山遍野地种植着苜蓿。

“美国的苜蓿能隔山涉水来到中国，有什么理由让我们中国固原的苜蓿望洋兴叹呢？”这件事彻底颠覆了他已经固有的靠贩运让乡亲们增收的思维定式，他要进入苜蓿这个行业，要让中国的苜蓿成为产业，自己要在苜蓿上大做文章。

思想是行动的指南

邱学峰带着“为什么我们的苜蓿草卖不了钱”这个疑问拜访了原州区草原站、固原市草原站、自治区草原站和宁夏大学草业科学系、宁夏农科院等单位的有关专家，弄清楚了我们的苜蓿草卖不成钱的原因：苜蓿品种不行；农民种植理念落后，没有标准化种植；苜蓿种植地不易机械收割，没有收割机械。问题找着了，就问解决问题的办法，也得到了答案：更新高产优质苜蓿品种；把农民组织起来进行规模化生产；像种庄稼一样进行苜蓿种植管理；在平整的土地上种植苜蓿并适时进行机械化收割打捆；配备必要的大型机械设备。随后，在经过缜密的思考后，他决定在苜蓿草产业上放手一搏，一定要在家乡把苜蓿草变成商品，让农民把种植苜蓿当成种粮一样精心，让农民把苜蓿卖成钱。

2010年6月，邱雪峰拿出多年的积蓄，在固原注册成立了宁夏荟峰农副产品有限公司，主营苜蓿草种植、加工、销售业务；组成了公司的班底，开始驰骋在推进苜蓿草产业的最前沿。经过8年发展，目前宁夏荟峰农副产品有限公司下辖宁夏荟峰牧草机械化服务作业有限公司和宁夏庆峰牧业科技有限公司2个子公司，产品注册“荟峰”和“绿旗”牌商标。拥有商品苜蓿草生产基地13350亩，中苜3号优质种子繁育基地2000亩，年生产能力5万吨的苜蓿草颗粒加工厂1处。年产值5000万元，纯利润600万元以上，公司定点种植户年销售收入增加2080万元，户均约增收1万元。

在这些年的创业拼搏中，邱雪峰敢为人先，他积极引进中国农业科学院北京畜牧兽医研究所杨青川教授培育的中苜3号原种，在黄铎堡曹堡村建设种子繁育基地2000亩，为各地提供国产最优良的苜蓿种子，提高全产业产品品质；积极购进农业（牧草）机械63台（套），组建固原市牧草收割服务队，每年在收割自己基地苜蓿的基础上，为群众服务完成牧草收割3万亩，打捆1.3万吨，苜蓿产品公司全部收购，带动农民发展草产业。

草产业迈向产业化

固原是一个相对落后的农业城市，在现代农业资源配置中资源相对匮乏，其中重要的制约因素是水，但是在劳动力、土地、苜蓿种植区位上却有相当优势。随着近年来交通、信息、电力等基础设施的完善，在固原市发展苜蓿草产业上优势明显。公司自成立初就明确，一定要利用先进的科学技术和生产要素装备，实现生产机械化、信息化、生物化，在组织管理上实行生产专业化、社会化、企业化。因此，在生产中全部实行机械化，采取测土配方施肥，还计划引进切叶蜂为种子天然授粉，利用互联网进行基地管理，网上发布产品信息，联系外地客商销售产品，实行办公、财务网络化，严格按照牧草生产标准进行监测，对每批产品进行质量检验。

邱雪峰认为，现代农业企业要加强产业化进程。要保障农产品供给，带动农民积极参与进来，增加农民收入，以促进可持续发展为目标，提高劳动生产率和商品率，用现代科技和装备为支撑，在市场机制与政府调控的综合作用下，农工贸紧密衔接，产加销融为一体，形成多功能的产业体系。邱雪峰审时度势，注重技术的支撑作用、市场的调控作用和信息的连带作用，积极与农科院植保所、宁夏大学草业科学系合作，建立试验基地，进行技术展示，充分运用“互联网+”将植保、农业机械、物流连接起来进行产加销，保证了企业的高效率和快速发展。

“作为本地企业，公司生产基地的土地流转于农民，公司产品的原料60%来自于周边的小企业、种草合作社和种草大户。”邱雪峰说。因此，在生产过程中尽量考虑农民的利益，以提供就业、建立微信群技术指导、订单收购他们的初级产品、微利帮助他们进行适时机械收割等形式，为他们提供各种参与企业利润分配的机会，形成在信息共享联结下的利益共同体，促进产业扶贫。这样，在当地得到群众很好的支持，使企业发展现代农业的道路越走越宽。

致富路上带头人

邱雪峰是个务实肯干的人。经过长期努力，他的公司成为自治区级“农业产业化龙头企业”、宁夏草业协会副会长单位，邱雪峰当选为固原市六盘山草业协会会长。公司常年解决50多名农民在公司就业，带动16家苜蓿种植专业合作社、300户以上农民种植苜蓿。自始至终邱雪峰不忘初心，以带动一方百姓富裕为己任，做出了有目共睹的贡献，得到了群众的“点赞”。

作为原州区一名新型职业农民的邱雪峰，他谈到了自己做农业的经验和心得：“夯实草产业基础，抓好种子建设，向科技要效益，使企业转型升级。”在具体做法中，他始终坚持“科学技术是第一生产力”、“带领群众共同致富是底线原则”这两个信条。

他兑现了承诺，也实现了誓言。

农机推广　越做越强

——记固原市原州区新型职业农民王文彪

他是一名地地道道的农民、一名普普通通的共产党员。在群众的眼里，他永远是充满爱心、充满智慧、充满活力、诚信义气、敢闯敢干的，带领大伙儿脱贫致富奔小康的好支书。

他就是固原市原州区惠农农机服务合作社理事长、固原弘光农业技术服务有限责任公司董事长王文彪。

在彭堡镇提起王文彪，人们无不竖起大拇指，称赞他是“科技兴农的发起人、创业致富的带头人”。

穷人的孩子早当家

1963年9月，王文彪出生在彭堡镇彭堡村。在他的印象中，贫穷落后是童年最沉重的底色。留在记忆深处的是幼时父母和众多乡亲们，早出晚归劳碌的身影和饥寒交迫的情景。因此，从儿时起，他便在心里暗暗地下定决心：我一定要带领乡亲们，改变面朝黄土背朝天的命运。

因穷思变。上世纪80年代，23岁的王文彪办起了彭堡街道第一家粮油加工厂。创业之初，王文彪付出了常人难以想象的艰辛。由于吃苦耐劳，办厂3年，他一跃成为彭堡镇第一个“万元户”，家里的日子也一天天好了起来。就这样，王文彪一干就是16年。

脱贫致富寻出路

一个人富不算富，大家富才是真的富。逐渐富裕后的王文彪，心里总是想着如何帮助村里的乡亲们过上好日子，为此，他苦苦寻找带领大家共同致富的出路。

彭堡村位于彭堡镇中心，有村民602户1874人，耕地面积10900亩。为积极引导群众进行农业结构调整，帮助更多的乡亲们解放劳动力，提高生产力，2006年4月，王文彪发起成立了固原市首家合作社——原州区惠农农机服务合作社，合作社在立足服务彭堡镇1800多家农户的基础上，实行“企业+农户+基地+科技”的运行模式，年机械化经营面积近10万亩。自2007年起，在彭堡镇、中和乡、头营镇示范推广4.4万亩机械化经营耕地，每亩节约成本60元，每年累计节本增效264万元以上。

带领群众奔小康

为了探索解决农民合作社经济发展的瓶颈难题，2010年王文彪又成立了固原弘光农业技术服务有限责任公司，他任董事长兼总经理，进一步扩大经营范围。通过他的努力，订单种植、订单农机服务收入，当年就占公司收入总额的78%。2014年初春，王文彪一次性购置了22台残膜回收机，全部无偿送到农户家中；公司以每公斤1元的价格回收残膜，当年回收量300吨，不但减少了残膜对土地的污染，还使得废旧资源得到了充分利用，增加了收入。现在每年回收残膜的数量以15%的速度递增。

自2014年以来随着经营规模的不断扩大，为了适应公司经营管理的需求，王文彪一边自学大学课程，一边多次参加新型经营主体带头人培训班赴厦门、福建等地观摩学习活动。通过培训学习，理论与实践的火花在他脑海中碰撞，他的心灵得以启迪和升华。他深刻地认识到，要想摘掉穷帽子，必须先换旧脑子；他明白了新型职业农民不但要爱农业、懂技术、善经营、会管理，还要完成从传统农民向职业农民的伟大转变。他是这样想的，也是这样做的。

为提高经济效益，2015年，固原弘光农业技术服务有限责任公司与原州区农技推广中心、固原瑞丰蔬菜种植合作社联手打造原州区彭堡镇闫堡村万亩冷凉蔬菜种植基地，农机技术与农艺技术的完美结合，形成了现代园艺农业；2016年，王文彪与原州区农业机械化推广服务中心、固原瑞丰蔬菜种植合作社联手再度打造了原州区彭堡镇曹洼村万亩蔬菜机械化移栽农机农艺融合示范园区。2个园区的成功建设，使得630户农民受益匪浅，年收入递增20%。

2016年，为了帮助

农民“换大脑”，王文彪自筹资金8万元，建了一个150平方米的教室。他利用农闲时间自掏腰包免费给农民请教授传授养殖、农艺、园林、农技等知识，农机合作社社员边工作边学习，使他们了解更多的农业科技知识，进行更有效的科学种田。在提高合作社整体技术能力之后，2017年，合作社又流转土地1260亩种植蔬菜。2018年，建设500亩机械化农机艺融合示范园区，使农机艺与现代化种植技术为园林式农业打造插上了腾飞的翅膀。

目前，固原弘光农业技术服务有限责任公司拥有总资产1601万元，其中固定资产1450万元，年经营收入260万元，拥有各种农机具162台（套），业务范围由原来单一机耕、机播变为种收一条龙服务，在原州区起到了农机示范带头作用。

主动承担社会责任

“酿得百花成蜜后，为谁辛苦为谁甜。”在事业越干越大、生活越来越好的时候，身为共产党员的王文彪不忘初心，感恩社会。自2004年以来，他带领彭堡村1100多名群众走上了致富之路，把一个百姓穷、条件差、民怨多的落后村变成了一个群众富裕、邻里和睦、乡风文明的示范村。

周围群众大凡有个三灾两难的，他总会伸出援助之手。近年来，王文彪累计在捐资助学、扶幼助困等公益事业上投入帮扶资金达9万元。他用自己的实际行动，赢得了乡亲们的信任。

一分耕耘，一分收获。多年来，王文彪的辛勤耕耘赢得了乡亲们的认可，得到了各级政府部门的高度赞誉，他先后被评为“原州区优秀共产党员”、固原市“优秀致富带头人”、自治区“十佳农民”、自治区“十佳农机能人”，被多次推选为原州区人大代表、固原市党代表；他经营的合作社被评为“自治区级示范合作社”；他打造的示范基地目前成为宁夏南部山区干旱片带示范样板。

“养兔达人”蹚出脱贫致富新路子

——记固原市原州区新型职业农民杨小龙

在固原市原州区开城镇，提起他的名字，乡亲们无人不知，无人不晓。他就是现年29岁的杨小龙，宁夏绿色能源农业发展有限公司法人。

选址新建养殖场、张罗成立兔产业协会、申办农民田间学校……最近，原州区开城镇小马庄村的“养兔达人”杨小龙有点忙。他铆足了劲儿，要让自己的“兔产业”再上一个台阶。

从2016年4月养兔子至今不到两年时间，杨小龙的“兔产业”便风生水起，目前每月出栏3000多只，创收36万余元。养兔投资少、风险低，收益好、见效快。在杨小龙的示范带动下，越来越多的农户加入到养兔行列，开城镇一些村出现了“家家建笼舍，户户养兔子”的情景。原州区不少干部群众坦言，杨小龙为乡亲们蹚出了一条脱贫致富的新路子。

探路，在黄土地上做活致富文章

在杨小龙幼时的记忆里，父母每天起早贪黑，面朝黄土背朝天，在几十亩旱地里辛勤劳作，却只能勉强填饱一家人的肚子。由于家庭经济困难，杨小龙18岁便离开学校，走上了打工创业之路。

怀揣改变家庭贫困面貌的梦想，几年间，杨小龙开过玩具礼品店，承揽安装过单元楼门窗。2014年，他注册成立装修公司，专业从事室内外装潢。经过几年打拼，他不仅有了一定的积蓄，更重要的是开阔了眼界、增长了见识，也磨炼了意志。

多年来，杨小龙一直有个想法：在家乡的黄土地上做一篇致富文章，闯出一片真正属于自己的天地。

2016年，脱贫攻坚战打响，国家出台一系列政策，大力扶持发展特色富民产业。杨小龙看到了机遇，决心放开手脚大干一场。

创业致富，选准产业、走对路子是关键。种草养畜是当地的传统产业，虽然见效慢，但收益稳定。杨小龙却不走“寻常路”。由于经常关注中央电视台农业频道，他发现肉兔市场前景广阔，容易进行技术推广，实现规模养殖；同时，六盘山区域拥有丰富的牧草资源，饲草问题容易解决。

2016年4月，杨小龙注册成立宁夏绿色能源农业发展有限公司，开始专注于种兔繁育、肉兔养殖、兔业基地建设、兔产品研发等业务。

他多次赴甘肃、陕西、四川等地的知名养兔基地和企业考察学习。为了掌握过硬养殖技术，他还“降低身段”，在河南省济源市阳光兔业科技有限公司务工6个月。

在此期间，杨小龙多次与原州区国资办、林业局协调，租赁了闲置的小马庄原小学校舍，投资50余万元进行改造。

历时3个月，1400平方米的标准化兔舍建成，兔饲料加工车间、仓库、消毒池等配套设施一应俱全。

2017年5月，随着首批来自陕西铜川的80只种兔落户小马庄，杨小龙的致富文章正式着笔。

发展，将小兔子做成大产业

经多方考察，杨小龙将法国伊拉兔作为首选品种。该品种出肉率可达59%，为肉兔品种中最高，且肉质鲜嫩，备受市场欢迎。他两次从铜川、青岛购进伊拉兔优质种兔280只。

数据是最雄辩的证明。种兔繁殖采取人工授精、统一配种，每42天便可繁殖一批。按1只成年种兔每年繁殖8茬，每茬成活8只计算，每只种兔每年可繁育64只小兔。小兔生长75—80天便可出栏，优质成兔留作种兔，每只价值180元；其他成兔屠宰加工，做成商品兔，每只售价120元。经济效益可观。

由于兔子繁殖快，几个月后，杨小龙的养兔基地已是“兔满为患”。2017年6月，杨小龙筹资70余万元，在自家宅院后面的空地上新建标准化兔舍700平方米、办公用房200多平方米，扩大养殖规模。

打铁需得自身硬。在发展兔产业的过程中，杨小龙又数次前往宁夏大田新天地农业科技公司、青岛康大兔业公司、济源阳光兔业科技有限公司“取经”，进一步掌握肉兔繁育、养殖、防疫等各环节关键技术。

固原市、原州区两级农广校和就业部门举办的新型职业农民培训、就业创业技能培训，他更是一次也没落下。

由于带富能力强、养殖技术高，杨小龙于2017年被评为固原市致富带头人，2018年初被选聘为自治区科技特派员。最近，他的宁夏绿色能源农业发展有限公司又被原州区推荐为固原市级农业产业化龙头企业。

人才是经济社会发展的第一资源、第一动力。杨小龙深知，要做大做强做优兔产业，必须要有一支专业人才队伍。为此，他不惜花“重金”，从山东、陕西、甘肃等地引进优秀人才。27岁的甘肃青年闫红刚，原在甘肃武威一家大型养殖场负责技术工作，被杨小龙以每月8000元的高薪“挖”来担任技术厂长。目前，杨小龙的宁夏绿色能源农业发展有限公司拥有一支20人的技术团队，涵盖畜牧、兽医、农学、药学等专业，为肉兔养殖技术推广、带动农民发展致富提供了坚强保障。

实干兴业。历时近两年，从无到有，从小到大，杨小龙已将小兔子做成了脱贫致富的大产业。

带富，让更多农户从中受益

看到养兔经济效益好，当地一些群众不由心动。杨小龙趁热打铁，以每只种兔低于市场价30元的价格向养殖户提供优质种兔，并以保护价回收商品兔，极大地激发了乡亲们的养殖积极性。

两年来，公司辐射带动原州区开城镇小马庄、彭庄、柯庄、上青石、二十里铺5个村，张易镇陈沟村，西吉县将台镇甘岔村发展优质肉兔养殖业，与当地农民共同组建肉兔养殖合作社7个，直接带动农户426户，其中建档立卡户260户。开城镇已将肉兔养殖业确定为脱贫富民的支柱产业，先期在上青石、柯庄两村成立养兔合作社，建立养殖基地，分别引进种兔160只。随后，肉兔养殖将在其他村全面推开。

年过六旬的小马庄村村民杨本仁，妻子聋哑，日子过得很艰辛。杨小龙主动上门走访，动员杨本仁养兔，以优惠价供应种兔50只，帮助杨本仁改善了生活。

村民王建新是建档立卡户，夫妻二人既要供养3个孩子上学，还要照顾年过七旬的母亲，没有时间外出务工。在杨小龙的带动下，现养种兔60多只，足不出户便可致富。

刚过而立之年的村民黄旭发，身患强制性脊椎炎，无法从事重体力劳动。他看好养兔行情，便将自家牛棚改造成兔舍，从杨小龙的公司购进种兔50只。

在开城镇及周边乡镇，像这样的养殖户还有很多。据不完全统计，农户零散养兔近4500只。

宁夏绿色能源农业发展有限公司通过“企业提供兔种一养兔基地+农户养殖一企业收购”的经营模式，走“小规模，大群体”的发展路子，将分散经营的养殖户集中到一起，弥补了分散经营的劣势，降低了市场风险和生产成本，有力带动了农民增收。

不仅如此，杨小龙的兔产业还带动了周边牧草产业发展，小马庄村近两年饲草种植面积稳定在1500多亩，实现了养兔部分饲草自给。

“绿发蔬菜”：葫芦河川道上的创收品牌

——记固原市西吉县新型职业农民代国喜

2018年夏日，走进位于西吉县东南部硝河乡隆堡村的硝河隆堡蔬菜标准化新技术集成示范园，但见满园绿色，铁人结球生菜、小八叶塌菜等十几个品种的蔬菜长势良好。西吉县绿发蔬菜种植专业合作社理事长代国喜自信地说，这里的蔬菜不愁卖，基本都是订单种植。通过土地流转及反租倒包模式，组织农户参与其中，尤其注重在产业链条上把贫困户纳入帮扶对象范围，实行订单生产，全程技术指导，贫困户只管简单地种或养，收购、加工、销售环节全部由合作社负责，实现合作社和贫困户共赢。

1990年高中毕业后，代国喜放弃学业，在家种菜，与西安菜农联系，贩卖蔬菜。凭着一股吃苦耐劳的精神，他在增收致富的道路上敢为人先，率先发展蔬菜种植产业，带领周围群众共同致富，成为葫芦河川道的新型职业农民领头雁。

敢为人先，成就非凡

“这个行当，经验和人脉不可或缺。”初次采访，代国喜毫不掩饰自己的生意经。2009年，在党的富民惠农政策引导下，代国喜凭借多年的种菜经验及在蔬菜销售行业的人际关系，先是调查市场，随后看准时机，尝试流转土地种植蔬菜，于2009年9月经工商行政管理部门登记注册成立西吉县绿发蔬菜种植专业合作社，注册资金85万元，固定资产达400万元。

起初的路并不一帆风顺，代国喜在第一年遭受了巨大的亏损。不过，他当时并不气馁，积极学习技术，先是在将台乡承包500亩土地从事蔬菜种植，与朋友一起投资约100万元，建立冷冻冰厂用于储藏、外运蔬菜，给当地百姓带去了较大的经济实惠，受到当地群众的一致好评。同村的老马告诉笔者，“他把种植经验毫不吝啬地传授给我们，让我们也学习科学种植方法，增产增收。”经过几年的不懈努力，代国喜在硝河乡隆堡村建立蔬菜基地和农民田间学校（新型农民培训基地），蔬菜基地占地面积1200余亩，每年种植和销售农产品6100吨以上，年销售总额800多万元，带动农户1500多户，辐射带动周边村组种植1万余亩；尤其带动周边150多户贫困户通过发展产业、务工等形式脱贫致富，户均收入过万。代国喜创办的农民田间学校，不仅有设备齐全的理论学习场所，还为学员提供实际操作的实训场地。他以身作则、言传身教，与学员面对面地交流，手把手地指导，让学员通过理论与实践相结合的学习，学会用科学种田。目前，已培训学员1000余人。代国喜说："我不想让他们和我一样，盲目种田。我要让他们做新一代的新型农民。"

创新思路，跨越发展

代国喜直言"做大不是目的，做强才是追求。我不满足现有的成就，要从管理、技术、人才各方面进行大刀阔斧的改革，力争使合作社上水平、上规模。"为了让自己的发展思路更加清晰，代国喜在学习的路上从未停过，"通过参加县市区农广校、农经站等部门组织举办的新型职业农民、合作社负责人等各类培训班，不断更新理念，学习科学种植新技术，引进新品种，提高农产品品质，降低种植风险，有效地预防各类病虫害的发生，改变传统农业靠天吃饭的局面。"代国喜信心满满地说。聘请专家及农民专家对绿发菜农进行技术培训，合理施肥及使用农药。按照"调整结构，突出重点，多元发展，优化升级"的思路，充分利用夏季气候冷凉优势，以市场需求为导向，积极引导企业、合作社等经营主体调整品种结构，形成优势突出，搭配合理的多元蔬菜产业发展格局，把合作社打造成全国重要的夏季北菜南下冷凉蔬菜的6个永久性蔬菜生产基地之一，该基地采取"政府引导、合作社主导，乡镇配合、部门协作"机制，与市场、超市及直销店建立对接的销售模式。近年来种植芹菜、红笋、辣椒、西蓝花等多个优良品种，年产值800多万元。代国喜告诉笔者："目前，合作社正在研究如何延长产业链，提高附加值，对蔬菜进行深加工是已经确定的一个方向。"

随着"西吉芹菜"品牌响彻南方大地，西吉蔬菜深受南方各大城市的市民青睐，蔬菜品种逐渐多元化。由于市场无保鲜贮藏设施，贮藏

难、外运难已成为制约蔬菜产业发展的拦路虎，也是严重阻碍西吉蔬菜产业健康发展的“瓶颈”。为了适应当前市场竞争的需要，代国喜与朋友从一起考察到筹资建设，可以说经历了所有困难，并花光了积蓄，债台高筑。2018年5月，耗资1000余万元占地面积16000多平方米的西吉县首家蔬菜冷链物流中心挂牌运行，冷链物流中心建成650平方米综合服务楼1栋，3000平方米蔬菜保鲜冷藏气调库场所1处，并配套建设500平方米冰瓶制造车间1处、1500平方米制冰设施1处，建设蔬菜装卸钢结构大棚3000平方米，建设工人住宿及物资储备室5间300平方米，安装120吨、20吨电子磅2台，硬化场地9000多平方米，已成为集蔬菜种植、农民培训、金融信息、农业保险、农机作业及冷链物流服务为一体的蔬菜产业社会化综合服务中心。

示范带动，共同富裕

脱贫攻坚在路上，致富在路上，爱心奉献无休止。代国喜每了解到谁家种菜有困难，就去帮扶，给予资金支持和技术指导。一人力量单薄，但众人拾柴火焰高。他通过农民田间学校，为农民搭建了学习平台，为更多的农民提供了技术指导，让他们把所学的用到实际种植中去，创造财富，最终实现共同富裕。

代国喜现在的蔬菜种植基地，虽在川道区，但还有不少贫困户，陈国邦家就是其中一家。代国喜通过当地菜农了解到，陈国邦生活困难，妻子精神失常，收入很难得到提高。2017年，老代把土地以反租倒包的形式带动当地贫困户种植蔬菜，把600元流转来的土地以300元反租倒包给贫困户，为他们提供专业的技术指导，开展统一品种，统一播种，统一施肥，统一田间管理，统一机械收获，统一销售的产前、产中、产后全程农业社会化服务，帮助他们发展蔬菜种植，其中陈国邦受益最大，他兴奋地给人们说，他今年纯收入20余万元，百分之百可以脱贫致富。能有今天的好结果，他特别感激代国喜。

对合作社以后的发展，代国喜说："明年再扩大2000亩基地面积，并联系西吉蔬菜种植合作社带动农户种植进库菜，力争把西吉打造成固原地区最大的冷凉蔬菜反季节销售中心，并抓住国家对新型职业农民培训的大好机会，不断加强学习，使自己成为新一代的新型农民，扎根脚下的土地，造福一方百姓。"

土豆变"金豆"　致富不用愁

——记西吉县新型职业农民李雄

李雄1979年11月出生于大岔村。和很多黄土地上的孩子一样，他因家境窘困，早早就辍学出门务工了。但和别人不一样的是，李雄打工有一股狠劲，用他自己的话说就是"穷怕了，只要能挣钱，多大的力气都花，多苦的活都干"。头脑活、肯吃苦的李雄在打工路上赚到人生的第一桶金，有了一定的资金积累后，李雄动起了回乡创业的念头。

返乡创业信心足，要把土豆变“金豆”

李雄回到家乡后，面对干旱少雨、靠天吃饭、农业基础十分薄弱的农村现状，他并没有气馁。经过多次调查研究，多番思索考虑，他决定发展马铃薯种植。而发展的第一步，就是改变传统落后的种植方式，学习先进的科学种植技术。

“一开始用自家的30多亩承包地，在马铃薯产业服务中心引进‘青薯168’脱毒品种进行科学种植，当年马铃薯喜获丰收，产值达到10万元。这在大岔村干旱贫瘠的土地上是少见的。”李雄“小试牛刀”初始即见成效，使他信心倍增。紧接着，他不断参加各类马铃薯种植技术培训班，虚心向马铃薯种植专家请教，还组织技术培训。

随着田坪乡马铃薯产业的发展壮大，李雄敏锐地察觉到了市场的变化。2012年7月，李雄组织农户牵头成立西吉县金鱼马铃薯购销专业合作社，同时建立“支部+企业+农户”和“基地+电商+市场”的产销联合体，开通互联网，及时发布本地和外地市场马铃薯收购价格信息，指导社员在马铃薯购销中获得更好的收益，实现合作社的信息化发展。

合作社成立之初，李雄通过县农牧局引进200亩田地进行马铃薯脱毒薯种种植，挨家挨户做宣传，想让村民试种，带动全村发展优质脱毒种薯。村民赵青山却不认可这种做法，他说：“我家的土豆种子有拳头大，这种脱毒种薯只有指头那么大，肯定不会增收，别跟着李雄瞎折腾减了产。”当年，赵青山用自留的籽种种了30亩马铃薯，到了秋季几乎全烂在了地里，只卖了1万多元。而使用李雄推荐的脱毒薯种的村民，只种3亩马铃薯，收入近1万元。错过了新技术、新品种的赵青山懊悔不已。2015年，在李雄的努力下，村民都种上了马铃薯一级种薯，赵青山也种了18亩，卖给合作社，收入近4万元。村民赵振峰种了19亩，收获了11万斤马铃薯，被亲戚们要去1.5万斤做种子，剩下的卖给合作社，收入6.6万元。赵振峰说："马铃薯新种法产量高，收入也高，再加上合作社为我垫付了种子、化肥钱，又以高价收购，还无偿提供技术指导，让我少了后顾之忧，还学到了技术，对科学发展马铃薯种植更有信心了。"2017年，合作社建立1700吨杂粮加工厂，解决了30户建档立卡户就业问题。示范带动农户种植小秋杂粮4580亩。2018年示范带动田坪乡大岔村建立2000亩原种示范基地、3000亩一级种薯示范基地，带动建档立卡户136户，户均增收1.2万元。

吃水不忘挖井人，致富不忘众乡亲

李雄富起来了，但他心里还有疙瘩没有解开，那就是村里还有很多乡亲家庭贫困、生活困难。"我是在村里长大的。小时候家里穷，村里乡亲经常照顾我们，现在我过得好些了，吃水不能忘了挖井人啊。"一定要带着全村人都富起来，李雄在心里暗暗给自己定下任务。自2012年以来，他无偿为贫困户提供优质薯种2000多公斤，无偿为他们开展种植技术培训。2014年3月，他任田坪乡大岔村党支部书记后，协调多方支持，发动全村村民修建生产道路10公里，极大地方便了村民生产和生活需要。他坚持优先照顾贫困户的原则，使贫困村民都用上了合作社提供的马铃薯脱毒优质种薯。

为了帮助村民进行马铃薯种植，李雄经常深入到田间地头对大家进行技术指导，传授种植经验，在群众中影响越来越大。在他的周围，形成了一支种植马铃薯的专业农民队伍；他们的影响带动，使大岔村甚至田坪乡广大村民种植马铃薯的热情和信心空前高涨，并取得相当可观的经济效益。田坪乡以马铃薯种植、贩销为主导的产业发展之路初具雏形。

李雄算了一笔账："通过马铃薯产业的发展壮大，多方位增加农民收入，这账越算越让人鼓舞。一是可带动本地劳动力就业，按每亩马铃薯收入600元计算，一个劳动力就可收入15000元。100多名农村劳动力在家门口找到了挣钱的门路，马铃薯产业的发展，拉动了土地增值，农民增加了收入。二是流转土地1500亩，种植马铃薯承包费达到100元每亩，既可为集体增加收入，又可增加农民收入。三是综合效益高，种植马铃薯一般每亩收入近480元，极大地带动了农户种植积极性。四是培育了30名马铃薯产业购销经纪人、110名致富大户，解决了建档立卡户100余人就业问题。"

如今，在李雄的带领下，田坪马铃薯远销广州、陕西、山西、云南等10多个省市，田坪乡已成为西吉县马铃薯生产和交易集散地，为西吉"马铃薯之乡"的美誉锦上添花。

技术服务再助力，夯实基础奔小康

李雄于2016年10月成立西吉县农顺农业综合服务站，建立专业测土配方配肥站1座，内设肥料贮存库房，配套测土配肥机2台；建设农机具库房5间，面积1200多平方米，配套各类农业机械45（台）套，价值90余万元；有固定的种子、农药物资贮备库，服务于农资超市及庄家医院；共建成种薯贮藏窖30座，可贮藏种薯3000余吨。

近年来，农顺农业服务站通过政府与社会化服务组织合作的方式，全面构建以"农技推广，疫病防控，质量监管，公共品牌，农村金融"为核心的"五位一体"农业公共服务体系，为大岔村产业发展提供一站式服务，农顺农业综合服务站坚持为农户提供产前、产中和产后服务，采取"走出去，请进来"的方式，积极联系科研单位，利用农闲季节，向农户提供马铃薯高产栽培、种薯繁育、马铃薯标准化栽培等方面的技

术培训，促进马铃薯主导品种和主推技术的推广应用，先后举办各类培训班10场次，培训农户1500多人次，发放技术资料3800余份。同时将服务站技术人员送到相关院校进行专业培训，提高专业技术人员的整体素质，以便更好地服务于农户。

2015年，金鱼马铃薯购销专业合社被评为“西吉县示范合作社”；2016年，被评为“固原市农民专业合作示范社”。2015年，李雄个人被评为固原市先进种养大户；2017年，被认定为高级职业农民、全县优秀致富带头人；2018年，被评为西吉县“十佳种植能手”。

荒田种出新花样　杂粮撑起创业梦

——记西吉县新型职业农民蒙常庆

“农民一直是社会中吃苦耐劳的象征，面朝黄土背朝天，耕田、播种、收割，年复一年。但是，当前很多人不愿意当农民，很多农村的青壮年基本都在外打工，把地留给老人或者干脆承包出去。未来“谁来种地，如何种地”成为一个无法回避的问题。“当人们觉得农业有奔头，农民这个职业有甜头，自然会乐意投身其中。只有农业劳动的含金量提高了，农业发展带动了农民不断增收，农村才会走上良性发展的轨道。”初次采访，这位青年农民对“三农”现状的独到见解“直击灵魂”。

蒙常庆，西吉县震湖乡蒙集村青年农民，当地远近闻名的致富能人。地处西吉县的震湖乡，山大沟深，土地贫瘠。在这片土地上摸爬滚打了几十年的他种过地、搞过运输、干过工程。2013年以来在当地先后创办了杂粮种植专业合作社和农牧业开发有限公司，带领当地农民、合作社成员走出了脱贫致富的道路。

千亩“撂荒田”的开拓者

近些年，随着国家经济的发展，进城务工成了当地老百姓收入的主要来源，农民种田的积极性受挫，农村出现大面积的“撂荒地”。蒙常庆开始琢磨，如何“盘活”这些资源，使之效益最大化，带动乡亲创收，而不是像以前那样种地不但收入低，还很辛苦。有了这种想法后，蒙常庆很快放弃其他业务，决定回到村里承包当地近千亩“撂荒地”。

这一消息传播开后，在穷乡僻壤的蒙集村“炸开了锅”。“家人和亲戚朋友都认为风险太大，有的甚至出面极力劝阻，就连同村的人都认为我疯了，在干一件‘烧钱’的事。”想起最初的决定，蒙常庆感慨万千。用“风雨无阻”形容蒙常庆更为贴切，他始终相信当地的经济发展要以种植业为主，引进先进的种植技术和优良品种，再进行农产品加工，才是正道。有了想法就去干，蒙常庆毅然拿出自己多年来的全部积蓄，承包下了近千亩的“撂荒地”，并在震湖乡孟湾村成立了西吉县震湖鹏强杂粮种植专业合作社，搞起了小杂粮加工厂。功夫不负有心人。在蒙常庆的辛勤劳作下，2014年种植的新品种谷子陇谷11号获得了丰收，同年收购、加工小杂粮520吨，取得了可观的效益。

“现在的农村环境和农业发展条件与过去大不一样，不仅能从农业种植中尝到收入的甜头，而且越来越有奔头。”蒙常庆深有感触地说。

从面朝黄土到新型职业农民，从靠天吃饭到科学种地，蒙常庆的变化，也印证了农业发展方式的转变势在必行。

眼界放远的路更长

“随着农村经济的发展，面朝黄土背朝天的单一种植模式将成为过去式，农村迫切需要新的种植技术、农业机械化的发展方向。”蒙常庆清楚地认识到这一点。

2014年以来，蒙常庆先后多次参加县农牧局、农广校、扶贫办组织的农村实用人才培训、新型职业农民培训等各种培训，使他进一步打开了经营理念，开拓了科技种田的思路。蒙常庆直言，传统农民在向新型职业农民转变的过程中，面临着重重困难，首先，是基础科技文化水平不足，故步不前，因循守旧，不主动吸收外来新技术提高自身水平；其次，就是市场观念淡漠，不主动了解市场，不懂得顺应市场来生产效益更好的产品。他先后组织农户和社员在田间地头进行科学种田和技能的实操实训，先后多次选配经验丰富的营销人员和技术人员赴全国各地高新示范园区及农业院校进行学习交流并引进技术，为合作社的发展提供了先进的技术保障。

2018年，蒙常庆的合作社种植各类小杂粮850亩，带动周边农民种植小杂粮3540亩。建成年加工小杂粮2000吨的生产线，产品销往区内及周边省市。有力地带动了当地小杂粮产业的发展，打破了当地传统耕作模式，探索小杂粮优质、高产、高效、安全、生态栽培管理技术及深加工销售，提高了特色农产品的附加值，扩大了市场竞争力，增加了农民收入。

打造品牌走绿色发展道路

蒙常庆说："未来的农业还有很多潜力可挖。只要掌握技术，理性面对市场，投身乡村振兴就有奔头、有干头、有甜头。"

如今，食品安全事故频发，人们越来越关注食品的安全性。蒙常庆说："生产安全放心食品是我们刻不容缓的职责。"他并不满足"粗放式种植加工模式"，而是要生产出老百姓吃得起、吃得安全、口味好的小杂粮产品。经过多次参加培训，他认识到要在市场上立住脚必须有自己的品牌，走绿色、安全的发展道路。在蒙常庆的带领下建立了小杂粮无公害种植示范基地和绿色杂粮种植基地；注册了"震之湖"杂粮品牌；对荞麦、谷子、糜子、莜麦、扁豆、豌豆进行了无公害地理标志认证；对谷米、荞麦粉进行了绿色食品标志认证。2017年，自治区授予"震之湖杂粮"宁夏回族自治区优质农产品品牌称号；2018年上半年，合作社杂粮产品销售额320万元，实现利润近26万元。

借政策东风　扬脱贫大帆

——记西吉县新型职业农民牛宝义

立足当下，他是深谋远虑的带头人，你看——红杏枝头春意闹，白云生处有人家；放眼长远，他是敢想敢拼的践行者，你看——往来车马喧，鸡鸣杏林边；造福乡邻，他是和蔼可亲的农家人，你看——开轩面场圃，把酒话小康。

他就是新型职业农民、西吉县宝义林下产业合作社负责人牛宝义。牛宝义是一个地地道道的农民，生在农村，长在农村；但他不甘心做一个碌碌无为的农民，党的十八大召开以来，借助国家对农村脱贫致富的政策，经过近七八年的努力打拼，如今已成为远近闻名的脱贫致富带头人。

脱贫路上的拼搏者

2018年初冬，西吉县田坪乡大岔村牛宝义家的农家乐游客络绎不绝，大家都是奔着这家的生态田园鸡而来的。说起2017年的收入，牛宝义满脸喜气：已收入35万元，而且带动了60多户村民养殖生态田园鸡，他们的收入也在2000元至1万元不等。牛宝义高兴的不只是眼下的收入。党的十九大报告提出“振兴乡村战略”，强调“要坚持农业农村优先发展”，这让牛宝义激动不已，他对今后继续发展农家乐充满信心。

经过近几年的成长，牛宝义逐渐意识到了提升产业档次并非简单的事。“做好一个产业在一个地区的长远发展不是几个人能够完成的，必须要有一个强大的团队和明确的目标为引领，建立一个龙头企业，这样在品种、技术、市场上才能有保障，否则很难持续发展。”牛宝义说到。在这之后，牛宝义的合作社先后积极参与政府组织的相关培训。同时，在牛宝义的主持下宝义合作社也在当地开展了关于林业林地知识的培训，提升了当地农民的技能。他一方面完善合作社的自身生产功能，另一方面加强对周边农民的引导，通过他的示范带动，为农民提供种苗和生产技术指导，让更多的农民发家致富。

田坪乡依托大岔村2000亩杏林等资源优势，实施能人组建专业合作社典型带动战略，大力发展以林禽、林果、林菜、林药为主的林下经济，打造以大岔村为核心，集观光、休闲、度假为一体的田坪林下经济及休闲农业示范园，为加快产业转型升级开辟富民新路。大岔村距离西吉县城40公里，309国道、苏田公路穿村而过，交通便利，民风淳朴，文化底蕴深厚，有发展休闲观光农业的优势。

农村是一个广阔的舞台，心有多大舞台就有多大。根据宁夏目前正在大力发展旅游业和建设新农村的新形势，牛宝义意识到农民生活水平不断提高，消费需求不断增大，消费类型日益多样，人们更加注重精神消费。根据这一趋势，牛宝义因地制宜，凭借大岔村原有的2000多亩杏林和便利的交通优势，创办了大岔村唯一的农家乐——杏福人家农家乐。在这里，春可赏花，夏可采摘，秋可赏叶，冬可品农家饭，形成有效的四季运行模式。他的目标是发展当地的观光农业、休闲农业，使一二三产业融合发展，走一条适合在当地发展的新路子。

致富路上的新技术“导向”

“以需求为导向，结构式调研让培训设计‘贴得紧’；以田间为课堂，一线式平台让技术传导‘通得快’；以实操为手段，参与式培训让农民‘学得会’；以增收为目的，互动式开发让农民所学‘用得上’；以机制为保障，联动式管理让基地运转‘行得畅’。一整套运行模式，得到广大农民的赞许和肯定。”宁夏回族自治区农牧厅相关负责人表示。

一项抽样调查数据显示，西吉县接受西芹种植技术培训的农户，平均亩产提高10%左右；接受马铃薯种植新技术培训的农户，平均亩产可提高13%；接受牛羊育肥技术培训的农户，出栏率提高9%。“田间学校把专家与农民、技术与实践、农民与市场、生产与流通等紧密地联通了起来。传导的是技术，交汇的是信息，转变的是观念，提振的是信心，提升的是技能。”牛宝义说。

知识就是力量，信息就是财富。这是牛宝义的信仰。为了提升合作社全体成员的经营水平，他坚持做好三件事：一是组织技术培训。每年冬季，他紧抓农闲时机，积极热情地邀请农业广播电视学校的专家，根据新型职业农民培育工程的要求，对他的合作社几十名骨干成员进行免费技术培训，提高大家相关的科学技术水平。二是强强联手。2015年12月，宝义合作社凭借便利的交通和先进的科技与农广校通力合作，实现了经验技术的共享，信息的实时交流和互动，优化了资源配置，提高了劳动生产率，获得了更大的经济效益，同时还提高了市场竞争力。三是利用前沿科技。持续林下药材种植和探索，发展育苗和果蔬种植，继续扩大生态养鸡区（包括珍珠鸡散养区，蛋鸡养殖区，生态鸡散养区），继续规范和探索适合本地发展的农家乐模式。

差异化发展

“个体户经营特色化发展，集约经营与家庭经营并行，遵循农户自愿，农户可以统一管理与经营林地流转园区，也可以搞家庭自主经营。”合作社成立以来，牛宝义和社员默契地达成了一个不成文的规定。牛宝义说，一些规定都是为了合作社良性发展，无论是合作社经营还是家庭经营，都必须遵循协议，由宝义合作社实行统一规划，统一建设，统一技术，统一资料配送，统一规格，统一价格，统一包装。在销售利益分配上，合作社负责将客户分配到经营户，经营户只从合作社购买包装箱，农户与客户直接结账。

一个人富不算富，大家富才是富。牛宝义实行“园区+合作社+基地+农户”运作模式，合作社用

工以贫困户优先，各合作社对贫困户实行订单生产、赊销资料、优先销售。在病害防治、采摘销售等劳动力密集时节，合作社按照实际情况，按先后顺序，组织大家互帮互助，做到不误一亩地、不落一家人。“用林护林两不误，林地良好的自然环境和空间资源是林下经济的根基，前两年的乱挖甘草、折枝采摘、密集养鸡都给林地和树木造成了一定程度的破坏，修复很难。”自2015年起，牛宝义实行林下天然甘草五年封育制，封育期只采籽补种，五年采挖一次粗根，林下养鸡隔网分群，降低养殖密度，半年轮放一次，使林地林木得到休复。

田坪本地的杏子有十多年“历史”了，可在2013年前外人并不知道有田坪杏子，年成好时杏子甚至烂在地里，农户也没指望它赚钱。2014年，牛宝义动员全体社员和参与农户，利用人手一部手机，建立起了数百个QQ群和微信圈，用“真人真图真相”把田坪杏子和田坪鸡全方位宣传出去。现在，他们的林下鸡和田坪杏子每年供不应求，主要以订单配送和来客自采销售为主，客源主要来自周边村镇和西吉县城，在杏熟阶段，游客很多。

经过几年的不懈努力，牛宝义和他的合作社在取得了诸多成绩和效益的同时，也获得了不少荣誉。牛宝义2016年6月被授予全县优秀农村致富带头人，2016年参加并通过了国家新型职业农名培训，2017年成为国家首批新型职业农民。合作社2015年被评为县级示范社，2016年被评为市级示范社，2017年被评为全区林下示范基地。

带动村民养殖致富的电商女强人

——记西吉县新型职业农民任晓梅

梦想，如何启程？一个女人的致富梦，又该如何实现？任晓梅给了我们一个最生动、最完美的回答。

她创建了“震湖乡鑫佳肉羊养殖专业合作社”和“西吉县震湖现代农业服务网”。她积极探索“合作社+农户+贫困户”精准扶贫新模式，帮助困难户脱贫。她以电商带动贫困户创业的浪潮，在当地被传为佳话。清清瘦瘦，精明能干，脸上始终洋溢着灿烂的微笑，这是任晓梅给笔者的最初印象。下面，我们就详细地了解一下任晓梅是怎样从一位代课教师变身为电商的。

从教师转行做“羊倌”

在从事教育的8年中，任小梅先后多次参加特岗教师和公务员考试，每次都是因为面试不能通过而名落孙山。受到打击的任晓梅萌发了自主创业的念头。2011年，任晓梅辞去工作，开始养羊。

2011年9月，任晓梅自筹资金20万元，贷妇女创业贷款10万元，共投资30万元注册成立西吉县震湖乡鑫佳肉羊养殖专业合作社。创业初期，由于缺乏疫病防治技术，任晓梅曾遇到不少困难。“咬紧牙关挺着，一定要把羊养出名堂！”任晓梅心里说。

合作社成立之初，大部分村民采取观望的态度，入社的只有5户。在任晓梅的努力下，合作社当年经营效益较好，最早入社的5户社员第一年就分了红，激发了其他农户的积极性，纷纷要求入社。数据显示，2014年底有98户群众加入合作社。村民在鑫佳肉羊养殖专业合作社的带动下，养殖规模迅速发展。为减轻养殖户的负担，合作社统一从山东购进纯种小尾寒羊500只，免费发放给40户入社的女社员，统一供给饲料、用药、销售，年终按照比例分成。

村民王彩兰以前以种地为主，一年忙碌到头，收入没有多少。2016年加入合作社后，经过培训，自建羊棚，领养了30只繁殖羊，当年收入1万余元。尝到养羊甜头的她今年准备新建羊舍，扩大养殖规模。任晓梅的养殖合作社已带动周边几个村100多家农户养殖小尾寒羊、滩羊和黑山羊，户均年增收4000多元。2015年，由于羊肉价格大跌，效益较往年有所下降，为了让农户继续增收，任晓梅带领合作社社员寻找新的发展之路。她联系西吉县马兰刺绣有限公司，对全村妇女进行刺绣培训，以增加收入。

乡亲们的羊养得越来越好，怎样让羊卖出好价钱又成了任晓梅的一块心病。通过不断摸索、外出学习，任晓梅慢慢将重心转向销售。“养羊虽然累了点，但我觉得很充实，希望能继续扩大养殖规模。”任晓梅说。

2017年底，合作社出栏育肥羊5000只，养殖户每只羊净收入150多元。依靠养殖业还可积造优质农家肥4000多立方米，节省化肥开支2万多元。通过发展规模养殖肉羊和羔羊育肥，全村人均直接增收460元。经过几年的打拼，如今她的养羊合作社拥有固定资产180万元，存栏基础母羊2600多只，年销售羔兰3000余只，收入10余万元。走上致富路的任晓梅还带领乡亲们一起养羊致富。

任晓梅常对村民说：“我是依靠西吉县妇联、乡政府和各级职能部门的扶持走出来的。我虽然是一个女人，但也应该帮助带领全村群众共同致富。”

从农村妇女变身电商大咖

在合作社的几年里，任晓梅发现，老百姓养的羊、土鸡等农产品销售困难，到出栏的时候就是销售不出去，她了解到大城市市民都渴望买到农民自己种养的土产品，于是她发起电商业务，帮助当地农民网上销售羊和土鸡，让更多的困难户、养殖户能致富。

2015年，任晓梅积极参加西吉县农广校组织举办的新型职业农民培训班，并参观了陕西杨凌现代农业高新示范园。通过这次培训，任晓梅的思想有了更大的转变。她认为要发展农业，增加农民收入，就要告别传统的农业模式，利用现代科学技术，科学种植、科学养殖，利用互联网寻找商机，把本地的优质特色产品销售出去。

“她是一个了不起的女人。”说起任晓梅，西吉县震湖乡立眉村建档立卡贫困户张军竖起大拇指，“这几年她把我们村卖不出去的土鸡蛋，通过网上宣传都卖出了好价钱。我们打心眼里感激她。”得到贫困户的点赞，是因为任晓梅探索形成“专业合作社+农户+贫困户”的发展方式，带动了贫困户创业脱贫。

2016年1月，西吉县震湖乡鑫佳肉羊养殖专业合作社出资5万多元，注册建成宁夏震湖现代农业服务网（http//www.nxzhxdnyfww.com），合作社建成震湖乡现代农业服务中心，对贫困户及其他农户养殖的黑山羊、珍珠鸡、珍珠鸡蛋、珍珠鸡毛进行回收。将回收的这些农产品通过网上进行销售，并为建档立卡贫困户及全乡的农户免费发布农产品供求信息，对震湖乡的所有特色产品进行网上宣传和销售。为了更好地服务农民，让农民科学种田，震湖乡现代农业服务中心配备了测土配肥机，免费为农民测土配肥。通过新型职业农民培训学习，任晓梅提高了认识，她认为，要将农民的特产销售出去，没有自己的品牌是做不大的。为了将震湖的黑山羊、珍珠鸡等特产做大做强，西吉县震湖乡鑫佳肉羊养殖专业合作社注册了自己的商标“鑫震湖”。

“帮助贫困户脱贫，做大做强农村电商，是我的梦想。”任晓梅告诉笔者，“以前看到农村这么好的东西卖不出，我心里很不是滋味，现在好了，有了电商这个平台，就可以把‘土鸡蛋’真正变成‘纯金蛋’了！”

认识任晓梅的人都知道，她是一个善于发现商机的精明女人。她经常下乡了解农民种养情况，在震湖乡发现全乡黑山羊羔羊数量达到6000只，其中建档立卡贫困户的羔羊有2000多只。农民家养黑山羊卖不上好价钱，她心里想，能不能在网上发一条土特产销售信息？信息发出后，很快，她就收到外地客户发来的求购信息，经过简短的沟通谈价，原本销售困难的土特产以较高的价格售出，而且数量需求巨大。经过任晓梅牵线搭桥，一车车载满黑山羊、土鸡和土鸡蛋的卡车驰向外地。单黑山羊、土鸡和土鸡蛋，就帮助周边群众实现销售收入逾万元。至2018年9月，共回收黑山羊羔羊2850多只，其中建档立卡贫困户的羔羊有2000多只，珍珠鸡18000多只，珍珠鸡蛋约20万枚，珍珠鸡和珍珠鸡蛋全部是建档立卡贫困户的。同月，合作社电子商务销售额突破100万元，利润达到20万元。在西吉县震湖乡鑫佳肉羊养殖专业合作社带动下，震湖乡的电子商务产业逐步壮大，为震湖乡的脱贫增加了新能量。

“做电商要了解市场信息，要关注市场行情，提升农民的土产品，要多跑外面学习，就是累了点，通过电商为乡亲们销售土产品，我感到非常光荣。”任晓梅就是这样“累并快乐着”。

任晓梅创立的合作社被市区县先后评为“示范合作社”“三八红旗先进集体”“扶贫示范合作社”。任晓梅个人也先后被固原市、自治区评为“巾帼创业之星”“法人科技特派员”；2015年，被选派参加国务院扶贫办贫困村致富带头人培训班；2017年，被县妇联评选为“优秀女电商”。

高原沃土种希望　循环农业创丰绩

——记西吉县新型职业农民苏相锋

金秋十月，当你驾车飞驰在美丽的马莲川，即将进入革命红色圣地将台堡时，映入你眼帘的是一座座现代精致的设施农业温棚，有建造整齐的万里淀粉公司，还有漫山遍野的马铃薯基地，更有这片热土的主人，远远的，朴实无华的味道就迎面扑来，憨厚热情的笑容沁人心脾。他就是苏相锋，西吉县向丰农业集团公司总经理。

一提起苏相锋，当地百姓无不竖起大拇指，对他真心服务群众、维护民族团结所付出的努力更是赞不绝口。多年来，苏相锋为全村的经济发展和民族团结做了大量的工作，先后多次获得“优秀企业家”“青年创业奖”等殊荣。他用自己无私奉献的精神和对广大村民炽热的情怀，实践着一名共产党员为人民服务的宗旨，为维护张堡村的社会稳定、促进民族团结默默地奉献着。

发展马铃薯产业，拉长产业链

新型职业农民将以从事农业作为固定乃至终身职业，是真正的“农业继承人”。培育新型职业农民不仅解决了“谁来种地”的现实难题，更是解决了“怎样种地”的深层问题。2006年，参加西吉县农业技术推广学校举办的农民技术培训班，成为苏相锋人生的转折点。

在培训课上，苏相锋了解到西吉县是中国著名的“马铃薯之乡”，县内海拔高、气温低、温差大，雨热相对充足，是全国最适宜种植马铃薯和最具发展潜力的区域之一，生产的马铃薯淀粉含量高、口感好、品质优、耐贮藏，尤其是新薯畅销国内外。于是苏相锋萌生了发展马铃薯产业的想法。他把自家的15亩土地全部种上马铃薯，当年增收2.2万元。2007年，他又在张堡塬村流转土地220亩，用于种植马铃薯，实现增收136万元。

时间从来不会说谎，也能印证事实。苏相锋用一系列成就向笔者展示这些年来自己走过的路：2009年，带领全村村民成立西吉县向丰马铃薯种薯繁育推广专业合作社，为马莲乡全乡及周边群众提供优质马铃薯种薯；2010年2月，注册成立西吉县万里淀粉有限公司，引进德国瑞德华年产4万吨马铃薯淀粉加工生产线，年加工马铃薯鲜薯7万吨，生产马铃薯精制淀粉1.1万吨，解决当地农民就业120人；2011年9月，生产的“向丰”牌马铃薯淀粉被中国绿色食品发展中心认定为绿色食品，该品牌淀粉于同年12月被自治区名牌战略推进委员会评为“宁夏名牌产品”，2014年7月，西吉县万里淀粉有限公司被自治区人民政府评为“自治区农业产业化龙头企业”；2015年，西吉县向丰马铃薯种薯繁育推广专业合作社被评为自治区级示范合作社；2016年，建成马铃薯原种基地850亩，生产原种935吨，建成一级种示范基地5150亩，生产一级种薯7720吨原种，还投资500多万元建设马铃薯种薯贮藏窖，使脱毒种薯应运率在全村达到95%，亩增产达到500公斤，社员平均亩增收750元，人均可支配收入8840元；2017年1月，公司被自治区人民政府命名为第八批农业产业化自治区重点龙头企业；2017年7月，张堡塬村被农业部认定为第七批全国一村一品（马铃薯）示范村镇。

接二连三促融合，打造生态链

“参加新型职业农民培训，不仅让我掌握了多种技术，也让我对现代农业、绿色发展有了新的认识。”苏相锋深有感触地说。为了更好地带动全村群众发家致富，他非常重视培训学习，不仅自己多次参加区、市、县农广校组织的新型职业农民、农村实用人才、产业扶贫等各类培训，还带领合作社成员分批次参加培训，言传身教地给合作社成员传授自己的经验和技术，让他们在学习过程中不断转变思想观念，提高专业技术和管理水平。

2015年4月，在宁夏农林科学院专家的指导下，苏相锋经过充分论证，按照整体化设计原则，创造性地选择“肉牛标准化规模养殖→牛粪加工有机肥→有机肥还田种植马铃薯、绿色蔬菜、优质牧草→牧草饲养肉牛”的种养一体化生态农业循环模式，高起点、高标准、高水平打造的现代生态循环农业示范园，建成标准化养殖园1座，标准化双排牛舍10座15000平方米、草料大棚2座4000平方米、青贮池3座10000立方米，饲养安格斯、西门塔尔基础母牛600头，为“精准扶贫”“整村推进”等项目农户调购良种基础母牛3500头，年繁殖牛犊500头，实现利润205万元。

“发展现代生态农业，才能实现农业的可持续发展，才能脱贫富民。”宁夏向丰现代循环农业示范园经理荀长寿介绍，园区创建人苏相锋充分发挥党组织带头人“领头雁”和致富带头人“排头兵”作用，探索出“借母产犊”“四方合作”和“无偿资助”三种模式，增强贫困户的“造血功能”。园区招收当地“建档立卡户”近300名农民到种植基地、养殖园区、淀粉公司务工，周边农户户均年增收5000元以上。

与此同时，苏相锋于2015年9月建成现代农业综合服务中心，建筑面积1500平方米，下设农民田间学校1所、测土配方室1间、农机作业服务室1间、网络销售平台1个、物联科技室1间。“年均供应各类专用配方肥和有机肥9800吨，同时与西吉县农广校大力开展培训学习合作，累计培训新型职业农民500人次，购置大中型拖拉机、旋耕机等40余台，为当地农户和合作社社员提供代耕、代种、代收全程机械化一体服务，服务面积达11800亩。”苏相锋自豪地告诉笔者。2016年9月，建成蔬菜标准园1个、宁夏第三代大跨度日光温室4座、单层全钢架大拱棚12座、双层全钢架大拱棚6座，共占面积160亩。示范种植草莓、西兰花、油桃等反季节特色果蔬，推广水肥一体化技术、滴灌节水技术，使蔬菜新品种覆盖率达到100%，水的利用率达到90%。示范推广病虫害绿色防控技术，增施本园区生产的有机肥，实施投入品管理、生产档案记录、产品检测、质量追溯等全程质量管理，确保蔬菜产品的质量安全。

创新向丰扶贫模式，形成利益链

农村贫困人口脱贫，是我国全面建成小康社会最艰巨的任务。将精准扶贫聚焦于职业农民，不仅能提升其自身的脱贫能力，而且能增强他们的带动能力，确保帮到点上、扶到根上，这也将成为打赢脱贫攻坚战的法宝之一。

西吉县是国家和宁夏扶贫开发重点县。近年来，苏相锋把帮助精准贫困户脱贫致富作为自己的重要责任，发挥自身技术、资金、市场等方面的优势效应，精准对接具有养殖能力而无资金和技术的建档立卡精准扶贫户，为马莲乡张堡塬村、罗曼沟村和北山村3个村120户建档立卡贫困户代养150头西门塔尔基础母牛，共计投入资金165万元，平均每户增收5000元。同时，公司还加大对帮扶村劳动力就业培训，吸纳农民劳动力到帮扶企业就业，每年解决当地近300名“建档立卡贫困户”农民的务工问题。据统计，公司2015年，发放农民工工资286万元，2016年发放农民工工资450万元，2017年发放农民工工资386万元。2018年，示范带动马莲乡北坡村、陆家沟村精准扶贫建档立卡农民83户，种植菠菜332亩，户均增收3.6万元。通过这种产业帮扶模式创新，增强了贫困户自身造血功能，使贫困户与企业形成紧密的利益共同体，参与企业产业链利益分成，确保了贫困户包盈不亏、稳定增收。

有想法、有干劲、有梦想的职业农民苏相锋正在希望的田野上谱写着自己的精彩人生，正悄然影响和改变着我们的农民大军。由于踏实能干、敢于创新、成绩突出，苏相锋先后获得“全县优秀共产党员”“全市优秀致富带头人”“全区十佳农民”等荣誉。

林下生态鸡让生活更美丽

——记隆德县新型职业农民杜王成

“计划在三年内带动100户农户加入合作社，把这个产业进一步做大做强。”这是隆德县温堡乡杜川村农民杜王成的豪言壮语，为此杜王成正一步步完成自己的梦想。

为人憨厚的杜王成高中毕业后，一直都在农村从事着农业生产，按照自己的农业规划构想，一步一个脚印儿地走着自己的创业发展之路。近三年来，他在隆德生态养殖上创造出全县第一，流转耕地、养殖林下生态鸡2万多只，集中规模养殖。并加强周边人才、农户的引导，通过他的示范带动，让更多的农户参与到生态养殖当中来。

钻研农技，推动产业发展

杜王成干一行爱一行，有较强的创新意识和开拓精神。2014年他承包了600亩荒地从事生态养殖。就在这片黄土地上，他开垦出了一片自己的广阔天地，从林下生态养鸡做起。在养殖季节，杜王成“守候”在林间，巡视树林地带，观察鸡吃食情况及活动规律，总结出了一整套的养殖经验和技巧。善于思考并敢于尝试的杜王成，当别人还在养殖3000只鸡的时候，他已养殖10000只鸡，在杜川村他是第一家养殖林下生态鸡的养殖户。通过不断摸索和大胆实践，现在，他已成为“不离乡，不离土”的养殖专家。

2015年，杜王成进一步扩大养殖规模，创办了隆德县平顺生态养鸡专业合作社。2015年底，杜王成的林下生态鸡获得了“无公害农产品证书”，养殖专业合作社也被认定为“隆德县林下生态养殖示范基地”。

2018年，杜王成申报了林下生态养殖示范基地建设项目。目前，该项目正在建设中，养殖车间面积将达到4000平方米，预计林下生态鸡养殖规模将达到6万只。“项目的实施，将提高杜川村养殖业布局结构的合理性、科学性，突出规模优势，带动县城及杜川村周边的林下生态养殖生产，并进一步拓宽周边地区劳动力的就业渠道，基地将在提供优质鸡品种的同时，提供技术指导，努力提高饲料利用率，使用低毒高效的鸡用药物，力求采用生态养殖模式，最大限度地降低对水环境的污染。”杜王成向笔者介绍自己新项目的预期效果。

坚持学习，提高自身素质

“要想进步，就得学习。”这是杜王成常挂在嘴边的一句话。2017年8月，得知隆德县农业广播电视学校在进行新型职业农民养殖大户和蔬菜种植大户专业招生时，杜王成踊跃报了名。同时，他还动员自己的亲属报名参加学习。在杜王成的引导和影响下，周边养殖户10余人于2017年10月报名参加了隆德县农业广播电视学校组织的新型职业农民培育班“林下生态养殖”工种学习。

在2016年11月份申报注册了“啼晓环宇”商标，填补了当地农产品养殖品牌建设方面的空白，扩大了当地在周边县市农产品养殖的影响。眼下，杜王成正在筹集资金打算以“啼晓环宇”为商标进行生态鸡熟制品加工。截至目前，杜王成的养鸡规模已经达到1万只，其中2000只生态母鸡年产蛋20万枚；在年初又引进1000只兔子进行放养。边学习边干事，杜王成事业越做越大。产销一条龙让合作社对接上了大市场。为了让农民增收、合作社增效，公司与合作社根据“龙头企业+合作社+农户”的形式结成联盟，共同发展。生态鸡、生态鸡蛋已销往宁夏各地以及周边省市的大型农产品批发市场和部分超市。

勇挑重担，带动农民致富

在养殖市场低迷期间，杜王成流转荒地100亩，扩大了养殖面积，已解决当地20户贫困家庭的就业问题，建档立卡30户，合作社成立后积极地带动了村民们的就业，解决了90多名农民就近就业的难题，合作社取得了诸多成绩和效益的同时，也收获了不少荣誉。2016年，合作社被固原市农牧局授予“优秀专业合作社”；被隆德县评为“县级示范合作社”。

除了林下生态鸡养殖，杜王成还从事其他行业。2017年，杜王成注册了隆德县果蔬蔬菜种植专业合作社，开垦出100亩地进行蔬菜种植。2017年，他承担了隆德县农业广播电视学校的“西芹高垄覆膜栽培”并且为周边农户参观学习提供了场所。同时，他又发展禽类养殖。目前，他对蔬菜种植、林下生态鸡养殖和畜牧养殖进行合理的布局和规划，经营范围集农、林、牧业于一体，带动周边农户上百户。

草可为业春满山

——记隆德县新型职业农民刘路陆

身着隆德农村寻常可见的方格T恤牛仔裤，黝黑的脸上透着西北大汉标志性的憨厚与忠实。眼前这位农民，就是优秀共产党员“新型职业农民”刘路陆。在隆德县说起新型职业农民就会想到刘路陆，说起刘路陆就像讲述一个传奇故事。

情牵草业，缘自刘路陆对知识、科技的渴求和带领群众致富的强烈使命感。

自主创业路上的蝶变

出生在农村的刘路陆，打小深知农民的艰辛和苦难，他想摆脱这样的生活，于是下定决心去学医。“2000年毕业之后，我想为家乡父老做点什么，决定筹资开办‘路路大药房’，用自己的双手，凭自己的本事来为他们去除疾病带来的痛苦。可是，我哪知道药品的价格之贵，农村百姓依然负担不起。”刘路陆思前想后决定找一个土里刨金的办法，带领父老乡亲走出贫穷。

几次创业失败后，刘路陆偶然得知牧草可以赚钱，且成本低、风险小，于是他最终将目标锁定在了牧草产业。“2006年，我开始在家乡尝试草产业经营。起初，因为资源、资金有限，我以牧草收购贩运为主。不料，一场大雪将草棚压垮，收回来的几百吨草因雨水浸泡而发霉变质。看到这一幕，我心如刀绞，一大家子就指着它变钱来维持生计呢，却落了个血本无归。但我就不信我把这件事情做不成。”说起自己的第一次牧草生意，刘路陆感慨万千。

跌跌爬爬，为减少经营管理中的损失，刘路陆刻苦学习牧草种植、收割、加工、储存的有关知识，在实践中不断向有关专业技术人士请教，以提高自身素质，努力做一个立足当地的专业人才、经营人才、创业人才。

2010年3月，刘路陆成立了隆德县腾发牧草专业合作社，这一年他的事业走上了轨道。刘路陆告诉笔者，合作社共有社员107人，注册资金500万元。合作社的成功创办实现了在隆德县草业领域集种植、加工、销售一体化的产业化经营，开创了当地“草可为业”的先例。但由于农户的种植、管理方式传统，导致牧草品质下降，影响合作社的产品质量信誉。为了推广牧草产业科学化种植，刘路陆忍受着别人对他的质疑和白眼，依然积极带领大家深入田间地头，将自己所学到的知识、技术全部讲授给大家。对大家提出的问题进行仔细研究、分析并请教专业人士予以解决。

2013年，在推动全县草产业长足发展的背景下，合作社决定流转土地，选择适合当地的优良品种，自建优质牧草基地，并从种植品种、种植方式、田间管理、收割时间及收割方法等方面给其他种植户做个示范和样板，努力提高全县牧草种植科学化水平。在刘路陆的带领下，合作社在张程乡、神林乡流转土地4500亩，建成优质牧草示范基地4311.5亩。刘路陆从此有了自己的基地，可以生产优质的产品。在此基地上，他向广大种植户示范了优良品种、机械种植、科学管理、适时机械收割的新技术，从品种选择、种植技术、加工方式、销售渠道上突破“传统”的约束，带领社员群众走一条产业化发展的路子。

不安现状，做六盘山的行业大佬

合作社发展得风生水起，但刘路陆并不满足现状，他想多元发展。2014年，刘路陆牵头成立固原市六盘山草业协会。2015年，他筹资将合作社又进行了改扩建，将牧草加工场所扩大到2万平方米，新建办公场所500平方米，储草库棚1万平方米。2016年，由他发起成立了隆德县腾发农机服务有限公司，以农机具销售，机械、机具维修、保养，农机作业服务，农机技术服务及农副产品销售为主。2017年底，农机公司拥有动力机械及机具80台（套），基本实现一主机四配套。现有农机库1000平方米，农机维修车间200平方米，办公场所300平方米，公司建成后，每年完成旋耕土地3万亩，机播1万亩，牧草收割、收获2万亩，土地深松3万亩，机械施肥、喷药、中耕0.8万亩。年耕种收总面积9.8万亩，年农机经营纯收入235万元。也为牧草种植、收获、加工等提供了便利条件。2017年，合作社在神林乡岳村流转土地7000亩，种植优质牧草示范基地3050亩，中苜3号种子田200亩。与宁夏大学草业科学系合作种植苜蓿120多个品种，甜高粱20多个品种，燕麦草40多个品种，将办公场所扩建至1700平方米。同年，刘路陆筹资800多万元，在神林乡神林村建成了隆德县腾发农业社会化综合服务站，综合服务站以农资，农机，种子销售，测土配肥，植物保护，农副产品加工销售，苗木种植、采购及销售，病虫害统防统治，农民实用技术培训为主。

一花独放不是春，百花齐放春满园。经过多年努力，合作社不断地发展壮大。2018年，合作社种植高产优质紫花苜蓿示范基地3159亩。同时，因技术领域的有力支撑，与宁夏大学共同实施了“退化苜蓿草地更新复壮及牧草新品种规模化种植技术集成与示范”项目。目前，合作社、农机公司、综合服务站资产总额达到4730万元，其中固定资产3200

多万元。共有紫花苜蓿种植基地11300余亩，年生产加工能力5万多吨，销售各类苜蓿产品2万多吨，年产值1100多万元。整个产业带动周边1000多农户及建档立卡贫困户参与种植与经营，直接收入130万元，带动就业300余人。2017—2018年，合作社已对100余户建档立卡户、8户兜底户实施帮扶，帮扶资金达50万元。合作社生产的优质苜蓿草颗粒、草捆、草粉、包膜青贮等多种产品，远销山东、江苏、浙江、广东、广西，四川、河南等地，为当地农民致富创造了良好平台。

在刘路陆团队的苦心经营下，合作社于2011年被隆德县评为“县级示范合作社”；2012年被自治区农牧厅阳光工程评为“实训培训基地”；2013年被固原市评为“市级示范合作社”，被固原市政府评为“先进集体”，被自治区农牧厅评为“区级示范合作社”；2014年被评为“国家级示范合作社”；2016年被国家农民日报社评为“精准植保基地”“农药无残留基地”，被自治区扶贫办评为“区级示范合作社”。2016年刘路陆被固原市农牧局评为“十二五”期间全市人工种草先进个人；2017年1月，合作社被固原市草业协会评为“2016年度先进集体”；2017年刘路陆被农业部“风鹏行动”评为国家新型职业农民，合作社被国家质量技术局评为“3A级质量信用单位”，被宁夏黄河银行评为“3A级信用单位”；2018年9月合作社被固原市委组织部、固原市农牧局评为“固原市农村实用人才培（实）训基地”；2018年9月刘路陆被隆德县委员会、隆德县人民政府评为“勤劳致富光荣户”。刘路陆成为当地名人，一个让人刮目相看的新型职业农民，一个学科技、用科技创业的示范带头人。

让高原冷凉蔬菜产业火起来

——记隆德县新型职业农民王安明

王安明，曾是一个地地道道的农民，生在农村，长在农村；但他不甘心做一辈子农民，在党的农村政策的指引下，经过多年的努力打拼，如今已成为隆德县民安农副产品综合开发有限公司董事长，远近闻名的奔小康的带头人。

依托科技求发展，提升水平创财富

“一个产业的成长不是一两个人能够完成的，必须要有一个大的龙头企业为引领，在品种、技术、市场上才能有保障，要有广大的农户参与才能形成规模，否则很难持续发展。这一方面要完善自身的生产功能，另一方面要加强当地农户的引导，通过示范带动，为农民提供种苗和技术指导，让更多的农户参与到高原冷凉蔬菜的种植中来。”对于自己的事业，王安明有着清晰的路线规划，他计划在3年内带动农户150户发展高原冷凉蔬菜种植基地3000亩，把这个产业进一步做大做强，也让自己的事业不断壮大，让地方农民得到更大利益。2014年，王安明出资成立隆德县民安农副产品综合开发有限公司，集中所有力量开始全心全意带领联财镇联合村村民脱贫致富奔小康。

2015年12月，合作社与隆德县隆昌实业有限公司通力合作，建立了有国际领先保鲜储存条件的冷链物流中心，延长了菜农供菜周期，增强了菜农对于市场调控的抵抗力。利用前沿科技，持续更新种植技术，成立了专业的蔬菜种植技术研发室，每月定期对成员进行跟踪服务，建立信息回馈机制，指导合作社成员按健康种植技术规程进行标准化种植。三大举措让蔬菜种植户技术水平普遍得以提升，成员们的蔬菜种植效益每亩高出了固原其他县市种植户的800～1000元。

公司与合作社在种植上实行五统一服务管理，即“统一生产计划、统一生产标准、统一施肥管理，统一技术服务、统一进行加工销售”，服务率达到90%。实行“产前、产中、产后”一条龙服务，标准化生产率达到95%。投资200万元，配置了灌溉、耕整、播种、运输等各类现代化农业机械设备30余台（件），注册的“野鲜堂掌柜”商标，填补了当地农产品种植品牌建设方面的空白，扩大了当地在周边县市农产品种植的影响。

博得人心众人拥，获取人生喝彩声

在王安明的带领和帮助下，全村501户农民搭建日光温棚3000亩，发展养殖业10户2000只（头），开办电商160余处，小作坊3处。2018年在他公司的带动下，实施“龙头企业带动蔬菜产业融合发展项目”，带动28户蔬菜种植户建立“五优”蔬菜基地，种植蔬菜2500亩。

在王安明和种植大户的积极配合和努力下，蔬菜喜获丰收，产量达到7759吨，较历年平均每亩增产1000斤；产值达到1846.98万元。蔬菜种植户平均净收入达到12万元，实现了蔬菜种植收益高峰。同时还栽培可观赏、能采摘和能带来效益的苹果、梨树、杏树、海棠、樱桃、山楂、李子、大果秦子、文冠果、枣、圣诞果等15种25类经果林380亩。公司与合作社的发展有效解决了农村剩余劳动力，当地农户特别是建档立卡贫困户就近务工54000人次，年共获得务工收入180万元，人均年务工收入达到了15000元，既解决了贫困户生产生活的困难，又提高了他们早日脱贫致富信心。通过几年的努力，王安明在自己致富的同时农民的生产生活水平得到了很大的提高，全村农民人均纯收入由2014年的3200元提高到2017年的6500元，实现了农民收入翻番，村容村貌村风得到了有效的改善。截至目前，王安明所在村的125户建档立卡贫困户已基本实现了脱贫。

不忘初心，回馈社会

在国家富民政策指引下，王安明走上了富裕道路。他始终牢记党的恩情，始终牢记回馈社会的责任，对所在县、镇、村发起的公益活动积极响应和参加。具有代表意义的是，王安明为所在地联合村出资5

万元，建立文化娱乐场所；为县扶贫办发起的扶贫救助活动捐助15000元；为六盘山村镇银行发起的助学活动捐助5000元；为所在村五保户老年饭桌捐助3000元。王安明说，今后随着公司的不断发展壮大，他要走好自己的公益道路，尽全力回馈社会。

现在，王安明又回归到了最初的农民身份，只是现在的这个农民已经成为现代职业农民的带头人。他成为带动全村乃至全镇想依靠高原夏凉蔬菜为生财之道的致富之路引路人。

通过近三年不懈努力，王安明的公司、旗下合作社和他本人，也收获了不少荣誉。2015年，合作社被固原市农牧局授予“优秀专业合作社”称号；2016年，合作社被隆德县评为“县级示范合作社”，公司获联财镇脱贫攻坚先进集体。王安明本人于2016年被宁夏科技厅授予“法人科技特派员”称号，于2017年被隆德县授予“致富带头人”称号。

兴创科技路　造福众乡亲

——记隆德县新型职业农民杨忠礼

近年来，在国家政策支持的大背景下，农村创业的大潮兴起。城里人下乡做农民，农村人返乡去创业，成了无数人实现致富梦想的新途径。如今，许多人凭借着自己坚持不懈的勇气和勤勤恳恳的干劲已经事业有成。

土生土长的隆德县观庄乡林园村农民、隆德县林园家庭农场经理杨忠礼就是这其中一位。高中毕业后，杨忠礼就开始创业，在十多年的打拼过程中，从未离开过生养他的这片土地。党的十八大之后，在国家政策的驱动下，杨忠礼成立了家庭农场，期望通过他的引导让林园村乡亲们成为社会主义新型农民，早日脱贫致富。

以农业为根，引导产业脱贫

林园村地处六盘山区，气候偏凉，适合种植道地中药材。2013年，依托自然环境优势，杨忠礼带领全村100多户村民搞药材种植，从甘肃、陇西引进人才和技术，在林园村发展药材产业。“2014年药材喜获丰收，每户从中收益6000元左右。看到乡亲们有了效益，我心里就踏实了，信心更足了。”杨忠礼说。2015年，杨忠礼牵头带领周边地区合作社、家庭农场和农户开始走规模化路子，向药材的苗木供应、种植、管理、回收各个环节发展，500亩的中药材又喜获丰收，产值达100万元。2017年种植的800多亩中药材，创经济效益160多万元。在2018年，隆德县又在农业结构调整上加大了产业投资力度，以小秋杂粮产业为主，他带动农户及合作社把企业的种植计划扩展到本县搬迁的地域，大面积种植中药材，兼带小秋杂粮，签约面积1000多亩，当年实现产值100多万元，得到固原农牧局的肯定，并给予相应补贴。

林园村是隆德县典型的贫困村，农业基础设施条件相对较差，经济落后。多年来，零散的传统农业种植模式导致农业创新能力不强，信息化程度低，土地收益差，农民种植积极性不高，传统农业模式已严重制约了当地农业的发展。2013年以前，全村贫困户200多户，农民人均收入不足3000元。这些年在杨忠礼的带动下，就有100多户参与中药材种植，仅此一项，村民年增收达2万余元。2015年底，杨忠礼从村外流转和承包耕地，发展药材种植和推广种植小秋杂粮作物。在林园村的示范带动下，周边10余个村庄也相继发展中药材和小秋杂粮作物的规模化种植。2016年，杨忠礼承担村上的3户五保户、15户贫困户的发展重任，当年就为这些帮扶户创造经济效益10多万元。2017年，林园村贫困户减少到70户。2018年，他带动全村70多户贫困户，大面积种植药材及小杂粮，喜获丰收，得到了老百姓的赞扬。杨忠礼带领乡亲走出了一条脱贫致富的阳光大道。

以科技为魂，用品牌敲响市场

2014年，隆德县不断调整产业结构助力脱贫攻坚，杨忠礼流转200亩土地进行中药材试点种植。2015年，除了成本投资以外，试点种植赚了30万元，这也使杨忠礼悟出“科学种植离不开专业知识和技术支撑”的道理。“2015年，我参加了自治区扶贫办组织的‘致富带头人’培训班，赴福建等地观摩学习。通过观摩学习，我学会了农作物测土配方施肥、药剂拌种、足墒播种、精心整地、播后镇压、春草秋治、看苗施肥看苗浇水等一系列新型农业技术；我还经常邀请县农牧局农业专家到村上，对村民进行技术指导。”杨忠礼开始全身心地扑在科技知识的学习上。

六盘山山区所产的中药材药用价值高，非常受市场欢迎。为了让六盘山道地中药材的牌子更加响亮，杨忠礼一直注重药材品质的培育。除了打理好自己的药材品质，他还给周边农户提供种苗和技术指导，为药农建立药材诚信档案，结合信用评分给予农户种植的药材不同的收购价，这也让农户逐渐培养起诚信意识。

杨忠礼的家庭农场自建立以来就实行严格的现代化管理制度，有一套内部管理体系，明确的岗位职责。杨忠礼认为：“在现代市场竞争中，人才、销售、品牌质量这三样‘法宝’是农场发展的关键。因此，农场在人员待遇上，对管理及技术骨干人员实行期权管理，按各人的职位及贡献给予一定份额的股份，这部分股权可随着家庭农场的发展逐步扩大，可参与分红。这些举措极大地鼓励了管理人员及技术骨干的干事热情，管理队伍平稳运行，使家庭农场长期稳定的发展有了人才保障。”

在销售管理上，农场建立了较完善的营销体系及政策，并有一支由专业人员组成的营销队伍，采用地域营销的组织形式，在种植与生产方面严把品牌质量关和效益关。品种选育上实行统一规划，中药材特别注重产质，实行无公害种植，产业化管理，高质量生产，让产品品质优良率保证在95%以上。看到农场的事业蒸蒸日上，杨忠礼计划在2019年投资100多万元购置生产设备，扩大加工规模，并建设一个加工厂储藏库，派专职人员对接西北地区的药材市场，建立电商平台，进一步打响六盘山道地中药材的品牌。

在这拼搏奋斗的几年内，政策的倾斜、政府的关怀、老百姓的信任、专业人员的指导让杨忠礼的农场不断向前。2015年、2016年杨忠礼被乡政府评为“村先进致富带头人”“先进共产党员”。杨忠礼说，现在他既是一个农民，又不止是一个农民，他还是一个带动全村乃至周边农户依靠药材种植、销售迈向致富之路的“生产队长”和“领跑者”。

矢志不渝　梦想成真

——记隆德县新型职业农民张建龙

在隆德县提起养牛人张建龙，可谓无人不知、无人不晓。这位肤色黝黑的青年，凭着对“黄牛梦”的执着追求和坚韧毅力，创办了隆德县腾龙牧业专业合作社，帮助农民建圈舍、送技术、做销售，带动当地农民共同发展养殖，为养牛户搭建经贸服务平台，成为当地人人皆知、享有名气的养牛致富带头人。

艰苦创业，苦心经营

“创业如浪中行舟，要坚定信心，矢志不移，果敢地搏击冲浪，就能到达成功的彼岸。”这是张建龙对创业的感悟。起初，张建龙看到别人养牛挣了钱，心里特别羡慕，于是自己也开始养牛，但他的创业之路却异常艰辛。为了实现自己的“黄牛梦”，张建龙四处奔走搞市场调查，走访养牛户，虚心地向他们请教养牛的知识和经验；到外地参观别人的养牛场；购买相关图书，订阅养殖方面的报纸、杂志，上网查阅各种养牛资料；同时向县、镇畜牧站的技术人员虚心请教学习。“起初贷款25万元，修建了200平方米的标准化圈舍，购置肉牛30头，办起了肉牛养殖场。同时，我又流转村上土地种植苜蓿和玉米1000亩，保障优质饲草供给。养殖场规模越做越大，养殖效益也越来越好。”张建龙从新品种引进改良、科学育肥、养殖示范园建设上都积极争取，尝试养殖贩运相结合，把本地沙塘镇肉牛贩运到西安、平凉、河南、内蒙古等地市场，为改进当地肉牛养殖品种，联系本地养牛户到张掖、威武等地调运优质基础母牛新品种，繁荣了本地市场，促进了经济发展。

“虽然创业的过程是艰辛的，但创业成果却令人欣慰。”张建龙对创业的感触颇深。他所在地属全镇聚居区，人均拥有耕地量大，饲草种植面积充足，占总耕地43%，该村群众历来有饲养，贩运肉牛的传统习惯，肉牛存栏量大，是一个肉牛及其肉牛产品交易流通的集散地，养牛成为当地群众经济收入的主要来源。在此背景下，为解决单家独户在养殖中存在品种改良迟缓，管理技术落后，市场信息不灵，销售渠道不畅，产业发展徘徊不前，农民增收缓慢等问题，2010年8月张建龙又在县工商管理局注册成立隆德县腾龙牧业专业合作社，年实现产值1300多万元。

为实现农户增收，张建龙带领合作社实行了“四统一”管理，即统一购牛、统一饲养标准、统一技术服务、统一产品销售。“四统一”带来了良好效益，促动了当地及周边牛产业的迅速发展，提升了肉牛养殖科技水平。通过合作社带动，2018年社员共建成标准化牛舍150栋，“三贮一化”池150个，购进基础母牛485头，种植优质牧草1240亩。全村形成了“合作社+农户+基地”的养殖模式，真正实现了“品种优化，技术配套，机构创新，综合示范，产业升级”的肉牛产业发展目标。

情系社员，助民脱贫

作为市县两级脱贫产业致富“带头人”，张建龙积极践行“一人富了不算富，乡亲们富了才算富”的诺言，把很多精力倾注在“产业帮扶，养牛致富”的路上。如何脱贫，张建龙说：“把帮扶村30户贫困户都吸收为本社社员，多方引导他们种草养牛，实现产业扶贫，以破解贫困户‘等靠要’的懒惰思想，激发其内生动力、树立勤劳致富理念为先导，以确立稳定脱贫持续发展机制为目的，因户施策，强力推进。2018年，对有体力但因缺资金、缺技术、不善管理等客观因素的20户建档立卡户，通过担保10万元左右贷款、统购统销、跟踪管理等途径，确保户均种草10亩、养牛5头以上，实现户均养牛年收入3万~5万元；对有体力但主观上懒惰、不愿通过生产劳动脱贫致富的10户建档立卡户，通过先期纳入合作社务工、体验种草养牛、对症指导等措施，后期担保10万元左右贷款、赊基础母牛等途径，实现户均养牛年收入3万元。做到贫困户、合作社利益联结起来，实现帮扶目标。”

作为全县规模最大的养牛合作社之一，张建龙有着自己的规划：“以推进全县肉牛养殖专业化、养殖利益最大化，建立养殖基地带合作社、合作社帮扶贫困户脱贫机制为己任，实现全县以种草养牛作为主导产业决战脱贫致富的决胜目标。”张建龙从良种肉牛产区集中采购基础母牛，以采购价销售或赊销给全县贫困户，并签订高于市场的价格回购贫困户饲养的牛犊、育肥牛和淘汰基础母牛。2018年上半年，合作社向全县贫困户以采购价销售或赊销良种基础母牛100多头，每头让利贫困户500元，确保了贫困户养牛有较高的收益，激发了全镇更多的贫困户走上种草养牛实现稳定脱贫的路子。

2018年，为解决全县撂荒地的突出问题，张建龙带领合作社成员与其他乡镇、村组签订了1500亩撂荒地种植青贮玉米饲草的订单合同，这样，既促进了粮改饲多元种植结构的调整，又解决了一些村组撂荒地问题，加快了全县决胜脱贫摘帽、同步小康的进程。为带动更多社员致富，他引导社员统一购进饲料，降低成本，指导按标准配方饲喂，科学合理育肥，肉牛生长快、出栏早、效益高。如该村的养牛户张小会前年加入合作社后，通过合作社购牛12头，每头的购买价格比市场价低160元，降低了生产成本，张小会现在牛存栏达到26头。同时，张建龙和县畜牧中心建立长期合作关系，并聘请固原市农科所教授担任养殖技术顾

问，每月组织会员举办培训班，从饲料配置、母牛管理、犊牛补饲、肉牛育肥、疫病防治等方面，提高养牛户科技水平。他为社员提供的架子牛育肥饲料配方，大大提高了饲料利用率。

目前，沙塘镇肉牛饲养量达2.9万头，农民养牛收入占到人均纯收入的近一半，真正实现了种草养牛奔小康。隆德县腾龙牧业专业合作社已发展成为连接市场、龙头企业与农户的桥梁和纽带，为提高农民进入市场的组织化程度，起到了积极的推动作用。合作社养殖园被授予“肉肉牛标准化养殖场”“国家级示范社”等荣誉称号；张建龙本人被授予“全区流动党员创业就业带头人”“全市优秀共产党员”“自治区劳动模范”荣誉称号。

在今后的养牛产业发展道路上，张建龙说，他将以更加饱满的热情，更加执着的追求，更加苦干的精神，坚持走科技创新路子，勇于探索种草养牛节本增效新技术，带动沙塘镇和全县草畜产业向规模化、标准化、科学化养殖大步迈进。

发展“空中农业” 实现脱贫富民

——记彭阳县新型职业农民陈泽恩

在“90后”的陈泽恩心旦始终有着一份难以割舍的养蜂情结。受家庭世代养蜂的影响，他上大学期间就开始研究中华蜂的习性及科学养殖技术，并回乡创业带动当地乡亲发家致富。

不甘平凡，再创出路

陈泽恩，出生于彭阳县孟塬乡的一个农民家庭。他不满一岁时，母亲便不幸去世。在他高一第二学期，父亲为了给他挣学费，在一家私营煤矿上班时被落煤击中，致使右臂两处骨折，从此不能负重。经过这两次沉重的打击，陈泽恩默默告诉自己，一定要坚强，并下定决心："一定要考上大学。"！

2011年，陈泽恩经过不懈努力，终于如愿以偿，跨进了大学的校门。入学时，因家境贫困，他用寒暑假打工积攒下来的钱加上贷款交了学费。到校后，同学们都在享受着梦寐以求的大学生活。他却没有一丝懈怠，而是刻苦学习，勤奋努力。2012年他就创立了"光色墙绘工作室"，2013年与人合伙成立了"园林景观工程公司"。创业路上他不惧艰辛，他用自己的实际行动实现着一个又一个的承诺，用自己赚到的钱供自己读书还补贴家用。

"经常在学校图书馆翻阅养蜂书籍，在一次与大学同学的交谈中，意外地发现中华蜂既不是产糖量低，也不是不能形成大规模养殖，更不是当地有些老年人口中的'五分财'或'命钱'，而是自己及家人不懂科学饲养，用原始的饲养方法'关不了王，换不了王，打不了糖'，不便于管理。原始的饲养方法还必须得毁巢取蜜，毁巢取蜜就相当于杀鸡取卵，会死伤大量的工蜂、幼蜂，破坏蜂巢，对整个蜂群造成严重的损伤。"受家庭世代养蜂的影响，陈泽恩对中华蜂有种特殊的感情。

2014年，陈泽恩对土蜂蜜的营养价值及价格做了详细的调研后，深入养蜂基地学习养蜂技术，决定拿出他上大学期间的所有积蓄用来养蜂。在他看来养蜂是一项空中农业，是利国利民，一举多得的产业。"既不与养殖业争饲料，也不与种植业争水土。只要借助当地得天独厚的地理位置及退耕还林还草优质的蜜源，便可获得甘甜的蜂蜜，是一项投资小见效快的致富产业。蜜蜂还能为农作物授粉，提高农作物的产量，从而增加全村乃至全乡农民的经济收入。"陈泽恩将想法告诉了亲朋好友，被父亲和很多亲友反对，他们说你读书就是为了走出大山，创造更好的生活环境，你现在的想法多年以后一定会让你后悔的。陈泽思下定了养蜂的决心，一次次耐心地做父亲的思想工作，最终说服了父亲。并让父亲把当地移民搬迁户中原始饲养的蜂群买回来进行活框饲养。一年下来，活框饲养比原始饲养的效益增长了数倍。

科学养殖，育强产业

2015年大学毕业后，陈泽恩不顾亲朋好友阻拦，毅然放弃了在园林景观公司任职的机会，带着自学的养蜂技术和实践经验回乡创业。创业之初，他勤奋好学不断追求进步。陈泽恩告诉笔者，他先后参加了县（市）区农广校组织举办的新型经营主体、农村实用人才等多次培训，使他的思想认识得到了进一步的提高，坚定了信念，再次让他认识到农村也是一片沃土，只要自己足够努力，就一定能有所作为。通过参加固原养蜂试验站举办的养蜂专业技术培训，他掌握了更先进、科学的养蜂技术。在此基础上，他借助当地得天独厚的地理优势及退耕还林还草优质的蜜源，用学到的先进养蜂技术，先对自家养殖的几十窝土蜂进行“活框”改造，获得成功。随后收回搬迁移民户的土巢蜜蜂进行“活框”饲养。2015年底，他便将自家养蜂规模扩大到80箱，产量也成倍增加，产蜜1800斤，当年实现收入10多万元。传统养蜂每年只能产蜜1次，每窝产蜜不足4斤，通过科学养殖，现在产蜜周期缩短15—20天，每箱每年可产蜜3~6次，单次产量提高到了2斤。预计1箱蜂管理得好，每年可产蜜18~36斤，产值1440~2880元，净利润可达1000元。

2016年，在党的政策的引领下，依托孟塬乡打造特色养蜂名乡品牌的机遇，陈泽恩投资30万元大力发展中华蜜蜂养殖产业，注册了“彭阳县山旮旯中蜂养殖合作社”和“梦原香”土蜂蜜商标。用蜂蜜和当地的五谷杂粮酿造出了芳香四溢的蜂蜜酒，采用木盒瓷罐式等对蜂蜜和蜂蜜酒进行包装以提高档次，采用实体店+互联网等多种渠道进行销售，2016年实现纯收入60多万元。

能力带动，助推脱贫

一滴汗水就有一分回报。凭着对农业发展更深的见解，以及合理运用资本、技术、品牌与土地有机结合，陈泽恩正在为当地农村的发展增添着新活力，成为大学生返乡创业的典范。

2016年7月，陈泽恩牵头成立了孟塬乡中蜂养殖协会，带动当地建档立卡精准扶贫户和一般户大力发展中华蜂养殖。通过"基地+合作社+协会+农户"的产业链，定期举办养蜂技术培训班，上门为乡亲们做技术指导，手把手传授养蜂技术。并在微信上建立"孟塬乡中蜂养殖技术交流群"，为孟塬乡父老乡亲提供交流和学习的平台，及时解决乡亲们在养蜂过程中遇到的问题。在政府的支持下，陈泽恩带动双树村100多户建档立卡贫困户走上养蜂致富道路，2016年光养蜂一项就可为贫困户带来人均2000元的纯收入。

2017年，陈泽恩带动孟塬乡小石沟村大力发展中华蜂养殖。全村发展养蜂103户1140箱，其中建档立卡贫困户发展养蜂53户540箱。截至目前，全村发展养蜂103户箱，100箱以上养蜂大户2家，年产蜜7500公斤以上，产值近120万元。在当地政府的支持下种植小秋杂粮、红花荞麦、圆圆胡麻等2260亩，为中华蜂养殖提供蜜源保障。走出一条绿色、优质、高效的发展之路，实现了生态效益和经济效益双赢。

2018年，陈泽恩借助当地得天独厚的地理位置和优质的蜜源大力发展蜂产业，建设蜂蜜生产灌装室、包装室、贮藏室、化验室各1间，引进蜂蜜灌装机、化验检测设备各1套，完成食品生产许可证"SC"认证。完善电商设施设备。为当地精准扶贫户解决销售难的问题。实现土蜂蜜和土特产走出大山走向市场，助推脱贫攻坚。截至目前，孟塬乡发展养蜂户456户4500多箱，其中贫困户养蜂324户2600多箱，蜂蜜年产量4万公斤以上，产值近700万元。

付出就有回报。通过这几年的发展，陈泽恩已成为中共党员、宁夏科技创新专家协会专家、固原市蜂业协会副理事长、固原市农村实用人才实（培）训基地负责人、彭阳县山旮旯中蜂养殖专业合作社负责人、孟塬乡中蜂养殖协会理事长、孟塬乡小石沟村支部副书记、中国共产党彭阳县第八次代表大会代表、彭阳县第九届人民代表大会代表。2016年，陈泽恩被评为固原市“全市优秀致富带头人”“全市优秀蜂农”；2017年，被评为“全县优秀致富带头人”，彭阳县“创业之星”“彭阳好青年”，“固原市优秀青年创业致富带头人”。2017年8月，陈泽恩被聘为国家蜂产业技术体系固原养蜂试验站“十三五”期间固原市彭阳县“中华蜜蜂健康高效饲养技术”试验示范蜂场负责人。

“壹珍”药业　生财有道

——记彭阳县新型职业农民韩万里

作为一个农民，想干成点事是很难的；对于一个高考落榜、白手起家的农村青年来说，就更是难上加难了。彭阳县城阳乡韩寨村农村青年韩万里，硬是凭借坚韧不拔的毅力、敢为人先的闯劲和勇于拼搏精神，成就了自己的精彩人生。

现年44岁的韩万里很多个头衔：彭阳县壹珍药业有限责任公司总经理、固原市中药材产业协会会长、彭阳县政协委员等等。

带领乡亲们脱贫致富

1997年，韩万里外出务工，这一干就是5年。这5年，韩万里开始种植中药材。创业是艰苦的，有时还有挫折，但他从来没有退却过，他最终用心血和汗水证实：农村青年一样可以拥有自己的事业，农村青年的人生一样可以很精彩！

随着农业产业结构调整力度的进一步加大和多项优惠政策的推行，农村经济发展环境十分优越。他瞄准中药材产业，并迅速行动起来。为稳妥起见，他进行了详细的市场调查。首先，找到政府有关部门的专业人员进行详细探讨、论证，了解发展中药材的可行性；其次，多次到河北、河南、甘肃、亳州、四川等地药材市场考察了解中药材的市场行情及前景。“通过调查，我了解到国内、国际对中药材的需求量都在逐年增加，中药材产业的前景十分广阔。我决心抓住这个机遇，大干一场。当年，我就将自家的25亩承包地全部种上了柴胡、黄芪等中药材，开始正式从事中药材生产。”韩万里说。

自种上药材以后，韩万里天天泡在地里，耕种、浇水、打药、锄草、施肥，每个环节都兢兢业业、一丝不苟，通过学习中药材种植方法、掌握中药材种植技术，刻苦的学习和实践，不仅熟练掌握了常见中药材的种子、种苗选择标准，病虫害防治方法，收获技巧等，还对常见中药材的出售时机、市场行情及销售网络烂熟于心，成了全乡有名的中药材种植能手。

功夫不负有心人。韩万里告诉笔者，他种植的中药材，不论是产量、质量，还是市场销售价格，都好于外地同类产品。自2001年起至今，韩万里先后承包120亩地，种植了黄芪、党参、板蓝根、红花等品种，亩产效益是普通农作物收入的3倍以上，而且产品畅销全国各药材市场，有时收购药材的外地客商交定金提前预订，驱车前来等货。

韩万里种中药材致富的消息传遍了彭阳县。受他影响，群众开始尝试种植中药材。“为了让大家少走弯路，尽快见效，使我乡中药材产业不断发展壮大，我毫无保留地向广大种植户传授种植管理技术，竭尽全力帮助大家。亲自帮助农户选购种子、种苗，亲自到田里指导农户平整土地、施肥下种。哪家农户管理中遇到了难题，来人或来电找我，我都尽量给予详细的解答，甚至亲自到地里给予指导。对于那些想种植中药材又苦于缺乏资金的农户，我主动找到他们，借给钱鼓励他们发展。”爽快的韩万里对于群众的积极性更是给予十足的诚意。

在韩万里以及多方努力下，城阳乡全乡共种植中药材1500多亩，中药材产业已初具规模。随着中药材种植户的逐渐增多，韩万里发现走街串户传授技术、零散经营已经很难满足许多农户和中药材市场发展趋势的需求。为了及时有效地解决群众的各种技术难题，推动全乡种植结构的快速调整，促进农业增效、农民增收这一目标的实现，在乡党委、政府，县供销社等有关单位的支持协助下，通过多方协调，于2002年，在城阳街道建成了中药材合作社。合作社拥有固定资产4万元，流动资产10万元，配备电视机、电脑等，高薪聘请了4名技术人员。合作社集良种繁育、物资供应、技术服务、药材收售于一体，不但解决了技术难题，也消除了很多农户担心中药材收获后卖不出去的后顾之忧，给广大药农吃了一颗定心丸。韩万里多次带着样品南下北上到全国各大药材产销地，向药材经销商及药材加工厂家详细介绍城阳乡中药材的产量、质量及发展前景，他们被韩万里的真诚与执着所打动，纷纷与合作社建立了稳定的产销关系。

小企业，大情怀

2013年，韩万里注册了壹珍药业有限责任公司，成为带动家乡中药材产业发展的龙头企业；2008年，组建了彭阳县康源农产品产销专业合作社。公司拥有固定资产889万元，中药材收贮和加工能力达670吨，成为群众脱贫致富的领军者。韩万里告诉笔者："2017年立足精准扶贫，为广大中药材种植户免费提供技术指导和服务，先后与50多户农户签订了订单式专业药材种植协议，其中建档立卡贫困户15户；带动周边1079户农户种植中药材10954亩。全年收购药材450吨、桃核杏核1200吨，年营业收入550万元，利润60万元。"

2018年，壹珍药业公司创建了"企业+合作社+基地+农户"的模式，大力发展订单种植，在城阳乡建成以黄芪、黄芩为主的千亩规范化示范基地1个，与城阳乡、小岔乡、孟塬乡等乡镇1500余户签订订单收购合同，其中建档立卡贫困户200余户2000亩左右。同时以高于当时市场价10%的条件与农户签订中药材收购协议，确保农户每亩收益在1000元以上的产业发展模式和利益共享、风险共担的利益联合机制，让农民种药规避了市场风险。

与此同时，作为彭阳县慈善总会的理事单位，壹珍药业有限责任公司每年都参加各类慈善公益活动。公司在2018年彭阳县"茹水情深，助力脱贫"首届公益慈善晚会中，捐赠人民币2000元。通过招标，公司获得了彭阳县林下中药材种植3万亩的任务。带动地方劳动就业244人（其中建档立卡户128人），务工农户直接受益21万元。公司在城阳乡、白阳镇、孟塬乡等地流转土地2500多亩，其中白阳镇中庄村连片1200多亩土地，为农民脱贫致富开拓了一条新的出路，也为解决务工群众创造了条件，开辟了中药材市场的一片新天地，创造了良好的经济效益和社会效益。

对于韩万里的奋斗和努力，党和政府给予了充分肯定。2002年，被团中央、农业部评为全国农村青年创业致富带头人；2003年，被县委、县政府评为全县优秀农民经纪人；2008年，被团中央组织部评为全国“百乡千村”团建创新优秀项目奖获得者；2015年，被彭阳县精神文明建设指导委员会评为最美彭阳人；2017年，被县委、县政府评为年度农村“两个带头人”先进个人；2018年，被彭阳县科学技术协会评为优秀农村科普带头人。合作社于2012年被授予“县级示范合作社”和市级“示范合作社”荣誉称号；2014年，被授予“国家级示范社”荣誉称号；2016年，被授予市级农业产业化龙头企业。

把脉蔬菜种植　开辟发展新径

——记固原市彭阳县新型职业农民扈志武

今年55岁的扈志武，是彭阳县红河镇友联村人。骨子里透着不甘和倔强的他不走寻常路，在传统农业生产中进行“土地革命”，向有限的土地要产量、要效益。33年来，在他的示范带动下，昔日贫穷的友联村不仅被打造成全县有名的蔬菜村、小康村，而且还为彭阳县发展设施农业贡献了可供借鉴的“友联样板”。

不甘贫穷，科技开道辟新径

1980年，高中毕业的扈志武成为一名待业青年。出去打工还是走父辈之路？扈志武选择了后者，但他却不甘心过“日初而作，日落而息”的生活，更不甘心被贫穷所左右。

如何让土地生金，靠土地脱贫致富？这个问题折磨得他日夜难安。思来想去，他意识到要想解决温饱问题，先得掌握一门技术。扈志武自费订阅与农业有关的各种报刊，边学习边实践。1988年，他利用当地充足的光、热、水、土资源优势建起了蔬菜温棚，成为当时的红河镇第一个温棚蔬菜种植户。

1990年，扈志武进行西瓜套种大白菜和辣椒田实验，在他的悉心培育下，一亩地的产出获得了将近4000元的好收入，信心倍增的他更加专注于设施温棚的种植，不断扩大规模，走出了依靠科技脱贫致富的路子。

“自己富了，乡亲们还穷着呢！”扈志武坐不住了。从1997年开始，扈志武以自己的家为教学点，免费向村民传授蔬菜种植知识，以自家的菜园为培训基地，手把手教村民种植设施蔬菜。在他的带动下，1997年友联村建造了新一代改良温室41栋，并创造了亩收入过万元的好成绩。友联村凭借种植蔬菜，成为彭阳县明星村。此后，红河镇开始全力推广设施蔬菜种植，仅辣椒一项，全镇种植面积就突破了1万亩。周边乡镇闻风而动，蔬菜产业蓬勃发展。“扈志武一心为老百姓做好事，我们信任他。”村民们说。2003年村委会换届选举时，扈志武全票当选为友联村村委会主任。

2004年以来，在扈志武的多方联系和精心组织下，友联村新修村道8条30公里，建立高效经果林示范点120亩，并为8眼机井和大口井配备了设备，建立了从镇政府到友联村部的4公里三级渣油公路，这也是彭阳县第一条村级渣油公路。良好的交通条件不但使村里的农产品源源不断地运往山外，还让群众走上了幸福生活的康庄大道。

2005年，在扈志武的带动下，全村300多户村民开始大面积种植蔬菜，户均年收入6000~7000元。村民兰志福说："扈志武现在是村里的种植顾问，谁家遇到问题，找他准能解决。"在扈志武的示范带动下，友联村户均纯收入上万元，大棚种植已成为村民致富奔小康的主要途径。

产业需求，全力兴办合作社

在扈志武的带动下，随着日光温室的增加和蔬菜种植规模的不断扩大，相关的问题也日益凸显出来。以辣椒为例，采收季节往往大批量上市，加之辣椒品种老化、品质差，菜商乘机竞相压价，出现了增产不增收的现象。怎么办？扈志武着急得上火。经过几个难眠之夜后，他想到了成立合作社，以合作社的方式经营辣椒产销，规避相关风险。与大伙商议后，扈志武率先在彭阳县成立了俊发辣椒种植专业合作社，种植户纷纷加入。

真真切切感受到合作社带来好处的种植户王国峰说："2006年高温天气引发辣椒白粉病，合作社请来专业农艺师实地诊断后制订了统防方案，早防早治，才避免了我们辣椒种植户遭受重大损失。"

不止如此，成立合作社后，从2008年开始，蔬菜种植面积猛增，仅红河镇6个村小拱棚就发展到3000栋，并创造了亩收入过万元的好成绩，人均纯收入达到4850元。2010年，扈志武再任红河乡农民专业合作社党总支书记兼蔬菜营销党支部书记，并成立了彭阳县第一个辣椒蔬菜销售协会，多次赴郑州、西安、兰州等大城市蔬菜批发市场搞宣传、促销售，利用互联网发布产品信息。2012年，在县总工会的支持下，扈志武成立了扈志武劳模创新工作室。工作室通过建立基地，推广新品种、新技术，负责产品销售等形式，带动当地农民发展辣椒产业。

在设施农业发展过程中，扈志武探索出统一供竹竿、统一供地膜、统一供种子、统一供菜苗、统一收购的“五个统一”模式，并建立完善信息互动、便民收购、诚信服务、产品运销、激励促销机制，红河辣椒市场竞争力不断提升。

产业转型，紧跟时代的产业领军人

从17岁探索种植蔬菜至今，50多岁的扈志武在彭阳县设施蔬菜种植领域成为一名典型的技术带动性人才，也成为全县设施农业发展的领军人物。虽然随着年龄的增长，扈志武感到有些力不从心，但责任在肩，哪里有召唤，他就奔赴哪里。

2014年，红河镇为加快设施农业建设，让扈志武承担彭阳县2014年重点建设的现代农业示范园区“韩堡日光温室标准化生产示范园区”的建设任务，同时让他担任园区建设质量监督员、种植技术指导员和蔬菜营销组织员。扈志武毫不犹豫地答应了，因为他知道自己掌握的蔬菜种植技术又要派上用场了。

日光温室建成后，扈志武在蔬菜种植技术上从种苗培育到定植栽培、环境调控到水肥管理、病虫防治到产品销售等环节，对种植户手把手地教，心连心地帮，培训农业技术员20人，促成种植大户30户。园区有一位叫杨刚的年轻人，以前从来没有种植过温棚蔬菜，在园区内承包了4个温棚。由于缺乏种植技术，他的4个温棚总收入不到3万元。这件事被扈志武知道后，他就主动上门细心指导杨刚如何栽培、施肥、浇水、采摘等实际问题。经过扈志武的技术指导，当年杨刚的温棚辣椒单

价由之前的每公斤2元提高到12元，总收入8万多元。

2017年，扈志武参加了固原市彭阳县农村“两个带头人”和“优秀新型职业农民”培训班，培训班学员还赴山东理工大学学习先进的温棚蔬菜种植技术。2018年，扈志武又参加了2018年固原市冷冻蔬菜产业农村技能服务型人才培训。通过这两次培训，他又掌握了日光温室蔬菜肥水一体化管理技术、工厂化育苗建设、嫁接育苗、平衡营养配方施肥、生物秸秆反应堆、反光幕、遮阳网、粘虫板、生物补光灯、高温闷棚和病虫害统防统治、冷冻等技术，使日后的工作开展更加得心应手。

33年的努力，让扈志武成为全县蔬菜种植方面响当当的“土专家”和设施农业发展的领军人，他先后荣获“全区农村优秀人才”“自治区劳动模范”“设施农业科技培训示范标兵”等荣誉称号。

从返乡农民工到“养牛达人”

——记彭阳县新型职业农民杨存军

怀揣着一个梦想，不停地默默耕耘。彭阳县古城镇小伙子杨存军就是这样的人。杨存军在兄弟姐妹中排行老大，由于家里光景不好，初中毕业后，他就外出打工挣钱贴补家用。贫穷的生活磨炼出他勤俭向上、刻苦努力、坚忍不拔的性格，这也正是他创业成功的原因之一。

励志脱贫，共享致富经

常年在外打工，既辛苦又不能顾家，于是2010年杨存军便返回家乡，思谋着在家乡干点有意义的事，但一时找不到合适的门路，这让他十分苦恼。说起创业初期，杨存军感觉很盲目。一起务工的工友们相继外出，而杨存军却选择了留下，走上了自主创业的艰辛之路。然而，贫困的家乡除了几十亩土地外，没有任何优势能够让他去发展创业，他走上山顶，看着大片贫瘠的山地，这些土地由于种粮食产量低，大部分闲置着，这时他脑中突然涌现一个想法：种草养牛。

2012年，一次偶然的机会杨存军参加了自治区农广校在彭阳县举办的阳光工程农民创业培训班，受到了极大的启发；后来他又参加了彭阳县农广校举办的阳光工程畜牧养殖培训班，他每天总是第一个来，最后一个离开，坐在第一排认真听讲，学到了一些养殖方面的知识。为了扩大养殖规模，杨存军联合本村4户农民，共同筹资100万元，注册成立了彭阳县山牛源科技养殖专业合作社，自己担任法定代表人兼理事长，成为肉牛养殖、销售、技术服务于一体的专业合作经济组织。

自从合作社成立后，杨存军所在的古城镇任河村村民看他养牛养得风生水起，都来找他取经，他一点不藏私，总是倾囊相授。在他的带领下，村里养牛的人逐渐多了起来，日子也越来越红火。由于杨存军个子高，村民都叫他“杨大个子”。提起杨大个子，村民都会竖起大拇指。村民们说：“跟着杨大个子，我们也成了大个子喽！”村民们有了信心，开始家家种草、户户养牛，任河村成了真正的“牛村”。目前，全村有养殖暖棚505栋，青贮池182座，饲草加工设备400台，肉牛养殖专业合作社2家，农民工返乡创业园1个、居民点养殖园1个、10头以上养牛户58户，全村达到“530信用贷款”以上的养殖户116户，肉牛饲养量达到2826头、出栏1286头，创收1千万元以上，提供农民人均可支配收入占60%。

学习助力，创新发展思路

杨存军看到了养牛业的希望，但同时也暴露出许多问题：肉牛的饲养管理、育肥技术、肉牛的营养需要、常用饲料、肉牛的选择以及肉牛常见疾病防控都让这个一米八几的大个子感到为难，就在他举步维艰的时候，彭阳县农广校举办新型职业农民培训班向他伸出橄榄枝，“通过培训，我认识到发展养殖业离不开科学技术，从品种选择到养殖技术再到经营管理都有很高的科技含量。”这一次学习彻底改变了杨存军传统的养殖观念。

杨存军告诉笔者，传统的养殖方式已经跟不上这个时代了，人们不再只是关注牛肉的价格，而是更加注重牛肉的营养价值和生态加工，于是他及时改建牛舍，通过对圈舍的改造和牧草的加工，提高牛肉的品质，经济效益也得到相应的提高。2015年7月，杨存军又注册成立了千种粟牧业有限公司，注册资金100万元，年加工鲜贮紫花苜蓿3000吨以上，鲜贮玉米1万吨以上，除部分自用外其他全部外销，年创收35万元以上。形成了“支部+企业+协会+贫困户”的发展模式，推动了饲草加工利用再上新台阶，加快了当地种草养畜产业化发展进程，有效推动了扶贫攻坚工作的进展。几年下来，杨存军带领村里32户贫困户56人尝到了养牛的甜头，他们的家庭收入都有了较大幅度的增长。

为了降低养殖成本，杨存军还外出学习养殖大户先进的养殖技术和饲料配比，积极参加县农牧局举办的养殖技术培训班。他深刻体会到，只有依靠科技养殖，做好疾病防控，才能稳步发展肉牛产业。他把学到的科学技术，结合当地肉牛养殖的丰富经验以及肉牛的生长特性，总结出了一套适合当地肉牛养殖的发展模式，并在长期的养殖过程中不断总结完善。2012年，山牛源肉牛科技养殖专业合作社成立初，肉牛养殖数量达到60头，扩建牛棚1000平方米。截至目前已经养殖肉牛200多头，并建立了稳固的市场销售网络。2018年，合作社被评为固原市本级农民专业合作社示范社。

杨存军并没有满足于肉牛养殖的成功，他认为仅仅带动一个村发展肉牛养殖，规模太小，让全古城镇的闲散农民都参与到肉牛养殖业中，形成一个较大规模的养殖基地，让古城镇的肉牛产品有更大的销售市场。杨存军敢想敢做。2018年4月13日，杨存军以彭阳县山牛源肉牛科技养殖专业合作社牵头，联合宁夏千种栗牧业有限公司、彭阳县致财家庭牧场、彭阳县高效家庭牧场、彭阳县宏磊家庭牧场等4家企业，共同筹资600万元，成立了宁夏存盛养殖专业合作社联合社。目前，联合社已初具规模，正在健康发展。

不忘初心，带领乡亲致富

经过几年的发展，杨存军的养殖场规模越来越大，规模的扩大也带来了环保方面的压力，对于积累起来的牛粪，杨存军鼓励当地农民大

力推广牛粪施肥，减少化肥投入量，既保护了耕地又减少了牛粪对环境的污染，节省投入成本，增加了农民的经济收入，为广大种植户脱贫致富走上小康路奠定了良好基础。每年秋收的时候也是杨存军最忙的时候，他引进的新型青贮收割机代替了传统的人力收割，到全县各个村去收割，村民们高兴地说："以前自己辛辛苦苦收割也卖不上好价钱；现在人家上门收割，不出钱不出力，坐在炕头就可以等着数钱喽。"俗话说得好："三百六十行，行行出状元。"杨存军就是肉牛养殖业的"状元"。他常常鼓励年轻人："只要你想干，就没有干不成的事业，有付出，回报想跑也跑不了。"

从贫困中走出来的杨存军，在发展养殖和销售的基础上，不忘记同村其他贫困户，合作社建立了"合作社+基地+农户"的发展模式，以订单收购的方式先后和200多户贫困养殖户签订购销合同，带动重点养殖户100户，助农增收320万元。在古城镇，杨存军靠养殖肉牛脱贫致富的事情家喻户晓，受杨存军帮扶和带动致富的农民更是对其赞不绝口，从点到面再到连成片，肉牛的出栏除了满足本县人民需求外，还远销县外及周边地区，有效地推动了当地经济发展，助推了贫困户脱贫的步伐。

合作社于2012年被彭阳县人民政府授予全县肉牛养殖示范园区。杨存军于2016年被共青团彭阳县委授予"优秀创业青年"等荣誉称号，2017年被古城镇党委、人民政府授予"带头脱贫好农户"；2017年被彭阳县委、人民政府授予"优秀致富带头人"；2018年被固原市六盘山草业协会评为先进个人等荣誉称号。

让农业有奔头　为农村添活力

——记彭阳县新型职业农民张维虎

现年45岁的张维虎不仅是彭阳县红河镇韩堡村党支部书记，还是红河镇党委委员。在彭阳县，其他乡镇的党委委员一般都是干部，非公职人员担任镇党委委员，张维虎是全县唯一一个。

心中有梦，投身农业

日前，在彭阳县红河镇韩堡村，笔者看到建在30度坡地上的日光温室大棚里一片繁忙，张维虎和村民正满头大汗地在种植辣椒。“自从张支书带着我们干蔬菜大棚，大家的钱包渐渐鼓起来了，日子过得更幸福了。”村民王虎英说。韩堡村有581户2053人，土地多以山坡地为主，种植业仅限于传统农业。10年前，村人均收入仅1200多元，村里连条像样的路也没有，一下雨雪道路便泥泞不堪。

2007年，张维虎第一次高票当选韩堡村党支部书记，上任后，他带领村党委干部积极争取项目资金，硬化村里的主干道；建议在半山腰建设日光温室，进一步扩大设施农业种植面积。如今，韩堡村的道路宽敞平坦，建成日光温室大棚1200栋3000亩，2016年人均可支配收入达8610元。乡亲们信任这个带着大家致富的人，张维虎由此成功连任四届村支书。他说，“做这个村支书，我不图名、不图利，就想为家乡做点事！”当好村支书，张维虎并没有什么诀窍，他认为，最重要的就是要有一颗为群众无私奉献的心，要有带着群众干事创业的决心。2014年，村民安金龙家房屋桩基塌陷，必须翻盖新房，没有地方住怎么办？安金龙第一时间想到了张维虎。“我父亲住城里，屋子空闲着，我不要你一分钱，你就踏实地住。”张维虎把安金龙安顿到了父亲家，直到安金龙家的新房建好。有一年，张维虎想方设法贷款10万元准备扩建自家的日光温棚，正好村民王国儒家急用钱，张维虎知道后二话不说，把10万元借给了王国儒……这样的事在张维虎10年村支书任上，不知做了多少件。“这都是我该做的，老百姓推选我当村支书，我就要对老百姓负责。”张维虎说。

领军人才，带活产业

1994年高中毕业后他外出务工，学会了开推土机，后来开始经营铲车、推土机、大车等，经济收入比较可观，在当地小有名气。张维虎自己富了，不愿意看到乡亲们还受苦受穷：“我就是想带着老百姓一起富，让大家过上好日子。”带着强村富民的愿景，张维虎带领党员干部深入农户、深入田间地头，与群众谈心交心，特别是在“两个带头人”工程、涉农惠农资金清查、设施农业发展等工作中，广泛听取群众的意见建议，先后为致富带头人协调落实贷款60万元，带动村民发展种植和养殖业。2017年，韩堡村脱贫79户286人。“这两年一直在操心给村上跑项目争资金，有时确实很忙很累。”张维虎坦诚地说。

在韩堡村村民的眼里和心中，每年启动一项惠民工程，一年一大变，节奏之快、跨度之大，超乎想象。在张维虎心里，父老乡亲是最可爱的人，他觉得和大家伙打交道是一件很幸福的事情，从他们身上能学到很多东西。“老百姓生活舒心了，我就舒心了。”张维虎起草了一份《韩堡村振兴计划》，提出很多构想：争取项目资金5000万元，改造提升韩堡村设施农业示范园标准化节能日光温室541栋1750亩；发展以观光、采摘、旅游为主的现代休闲农业和马铃薯、地膜玉米、冷凉设施蔬菜、苗木与经果林等优势主导产业，培育增收产业；定期邀请农业专家

现场授课，引导农民科学种养，增加种养业效益；抓好危房改造，争取养老院、幼儿园主体工程完工，新建村级文化活动广场一个，配好健身器材，方便村民健身、休闲、娱乐……

“张维虎是镇上培养的‘两个带头人’，上过学，有想法，乐于助人，在村上的威望比较高。”和张维虎共事多年的红河镇副镇长晁海军说。当初老百姓不愿意流转土地，张维虎带着村干部挨家挨户做工作；大棚建成以后他率先垂范，自己承包了15个棚，领着老百姓种西红柿、香瓜、辣椒，效益一年比一年好。2017年换届的时候，他再次高票当选，村民都非常认可他。“张维虎以身作则，不贪占老百姓一分一厘的便宜，老百姓信任他。这是作为村干部最起码的要求，也是最高的要求。”晁海军说。

在张维虎心中，对韩堡村的治理有着自己的心得体会：“习总书记对新时代的‘三农’队伍提出了九个字的要求：懂农业、爱农村、爱农民。我认为，作为农民的孩子，我能做到就必须做到，起带头示范作用。我一直以来的想法就是‘与其说给群众听，不如做给群众看’。班子成员干活要往前走，在利益面前要往后靠。”

昔日贫穷落后的韩堡村，如今蜕变成了美丽富饶的新农村，村里网络全覆盖，家家户户几乎都有车。然而，韩堡村的发展还远不止于此，张维虎心中早已有了更美好的愿景，他会坚定不移地带着乡亲们继续前行，创造属于韩堡村振兴的奇迹。

致富路上飘韭香

——记中卫市新型职业农民韩武珍

提起韩闸韭菜，人们也一定会想到通过韭菜种植带领群众致富的新型职业农民韩武珍这个人。

在沙坡头区东园镇韩闸村，提起韩武珍，无人不知，无人不晓。这不仅因为他是种韭菜的行家，而且还是卖韭菜的能手，更重要的是，他一直都是一个敢为人先的人。

农民增收致富的探路者

现年47岁的韩武珍虽是一个地地道道的农民，但他和沙坡头区东园镇韩闸韭菜的故事却家喻户晓；不仅如此，他通过种植韭菜带领群众致富的故事更是新型职业农民行列的一段佳话。

韩武珍和韭菜的故事还得从1998年他当沙坡头区东园镇韩闸村村干部时说起。“那会儿大家只是一门心思地种韭菜，却没有把销路的事放在心上，导致韭菜严重滞销，最严重的时候200斤韭菜连20元都卖不上。”韩武珍说，“群众生活无小事，我当时作为村干部面对韭菜滞销的事，从心底为大家着急。”

就在韩武珍为韭菜滞销的事情发愁时，一个偶然的机会，他看到一个名为“中国蔬菜网”的网站，抱着试一试的心态，韩武珍将韩闸村韭菜种植的照片、规模等信息发布在网上，没想到第一年就引来了一位山西的韭菜收购商，从此打开了“韩闸韭菜”的销路。“韭菜收购商看我们韩闸韭菜的品质很不错，一次性就拉走了70车近700吨韭菜。后来山西、河北、陕西等周边城市的商贩也来我们村里收购韭菜。”韩武珍说。

虽然韭菜的销路打开了，可是种植技术一代又一代、一次又一次的革新成了一个需要不断去探索和努力的问题。1998年，韩武珍和11位韩闸村年轻党员及种植能手前往山东考察学习，并于当年引进种植“小拱棚韭菜”44亩。然而，一两年下来，小拱棚韭菜的试种效果却令他和他的种植能手们十分迷茫，甚至险些放弃。

数年如一日，为了韭菜种植的事，韩武珍绞尽脑汁。从田间到地头，从小商贩到大市场，韩武珍跑了无数的路。功夫不负有心人。有一次，韩武珍看到市场上一位农户的韭菜卖相很好，经过一番交谈后得知了其“育苗移栽”的种植技巧，对韭菜种植思路敏感的韩武珍回到家便默默地立即试种，没想到当年就见到了经济效益，这对韩武珍真是一次莫大的鼓舞。这项小小的技术革新，使得韩武珍对于种植小拱棚韭菜信心倍增。不仅如此，在他的带动下，韩闸村大部分不愿种韭菜的农户也都陆续种上了小拱棚韭菜。

然而天有不测风云。2008年底，一场大雪让韩武珍和其他农户的韭菜受到重创，但韩武珍并没有灰心，他积极查找原因、改变现状。2009年3月，韩武珍联合村里120户农户成立中卫市兴韩蔬菜流通专业合作社，大家统一种植、统一施肥。瞅准商机的他申请贷款50万元，从山东购进优质韭菜专用紫光膜，采用赊销的方式向合作社成员及部分种植户推广，良好的经济效益再次点燃了韩武珍和韩闸群众种植小拱棚韭菜的热情。

技术的革新就像收割后的韭菜，一茬比一茬长得快。为了紧跟时代步伐，2014年，韩武珍的合作社联合农牧部门又实施了以改良土壤结构、改善生产条件、实施无公害生产为目标的永久性蔬菜基地建设项目，为农户提供优质韭菜专用紫光膜、生物农药，对韭菜的提质增效起到了非常好的推动作用。

“一生做好一件事”的践行者

韩武珍致富不忘贫困群众，而带动贫困群众一起奔小康更是一件无愧于社会责任心的事。因此，韩武珍的合作社不仅为从海原等贫困地区搬迁来的贫困群众无偿提供种植技术，还以高于市场价的价格收购他们的韭菜。此外，合作社还帮助村里需要帮助的村民共同致富。其中，身患残疾的宁夏中卫市沙坡头区东园镇韩闸村村民韩环金就是通过加入合作社走上了致富之路的一个典型例子。

“之前我种植小拱棚费时费力费人工，进棚铲菜很费劲，2亩田一年收入不到1万块钱。现在我跟着合作社改进种植方式和技术，和大家一起种了大拱棚，一个棚就能收入2万多元。”沙坡头区东园镇韩闸村村民韩环金说。

据韩武珍介绍，2016年他们的合作社有852户农户与外地客商签订韭菜购销合同，种植面积3450余亩，总产量11040多吨，带动全镇近1600名劳动力进行种植。“往后我想和大家一起朝着绿色、有机、增加韭菜附加值的方向发展，包括韭花深加工、绿色韭菜精包装等，最大限度地增加韭菜产业附加值。”韩武珍说。2018年，为了解决多年来大拱棚韭菜种植过程中水汽、雾气容易受温度影响凝结成水滴、雾滴的难题，他又想办法引进了“紫光消雾膜”。此外，为了方便给群众及时传授准确的培训韭菜种植新技术、新方法，以及适时检测群众对各种新型种植技术的掌握程度和帮助群众在韭菜收割旺季进行韭菜销售，合作社特地建立了相关培训基地和场所。

“虽然我是一个地地道道的农民，种植韭菜也只不过是一个农民最常见、最基本的活儿。可是我始终认为，人的一生一定要做好一件事。尤其是在这个不断变迁、发展的时代，任何领域你只要把它做好、做精、做强，你就一定会有所收获。”韩武珍说。

功夫不负有心人。韩武珍的所有努力没有被社会和政府忘记。2015年，韩武珍家庭被宁夏回族自治区评为宁夏“最美家庭”；2018年韩武珍被宁夏回族自治区农牧厅评为“全区十佳种植能手”资助项目人选，被中卫市科学技术局评为2018年中卫市“第一届最美科技工作者”,被中卫市沙坡头区农牧林业科技局评为“十佳农业能手”。

韩武珍说，回顾这些年的韭菜种植历程，辛苦与荣誉并存，但是一路上少不了政府部门及社会对他的肯定与支持，更少不了群众对他的信任。往后的日子，他一定会不负重托，撸起袖子继续努力，一直干到自己干不动为止。

专注科技创新　引领产业扶贫

——记中卫市新型职业农民王小亮

初见王小亮，你很难将这位朴素的西北汉子与一名成功的企业家联系起来。农民出身的他，不仅继承了父辈们勤俭节约的品质，更是用智慧和汗水打出了自己的一片天地。年纪轻轻事业有成却依然谦逊有礼，带着乡亲们发家致富。

满腔热忱，甘当职业农民

2001年，毕业于西安建筑科技大学的王小亮在建筑工地从打杂开始，把工地上所有的活都干了个遍。由于肯吃苦、爱钻研，王小亮很快得到工地负责人的认可，逐渐成为企业的技术骨干。经过几年的锻炼和积累，他拥有了自己的建筑企业并驶上了发展的快车道。

在很多人看来，王小亮在建筑行业已经很成功了。但是没人能想到，他心底始终埋藏着一份难以割舍的农业情结。为了这份情结，他利用闲暇时间到西北农林科技大学、宁夏大学农学院和浙江大学农学院学习，充实了现代化农业营销、种植知识。他撰写的科技论文《一种苹果树苗的栽植方法及应用研究》在《农业与技术》杂志发表，《矮砧苹果树苗贮存嫁接与栽植方法的应用研究》在《中国绿色画报》杂志发表，同时申报专利7项，其中，发明专利4项（考察期），实用新型专利3项（授权2项）。

怀揣梦想，王小亮种下了自己的第一亩试验田。2011年，王小亮投资50万元成立中卫市农发果蔬流通专业合作社，通过“合作社+农户”的模式，走上了现代化农业之路。2012年，他成立了中卫市农发农业科技有限公司，开展果蔬种植、保鲜、配送一条龙服务和经营。2013年，成立宁夏弘兴达农贸有限公司，经营范围涵盖蔬菜、水果、谷物以及其他农牧产品的种植、仓储、物流和销售等业务。

敢于创新，梦想感召奋斗

开启了自己梦寐以求的特色农业发展梦想之旅后，王小亮的目光放得更远了。2014年底，在参加沙坡头区第一个新型职业农民培训班时，他无意间获悉宣和汪园村有一片长年荒废、从未被开发利用的沙荒土地，这片土地沙化严重，高低不平，最大落差达20米。在大多数人眼中，这片地是一根鸡肋，没有多大用处，但王小亮却心中暗喜：这可能是他实现梦想的“福地”。

2015年，他拿出1000万元注册成立了宁夏弘兴达果业有限公司。当朋友们听说后，纷纷劝他，在这样一片不毛之地建设现代化有机苹果示范园，这不是拿钱打水漂吗？朋友们的劝阻并没有打消王小亮的念头，为了自己的梦想，他义无反顾。

当年秋天，王小亮在这片土地上忙活了起来。他聘请专家对深层土壤和周边环境进行详细分析研究后确定：这里南依香山，北靠黄河，地处北纬37°，是种植优质水果的好地方。

于是，他跑前跑后办理相关手续，终于在11月份带领团队开启了开荒、治沙、营林等建设工程，先后动用上百台机械车辆、雇了上千名周边移民，利用草方格固沙、分片推整，建设高压输送变电设施、建造大型蓄水池，硬是在这片荒无人烟的沙荒地上开辟出3000亩的土地。

先进技术，引领产业扶贫

王小亮有自己的盘算：此前他在国外考察时注意到了一种先进的苹果种植技术，在山东、山西、陕西、河南等地考察时也发现有人在试种。苹果矮砧集约高效栽培，是国际应用的一种新技术、新模式，实行宽行种植、行间生草、水肥一体化等技术，采用标准化、机械化、现代化管理理念，具有树形小、栽植密度大、修剪量小、病害少、产量高等特点。此前在宁夏没有一家进行矮砧密植种植，在这片贫瘠的土地上推广虽有难度，但挡不住王小亮的决心。于是，他一边开发建设一边寻求技术帮助指导。功夫不负有心人。他的实际行动赢得了自治区苹果产业体系首席专家王春良教授和国家苹果产业技术体系首席科学家的大力支持。

经过两年的艰苦奋斗，2000亩现代矮砧密植有机苹果种植示范园建设成功。王小亮长长舒了一口气，回头一看却也欣然：弘兴达果业带动周边移民务工人员1万多人次，增收1000多万元；带动果箱包装业、汽车运输业以及养殖业等一二三产业高度融合走上了协同发展之路；组织开展矮砧密植栽培技术培训，带动一大批移民采用新技术实现了脱贫致富；生态效益更是明显，原来的荒漠被郁郁葱葱、一望无际的基地果林所取代。

常怀感恩之心是王小亮做人的信条。多年来，他用实际行动诠释了一切。2014年，企业设立了“优秀种植户”评选活动，评选10%的优秀种植户、科技示范户，给予每户2000元到1万元不等的奖励，鼓励种植户学用科学，增加效益。2017年，王小亮在企业内部设立孝亲奖，每年评选1名“孝亲敬老之星”给予表彰，并为获得孝亲奖员工的父母亲送上每人每月300元的生活补助，直至其终老。

从2014年到现在，王小亮先后带领团队慰问中卫市和银川市的部分孤寡老人、贫困学生，慰问金达25万元；连续五年坚持慰问沙坡头区柔远镇刘台村65岁以上高龄老人及困难群众，送去的米、面、油等生活必需品总价值达18.8万元，受益群众达500余户。2018年，王小亮又慰问东园镇曹闸村50户高龄老人和困难群众，为沙坡头区宣和镇华和村建档立卡贫困户3名孤儿捐款1000元。

付出就有回报。在几年的艰苦创业中，在王小亮的带领下，宁夏弘兴达果业有限公司先后获“支持地方经济发展先进单位”“2015年度自治区专精特新中小企业”“自治区法人科技特派员企业”“自治区2016年度产业化扶贫龙头企业”“自治区农业产业化重点龙头企业”“自治区林业产业化龙头企业”“中卫市农业产业化重点龙头企业”等称号；

果业基地香麓农场获评环球农业网“全国百佳水果基地”，国家级“有机苹果星创天地”“中投互贸一带一路经贸平台优质水果指定供应商”等荣誉称号；2018年被中国小康建设研究会评为“2018年度现代农业产业化示范企业”、被中国国品流通协会评为“最具培育潜力的优质水果基地”；2018年被自治区确立为商贸流通服务业标准化试点单位。王小亮个人也先后荣获了“中卫市优秀创业青年”“中卫市优秀青年企业家”称号，当选为中卫市青年企业家协会会员、常务理事，沙坡头区政协委员。

人力有时而尽，爱心永无止境。正如香麓农场里的苹果迎来丰收在市场上大有可为之时，38岁的王小亮也正处于人生最精彩的年华。在现代农业之路上，有更多的事业等待他去开拓；在公益奉献之路上，有更多的举措需要一步步实现。

“深挖”传统农业大潜力

——记中卫市沙坡头区新型职业农民俞国强

中卫市沙坡头区“70后”农民俞国强，在稳定农业种植主业的基础上，尝试发展稻田综合种养、花卉种植、田园采摘、农家餐饮等生态循环农业、品牌高效农业，进一步壮大合作社实力，带动农民增收，初步形成了农业一二三产业联动协调发展的生产经营格局。

立足农业，创新求发展

“以前搞过养殖、种过大棚、跑过流通，反正什么能挣钱就干什么，但最终还是选择了人们普遍认为没什么出息的农田种植业。”俞国强说。他做出这个艰难的决定，是因为他在与外界的接触中，隐隐约约从党的惠农政策里看到了商机，2009年，他和妻子毅然离开了人多田少的家乡常乐镇，跑到黄河对岸人生地不熟的东园镇流转了3056亩土地，搞起了种养殖。

那一年，恰逢宁夏开展稻田养蟹技术试验示范推广。俞国强抓住时机发展稻蟹生态种养近600亩，率先开展稻田养蟹试验示范。“政府示范推广的项目，有技术支持，还有优惠政策，前景肯定不错。”俞国强说。这是比较关键的一步，他当年试验当年就亩均增收1200元，取得了开门红，这让他的底气更足了。随后，他成立了中卫市首家稻田养蟹专业农民合作社，并大胆创新，针对稻田养蟹过程中扣蟹回捕等技术难题，进行池塘扣蟹暂养与回捕技术攻关，创造性地采取在暂养池塘设置水草等供蟹栖息生活的隐蔽物、设置地笼冲水循环捕捞等措施，一举突破了蟹种本地暂养成活率低、回捕难等技术瓶颈，实现了“水上千斤稻，水下千元蟹”的良性循环，600亩稻田养蟹基地当年就实现纯收入50多万元。在他的带动下，现在全市稻田养蟹面积已达到1.2万亩，农户新增收入达1320万元。

“我是一个地地道道的农民，以前种田全凭经验，对测土配方等技术一窍不通，不知道田里缺什么肥，施多少肥，经常出现庄稼长势不均的情况，影响了作物的产量和质量。”俞国强说，经过一段时间的观察和学习，他开始对“科技是第一生产力”的说法深信不疑，并始终坚持学习最新的农业技术，针对农场种养过程中出现的问题，及时与农技人员联系，积极参加各类技术培训班，通过报刊、电视、网络等多种渠道学习种养知识，掌握第一手市场信息，不断提高科学种养技术。同时，借助国家农机补贴政策，陆续购买了激光平地仪、平整机、插秧机等农业机械，为规模生产提供了保障，逐步走上了依靠现代科技推动农业产业化经营的路子。

树立农产品优质高效生产新理念

职业农民把农业看作一份值得托付的职业，由此多数人有着明确的发展目标、科学的发展规划，对先进科技、机械有着浓厚兴趣。在俞国强看来，树立农产品优质高效生产新理念是当务之急。

“家庭式企业有一个弊病，那就是受自身经营管理能力和人才等因素制约，在规范化、标准化、制度化、多元化发展等方面不能很好地贯彻，进而影响企业的发展。”俞国强说。为了克服这种弊端，在合作社成立之初，他就把发展品牌高效农业、以优质的农产品拓展市场、发展多元化经营作为合作社发展壮大之本，逐步从合作社内部管理、农牧业种养全过程建立完善了各类管理规章制度和产品品质管控制度，这些制度为合作社的良性运营发展提供了有力的保障。

在事业发展过程中，俞国强深知仅仅依靠单一的农业生产经营方式很难增产增收，甚至有可能亏损。同时，随着生态环保农业的深入推进，不主动改变经营模式、不主动适应市场发展趋势就没有出路。近几年来，俞国强积极推行“一分地”特色农业耕读体验式活动。“我的想法就是通过吸引发展会员购买一分地的年度使用权，让会员采取自种、代种（全托管）种植各种农作物，体验中华民族传统生活方式——耕读传家，体验、品尝自己的劳动成果，满足会员‘流劳动汗、吃有机饭’的高尚愿望。”俞国强说。在调动社会力量参与的同时，他结合农庄餐饮发展需求和消费者猎奇尝鲜的消费需求，开展稻田养鱼、养鸭生态立

体种养，积极发展休闲观光农业，建成玫瑰、菊花观赏园200亩，建成垂钓园12亩，养殖鸵鸟等观赏动物200多只。目前，俞国强休闲农业观光园玫瑰、菊花等种植品种达到26个，面积512亩；肉羊存栏量达到862只，稻田养鸭、养鱼面积达到2182亩。2017年，合作社实现总经营收入625万元，实现利润198万元。

“靠品质打造农业品牌，以品牌扩大餐饮消费、以餐饮拉动休闲观光，以休闲观光促进产品销售。”俞国强说。这是一个互补互促的市场发展原则，为此，他注册了“余旺”商标品牌，建设了以自产农产品为主打菜品的“老俞家”生态餐饮农庄，以自产农产品优质品质、新鲜美味的口感、田园式休闲采摘消费，成为吸引广大消费者尝鲜休闲的最大卖点。2017年，老俞家生态农庄累计接待消费者3万人次，餐饮消费及购买合作社各类农产品消费收入就达到75万元，有效拓宽了农产品增值空间，创出了农业一二三产业融合发展新格局。

树立新型职业农民与大家共富新形象

“自己一个人富了不算富，大家富了才是真的富。”俞国强为带动周边农民群众共同增收致富，在新技术、新品种引进试验中先行先试，风险自己承担，成果大家共享，采取集中培训、现场观摩等多种方式，做给农民看，带动农民干，打消农户顾虑，提振农户信心，加速技术推广转化，增加农民收入。近年来，俞国强累计为困难农户无偿提供扣蟹、化肥等农业生产资料近50万元；组织实施的稻田养蟹、玉米制种等产业，共为社员及周边农户增收1800多万元。为了使土地流转出去的村民有事可干，俞国强一直坚持吸纳周边赋闲农民兄弟来农场帮工，通过固定用工与流动用工相结合的办法，方便周边村民就近打工。目前俞国强的种养基地有固定工人20多人、流动工人10~50人，用工高峰时将近有100人，固定工人年收入达到3万元以上，流动工人日工资150元以上，实现了带动一方增收致富互利共赢的发展目标。

俞国强的成功，一方面与他善于学习技术、善于创新拼搏有关，另一方面更与他善于钻研国家的惠农政策、善于捕捉商机离不开。中卫市首家稻田养蟹农民专业合作社先后获得“自治区农民合作社示范社”“国家级示范合作社”“自治区示范家庭农场”“三星级家庭农场”“十佳新型农业经营组织”等多项荣誉，成为中卫市新型农业经营主体典型样板。

香山沟里的“核桃娃”

——记中卫市沙坡头区新型职业农民翟康

魏巍香山，葱郁雄伟；滔滔黄河，奔流不息。中卫这片土地，物产丰富，人民勤劳，拥有着灿烂的文化。

近年来，环香山地区在中卫市委、政府的大力扶持下，发展硒砂瓜、核桃、红枣，形成一个拔穷根的产业链，也涌现出一批带头致富的新型职业农民。罗泉村的翟康就是其中一位。几乎每天奔波于罗泉村的田间地头，推广农业新技术，指导群众科学种田的翟康可是远近闻名的农业新品种、新技术推广能手。

农村少年，立志改变家乡旧面貌

罗泉村地处香山深处，干旱少雨，土地贫瘠，过去是远近闻名的贫困村，村民的生活捉襟见肘、苦不堪言。2004年中卫建市，市委、政府科学决策，在环香山地区推广硒砂瓜种植。经过近10年的发展，硒砂瓜成为致富产业，翟康也是受益者之一。

嗅到发展新型农业气息的翟康，2005年高中毕业后，没有外出打工，选择了回乡务农，立志改变传统种植模式，推广新型农业发展。“目睹村民看不懂说明、施错农药、造成硒砂瓜绝产后绝望的神情，我也看到了村民不懂农业技术，大投资少回报的现状。”翟康看到乡亲饱受不懂科学技术的苦楚与辛酸，心里涌起一股力量，他暗暗下了决心：“一定要多学农业技术，传播新技术、新品种，改变罗泉村的贫困和落后，让乡亲们多挣钱，挣大钱！”

回到村里，翟康说干就干，可是怎么干，干什么？凭借自己课本上学到的知识，翟康多次请教农牧局的专家，得出一个结论，硒砂瓜产业发展十几年后，土地养分殆尽，硒砂瓜发展将进入一个瓶颈，出路就是另辟蹊径，寻找适合的替代产品。

对此，翟康敏锐地捕捉到了一个机会，“何不从硒砂瓜地套种核桃入手？！”根据土地土壤成分，土层厚度，翟康开始大量翻阅报纸书刊，寻求新品种。功夫不负有心人，终于在山东刊行的一本杂志上，翟康发现了薄皮核桃。翟康多次到山东实地考察，并拿到详细的种植资料；又邀请专家检测香山地区土壤，听各种知识讲座，详细地掌握了薄皮核桃的种植技术。

春暖花开、万物复苏之时，村民忙着整田耙地，准备种植硒砂瓜，翟康却在地里挖坑种树。村民都笑翟康说：“石岘子几十年了没长出来果树，翟康这是要和老天比高低，看看今年石岘子能长出森林来吗？”家人也对翟康种植核桃树很不理解，父母、妻子多次劝他放弃，翟康没有放弃，坚持硒砂瓜地套种核桃。

屡试不爽，硒砂瓜地套种核桃终获成功。随着经验和知识的不断积累，核桃套种试验有了经济效益，每年核桃的收入就在5万元以上，收入远远高于种硒砂瓜的乡亲。2013年7月4日，翟康成立了罗泉村兆盛农业专业合作社。

坚定目标不放松，创业路上学为先

合作社成立最初两年，由于霜冻等气候原因，核桃种植未能获得效益，但这种困境没有吓倒翟康，他学习新技术的脚步始终没停，他多次自费到全区各地考察，了解和学习核桃种植新技术，引进核桃新品种试验、示范、推广，探索发展农业特色种植业。2016年，翟康参加了沙坡头区农科委组织的新型职业农民培训，借机到陕西杨凌参观考察，学习先进经验和模式。

杨凌模式深深地触动了翟康的心。翟康告诉笔者："致富需将产业做大，做大的前提是将自己和乡亲变成职业农民。放眼外界，拓宽思路，如果将杨凌先进的理论知识和经营理念运营到自己的合作社，那会是一个什么样的效果呢？"带着学习成果回来的翟康，一刻也没闲着，召集本村年轻人，组织培训，讲授杨凌和外地的先进经验，从思想意识上改变传统的种植模式。新的思想带动了一批年轻人，他们摩拳擦掌，准备大干一番。

翟康家也成了新品种推广的主阵地，经常挤满要资料、要种子、咨询问题的乡亲。面对乡亲渴望的眼神，翟康担负起了义务推广员的角色，为乡亲免费提供各种服务，组织开办技术培训班，讲解核桃种植知识、推广一些好的技术和品种。看着乡亲们高涨的学习热情，他开心地笑了。

同时，翟康利用合作社，组织村民学文化、学技术，向他们推荐科技图书，提供致富信息。在种植业、养殖业等方面为村民提供科技培训、技术咨询等全方位服务，截至目前，发展合作社成员52人，举办种养殖技术培训班6期，培训人数达50余人次，分布在罗泉村及其周边村等地。合作社共推广核桃种植面积1600余亩，年获利近百万元。

为了减少新品种试种风险，给乡亲吃上定心丸，合作社每引进一个新品种，都要先在示范田里试种。先后在示范田里试种了红枣、核桃8518等品种，为大规模种植提供了详细的数据。同时还发挥合作社的优势，集中购买农药、肥料等生产资料，为农户节省了大量资金。

经新型职业农民培训以后，翟康感觉自己像变了个人，思想解放了，有担当了。抓住各种学习机遇，刻苦钻研核桃的种植技术和修剪技术，课上仔细倾听老师、专家授课，课后认真翻阅相关书籍自学并向授课老师虚心请教，回村后，再将学到的东西和大家共享。

致富不忘乡邻，示范带动结硕果

硒砂瓜套种核桃成功，乡亲们看在眼里，急在心里。翟康将自己的实验成果分享给乡亲，积极推广新品种、新技术，带领乡亲共同致富。

在翟康的带动下，罗泉村有20多户村民套中了核桃，2018年，不仅硒砂瓜收益好，核桃也卖出了好价钱。其中有70%的村民在市区买了房，50%的村民买了车。2017年底，翟康又参加了中卫市扶贫办组织创业致富带头人、宁夏回族自治区创办的网络创业培训，这使得他在以后的创业中更加有信心、有动力。

在全民创业、万众创新的新时代，翟康有了新的发展思路，那就是到2020年，他要在全村推广种植核桃3000亩，预计年可增收500万元，带领更多的乡亲走上富裕之路。

一分耕耘、一分收获。翟康的耕耘取得了可喜的成绩，带动了乡亲致富的热情。在十九大精神的引领下，需要千千万万个像翟康这样有理想、有抱负的年轻人推动新农村建设，为共同富裕做出贡献。

素心做事　芳泽乡邻

——记中卫市沙坡头区新型职业农民张素芳

在中卫市沙坡头区柔远镇柔远村村民的眼中，张素芳是一个为人朴实、待人热情的农村妇女，一个素质高、业务精、能力强的农村女强人，一个在设施农业上勇于“吃螃蟹”的人。不久前，笔者采访了该村致富带头人张素芳，看她是怎样靠种设施蔬菜发家致富并带领乡邻共同富裕的。

脚踏实地，勇往直前

“我学过美容美发、卖过冷饮、卖过家电，虽然小有成就，但始终没有归属感。”张素芳说。她原本不想把青春浪费在黄土地里，但阴差阳错，最终还是走上了与农作物打交道的路。2005年，柔远村拟建100座二代日光温室大棚，政策、地段、技术人员均已到位，可敢于出头承建经营者却寥寥无几，大家都认为建温室大棚投资大，万一亏了，辛苦钱就打了水漂，有去无回。因此，尽管镇上的干部苦口婆心做工作，耐心细致地摆实例、讲道理，大家还是消极观望。

“我就想去闯一闯，那么好的条件，你不去试一试，怎么知道行不行。”张素芳说。得知这个消息后，她几经斟酌，做通了丈夫的思想工作，拿出多年的积蓄，率先报名建起了两座二代日光温室大棚，倔强不服输的张素芳踏踏实实地迈出了创业的第一步。

“以前从来没有种过大棚，一开始根本就不知道该干什么，怎么干。”张素芳说，种大棚没有捷径可走，只能从学习中寻出路。于是，她托人买来有关蔬菜种植技术方面的书刊，没日没夜地钻研，按照书本上的蔬菜种植技术大胆探索实践，遇到不懂之处就虚心向农技人员请教。不到一年时间，不但揭帘，盖帘、喷药、施肥等体力活她干得得心应手，连摘花、疏秧、施肥、病虫害防治等蔬菜管理技术也样样精通，从门外汉变成了行家里手。辛勤的汗水终于有了回报，两棚蔬菜长势喜人，反季节蔬菜带来的经济利润让周围的亲友看在眼里，痒在心里，来她家串门的农户越来越多。张素芳知道，这里面有眼红的，也有真心来讨教的，她始终一视同仁，大大方方接待，认认真真介绍经验。在她的影响下，其他农户也有了种植大棚蔬菜的想法。第二年，镇党委再次规划建设500个大棚，她又带头投资建了4座，周围农户纷纷响应，都说：“跟着三芳走，干啥有盼头。”在她的带动下，500多座温室大棚顺利建了起来，成为镇村有名的温室蔬菜种植园区。

“设施农业只有形成规模，才能引起别人的关注，才能吸引客户，打开市场，赢得效益。”张素芳说。一花独放不是春。她毫无保留地把经验分享给大家，遇到自己也不懂的，就隔三岔五地请当地的农技干部来指导，针对不同作物各关键时节，邀请专家举办培训观摩会，柔远村种植的大棚产量比周围村镇种植的大棚产量都高。

诚信为先，科技创优

“产量高了，销路就相应地出现了问题，农民都是当地种菜当地销售，卖菜的人多了菜价就相应降下来了，甚至卖不出去严重影响了经济效益，挫伤了菜农的积极性。”这是张素芳考虑最多的问题，为了切实解决这个难题，她成立了一个蔬菜代办收购网点，先向农户代收蔬菜，再联系客商销售出去，仅一年时间，就有了两万元的利润，这无形中增加了她的信心。2009年，在大家的支持和信任中，张素芳成立了中卫市三芳果蔬流通农民专业合作社和中卫市柔远镇三芳流通协会。截至目前，合作社已有社员300多人，涉及柔远、沙渠、施庙等周边五个村，辐射带动周边农户1000多户，增建大棚1000多座，成为中卫市设施温室大棚最具规模的发展园区。

“干我们这一行的，最重要就是要讲究诚信，蔬菜品质要好，发货要准时，如果因此丢了市场，再找回来就难了。”张素芳说。一段时间她对蔬菜品质不好的问题看在眼里，急在心上。2014年初，农业部组织申报设施蔬菜标准园让她又看到了希望。建设蔬菜标准园，就是引进、示范秸秆生物反应堆、测土配方施肥、滴灌水肥一体化、病虫害绿色防控等先进技术，通过集成推广，使规模化种植的蔬菜达到标准化生产，通过统一品种、统一管理、统一施肥促成商品果的形成。政策是好，可她觉得自身欠缺先进的专业技术和管理能力，于是主动与农牧局联系，积极参加与蔬菜种植及合作社经营管理有关的各种培训。近年来，她积极参加自治区农广校、中卫市组织开展的各种农村实用人才和新型经营主体带头人培训班，通过理论学习、观摩交流，她不但更新了经营理念，专业技术和管理能力也得到了提高。

“不学不知道，一学吓一跳。不论什么时候，技术是假不了的。”张素芳说。她深深地体会到了培训的好处，为了让社员们都掌握这些技术，她又积极主动邀请市农牧局农技中心的专家和农广校的教师到她的合作社举办新型职业农民培训班，她带领合作社成员认真学习，积极沟通，主动请教。理论加实践，摸索加苦干，标准园基础设施的配套、优新技术的应用、现代化农机的配备、农机“四代”服务的开展，使整个基地的农产品有了明显改观。

“客商主动提价，还开玩笑说，你这菜都快赶上无公害了。”张素芳说。说者无心，听者有意，她当时心里就有了想法，并及时与农牧局沟通，购置了农残速测、二维码打印机等仪器设备，主动参加内检员考试，取得了检测资格证书后，对社员交来的蔬菜进行严格检测，农残留超标的一律退回。2017年底，三芳合作社的蔬菜通过了无公害认证，注册了“俏三姐”商标作为本协会的品牌。对蔬菜分等级包装，100%商品化处理，商品菜率提高15%~20%，年品牌化销售流通蔬菜3000多吨，年产值达1000多万元，年利润300多万元，并形成区域化布局、规模化种植、集约化经营的发展模式。

开拓市场，增收致富

几年来，张素芳不仅在宁夏其他市县，还在陕西、甘肃等市县建立了销售网点，2016年还成为重庆双福国际农贸城宁夏供渝蔬菜生产基地，一步步扩大销售范围，打响宁夏蔬菜品牌。她先后带动农民458户，实现农民年均收入达8800多元，切实提高了菜农的积极性，为广大菜农和商贩提供了稳定良好诚信的销售市场环境，为促进农业增收、增加农民收入起到了积极带头作用。

自强不息，刚强勇敢，热情豪放，乐于助人，张素芳就是这样一个女人。十多年来，虽然每天紧张忙碌，但她总是笑对人生，对于以后的发展，张素芳说："十九大报告提出，要发展多种形式适度规模经营，培育新型农业经营主体，实现小农户和现代农业发展有机衔接，这是农业现代化的基础，农业现代化必须成规模。她对自己更有自信了，她将以十九大精神为指针，牢记一名共产党员的责任与使命，让自己的美丽"田园梦"带动乡亲们共同实现致富梦。

用勤劳的双手播种出了累累硕果，用踏实的脚创出了一方广阔天地，张素芳带领周边农户通过蔬菜种植和流通走上了致富之路，先后获得柔远镇致富能手、自治区城乡妇女岗位建功活动先进个人、自治区劳动模范等多项荣誉称号。

争做优秀新农民　踏上发展新征程

——记中宁县新型职业农民李玉鹏

身着棕色的皮夹克和深蓝色牛仔裤，因常年风吹而泛红粗糙的脸上漾着腼腆忠厚的笑容。眼前这位农民，就是中宁县新型职业农民李玉鹏。

提高技能，永不落伍

2017年中宁县新型职业农民草畜培育班开班，李玉鹏早早就报了名，而且毛遂自荐担任班长。从开课前点名督促学员进教室，课后组织学员交流心得，到外出观摩跑前跑后清点学员人数，每到饭点他总是全班最后一个落座；有些学员因为离家较远，住在培训学校的宾馆里，李玉鹏就常常课后来到房间跟学员们谈心，问问大家在养羊过程中遇到的困难和问题，跟他们交流自己的经验和看法。在培训班10天，每天到的最早的是他，走的最迟的也是他，老师和学员们都同这位李班长建立起了深厚的感情。

王晓龙是培训班的一名学员，也是李玉鹏的同行兼邻居，说起李班长，他满眼的敬佩之情。他口中的李班长不再只是大家看到的这个成功的全县草畜产业致富带头人，而是一个经历过失败、有泪水、有转折、不断进步的新型职业农民。

情系肉羊养殖，这缘自李玉鹏对知识的渴求和发家致富的决心。

瞅准商机，发展产业

早在2010年，为响应县政府发展草畜产业的号召，李玉鹏购买了小尾寒羊，决定发展肉羊养殖产业，但受周围大环境和自身专业知识的限制，传统的思维观念和养殖方法、落后的养殖技术，使他走了很多的弯路，养殖场不仅没有赚取明显的生产效益甚至亏本，身边的亲戚朋友们也劝他：“要不还是算了吧！”但李玉鹏不服输，他跑到灵武、盐池看经营好的羊场，远到甘肃去参观试验场，有问题就向农牧局的畜牧技术人员请教学习，闲暇时，他竟捧起撂下已久的书本开始自学起肉羊养殖的专业知识，经过一段时间的摸爬滚打，他的养羊场竟真的开始走上正轨，慢慢实现盈利。

羊场生产经营逐渐平稳，也开始赚钱，但李玉鹏却并不满足于眼前的一点成绩，他又开始学习起经营管理来，他说：“一个产业的成长不是一个或两个人能够完成的，而必须要有一个大的企业作为引领，才能在品种、技术、市场等方面有保障，抵御市场风险，实现持续发展。”

示范带动，敢为人先

2013年，李玉鹏牵头周边养殖户注册成立了中宁县中鹏牛羊养殖专业合作，合作社共投资150万元，建成生产及附属设施2500余平方米，从设计、施工到建成，李玉鹏跑断了腿，他怕设施标准低，就去别人建得好的场子看，他怕羊场设计不合理，就自己熬夜研究修改。建设过程中，他一天几遍地在现场查看，生怕工人出了什么纰漏。羊场建成了，李玉鹏却瘦了，也晒黑了。

生产设施建设完成后，李玉鹏又聘请了区、县畜牧专家，讨论了肉羊产业发展现状和趋势，最后决定合作社走重点培育种羊的路子，组建核心母羊群，通过二元杂交、三元杂交技术进行肉羊杂交改良，合作社培育出的种羊赢得了不错的市场，并逐渐呈现出了明显的扩张势头。

2015年举办的新型职业农民肉羊培育班共15天，包含了专业知识传授、外出观摩以及实操实训等课程的系统培训，这次学习给李玉鹏又带去了新的想法，李玉鹏充分思考了目前育肥羊羊肉价格下行，赚钱难度较大，种羊养殖要求管理规范、技术精细、市场容量较小等问题后，同其他社员仔细讨论后做出了转变合作社经营方式的重大决定，决定走种肉结合的道路，即在种羊养殖的基础上，同时新开肉类业务，向市场提供优质的羊肉产品。为提高育肥羊养殖效益，李玉鹏还当起了配方师，他说：“精准饲喂是科学的技术，我要学习科学知识，科学养羊”。截至目前，合作社存栏各类羊只2000只左右，配套设施、机械一应俱全，合作社具备科学的圈舍规划、先进的养殖技术、严格的疾病防治、良好的经营模式。经过几年的打拼和磨砺，如今，李玉鹏已成为远近闻名的致富带头人，但作为一名立志创业致富的农民，李玉鹏不满足于个人的发展和富裕，而是时刻心系周边养殖户和有意愿发展肉羊产业的农户。中宁县地理位置优越，气候适宜发展草畜产业，但现有的很多肉羊养殖户还在采用传统的养殖模式，经济效益较低。李玉鹏就自发将合作社作为实训基地，对有需要技术支持的农户提供帮助，请他们参观学习，亲自讲解肉羊养殖相关专业知识，手把手教他们制作饲草料、饲喂羊只、配种、防疫等实践性较强的养殖技术，提高农户的养殖技术。也有农户经常开玩笑问他："你这么辛苦地教别人技术，不怕他们抢了你的饭碗吗？"李玉鹏听后笑一笑，说道："羊产业并不是一家一户就能发展好，需要更多农户的参与和支持，我帮大家就是在帮我自己，况且，能看到乡亲们养羊赚钱，我心里开心。"2016年，合作社被确定为中宁县肉羊养殖试验示范基地，将更进一步发挥肉羊产业示范带动作用。

2017年，举办为期10天的新型职业农民肉羊养殖培育班，李玉鹏作为班长不仅照顾好了所有学员的生活和学习，也学习到了更多的知识，他通过对专家所授的品牌营销策略、农产品品牌打造及智能手机应用、农产品质量安全、现代农业生产经营、肉羊标准化养殖技术等课程的学习和深入思考，为合作社的发展描绘出了新的蓝图。培训课程使李玉鹏对多羔的湖羊产生了兴趣，一有兴趣，他就开始请教专家，制定技术路线，很快就于年底引进150只湖羊。"这批湖羊都已经全部完成配种，就等着明年二月份产羔了。"说起这些湖羊，李玉鹏一脸的自信。

打造品牌，强化营销

培训班的老师说："产品品质是一个企业能够立足于市场的基本保证，打造品牌是实现产品利益最大化的根本途径；产供销融合将是未来养殖行业发展的趋势。"李玉鹏就思索起合作社的转型升级，他与社员们仔细商量后打算推出自己的羊肉品牌，投放市场，并借助电商平台，提升品牌知名度和品牌价值；除了零售外，下一步合作社还将计划增加餐饮业，直接面向熟食消费者，进一步增加肉类的附加值，提高养殖场的效益。

培训班结束后，我们建立的学员微信群起了大作用，李玉鹏也毫不吝啬地在群里跟学员们教授肉羊养殖技术，提供种羊购买和肉羊、肉品销售信息，简直成了学员们口中的“万事通”，而我们的这个万事通从来不讲回报、耐心细致。

最后，李玉鹏告诉笔者：“这几年党的农业政策越来越好，新型职业农民培训给我们这些养殖户开启了新的大门，使我们不断进步，合作社发展也越来越好；我有信心带领合作社未来走得更长更远，我希望能帮助身边每一个养羊人发家致富。”

这是多么朴实而又美好的愿望！

“杞鑫”枸杞红了　乡亲心里乐了

——记中宁县新型职业农民张伟

2017年，枸杞产业迎来了一件大喜事：枸杞大家族诞生了一个新的品种“宁杞10号”。这一新的科技成果，让中宁县杞鑫枸杞苗木专业合作社的全体员工兴奋不已。十年磨一剑，这一成果凝聚了大家的全部心血，作为合作社总经理的张伟露出了久违的笑容。

张伟是中宁人，长年奋斗在枸杞种苗产业第一线，经过多年的摸爬滚打，最终成为枸杞苗木农业的带头人。

耕耘杞鑫苗木，做农业带头人

黄河之水浇灌着中宁这片厚重的土地，也孕育了勤劳和朴实的中宁人。张伟继承了父辈吃苦耐劳、任劳任怨的品质，曾经当过兵，进过工厂，干过个体，包过工程，打过短工，开过出租车，岁月不但没损耗去张伟的执着，反而磨砺出他更加坚毅的意志，他用实际行动践行着责任、释放着热量，在平凡的岗位上耕耘着不平凡。

2013年是张伟极其不平凡的一年。在这一年，张伟有幸加入由朱金忠带领的科技特派员企业——中宁杞鑫枸杞苗木专业合作社，这标志着张伟成为新时代的新型农民，中宁杞鑫枸杞苗木专业合作社是由科技特派员组成的专业从事枸杞苗木新老品种收集、保护、研发、推广的枸杞苗木繁育基地。

张伟凭借着一股子钻劲，很快就掌握了枸杞种植技术要领，先从基地枸杞苗木硬枝扦插、嫩枝扦插技术员干起，认真负责，一丝不苟，刻苦钻研业务知识，别人付出十分，他就付出十二分，始终为合作社着想，为广大社员和农民的利益着想。甚至在农忙时，主动请缨在基地长期做战备值班，吃住在基地，一连两个月不回家，日夜看守，以合作社为家，哪里需要，哪里就有他的身影，有人笑他傻，“大家的财产，你那么拼干啥？”但他只是嘿嘿一笑：“我的付出能让大家心里踏实，就值。”

在苗木生产季，为了让300多位奋战在生产一线的工人吃得好，张伟带领员工种菜、养鸡养鸭，改善员工们的生活。炎热的夏天，地里的工人顶着烈日工作，一天，一位女工由于炎热突感不适，接到电话的张伟立即驱车将其送回办公室休息，接连几天不断有人出现中暑情况，张伟一想，这样下去不行，于是找来生产部长王学军一起商量。

“如今天气炎热，工人们的解暑工作关系重大，需要立即解决。”

张伟担忧道。

王学军说："是啊，工人的人身安全最重要，上工时间需要调整一下，中午上工时间推迟吧。"

"嗯！"张伟点点头，"另外，安排人拉一车西瓜回来，每天分配到各个生产小组去，另外，这几天午餐一定要做好。"

"对！"，王学军表示同意。第二天，每天中午都有人给生产小组送去西瓜，工人们时不时聚在一起吃瓜解暑，小小的举动让工人们感受到了领导的关怀。

杞鑫枸杞苗木专业合作社一路走来，经历了太多的风风雨雨，有过辉煌，有过失败，张伟带领合作社这个不怕吃苦、勇于担当、敢于奉献、有梦想的英雄团队，多年来通过锲而不舍的努力，树立了今天合作社的行业标杆，无私奉献的广阔情怀，铸就了大伙身边坚实的靠山，从团队建设到品种研发、推广、销售无不显示着张伟精益求精的品质，积极为中宁枸杞苗木行业的发展、规范做出应有的贡献。

学习改变出路，思想引领未来

一路走来，张伟在枸杞种苗领域取得了出色的成绩，不断发展，不断壮大，使大家都意识到了合作社所面临的瓶颈，大家都是农民出身，种枸杞、育种苗都是一把好手，可是走到一定程度，各种各样的问题涌现，让大家一筹莫展。此时，张伟深深地知道了学习的重要性，就在前途迷茫时，中组部组织的农业培训为他指明了方向，让他找到了前进的目标，在培训期间，他本着一切从零开始的思想，虚心向每一位授课老师请教，如何更好地成为一名合格的管理人员，如何能更好地把自己学到的知识全面、系统地复制到每一位社员身上，如何让每一位合作伙伴都可以快速提高综合素质和自身的业务能力。通过不断学习，张伟和他的团队又一次找准了前进的方向，大家又鼓起了“撸起袖子加油干”的劲头。

创新改变观念，技术引领未来

为了加强枸杞苗木提纯、选优、培育、繁育工作，保证枸杞苗木的品质和纯度，张伟从种源抓起，通过引进优质枸杞种源，优中选优。不但如此，他们还以合作社牵头，制定了行业的标准《枸杞周年扦插技术规程》，也为种植枸杞的农户编写了《枸杞标准化种植实用技术手册》，为种植户解决实际种植中存在的技术问题。他们不断创新销售模式，通过优质服务带动销售，设点投放不同品和优质苗木以标准化示范种植做展示来销售苗木；还建立网站、微信平台宣传合作社，对种植户进行种植、水肥土管理、病虫害防治以及相关管理理念和实用技术知识远程培训，并利用网络实时销售苗木；同时还提前以订单形式来繁育苗木。由于合作社取得了优异成果，合作社先后被评为自治区级优质枸杞苗木采穗基地、中卫市500亩优质枸杞苗木培育基地、中宁县优质枸杞苗木快繁基地。

2017年，合作社自主研发的枸杞新品种被正式命名为“宁杞10号”。自治区林木良种审定委员会专家小组、国家枸杞工程研究中心专家多次到基地对宁杞10号进行深入研究。2018年，合作社被评为国家级农民专业合作示范社，并获得二十五届中国杨凌农业高新科技成果博览会“后稷奖”。

放眼未来，大展宏图

对于合作社未来的发展，张伟说，他们还在继续增加科技投入力度，加强专业的育苗队伍建设，加大技术人员培养力度，继续立足于枸杞原产地中宁这块热土，以服务宁夏、增加农民收入、保护枸杞品种资源、提高枸杞苗木质量、加速枸杞产业发展与升级、促进宁夏农业经济发展为宗旨，着力打造宁夏乃至全国一流的占地3000亩的优质枸杞苗木繁育基地。他用智慧和汗水诠释着杞鑫人的宏图大志，用坚定和执着书写着杞鑫人的大爱无疆，他有能力、有信心用他们的良种、良方、良法，为枸杞产业的发展做出应有的贡献。

风好正是扬帆时　不待扬鞭自奋蹄

——记海原县新型职业农民丁晓龙

“看到别人家盖了小洋楼，有了小轿车，一想到自己的情况心里急啊，不能老是羡慕别人，自己还很年轻，得干点有意义的事情，让自己富了，带领众乡亲一起致富。”这是海原县新型职业农民丁晓龙的心里话，也是自己追求的人生目标。

海原县是个靠天吃饭的地方，人老祖辈这样，年轻的一代必须突破这个瓶颈，得有担当和创新，命运掌握在自己手中。“风好正是扬帆时，不待扬鞭自奋蹄。”丁垵龙正是这样一个敢想敢干敢闯的年轻人，自我加压，敢为人先。

丁晓龙是一位出生在海原县关桥乡的农民，在他31岁的时候，也就是2014年，他依托当地产业发展优势，注册成立了海原县砂甜宝硒砂瓜专业合作社，自己担任合作社理事长。4年来，丁晓龙勤奋学习，努力拼搏，合作社在他的带领下，经营得当，他创新管理机制，成功带领周边的群众走上了致富路。他创立的合作社于2016年被评为市级示范合作社和区级示范合作社；他本人于2017年荣获全区“十佳农民”荣誉称号。

不负本心，逐梦脱贫路

从小在农村长大的丁小龙，切身体会到农民的艰辛与不易，他一直梦想着改变家乡贫穷落后的面貌，带领全村农民脱贫致富。硒砂瓜种植是海原的特色产业，尤其是在丁小龙的家乡，是农民主要的经济收入来源。为了解决硒砂瓜销售难的问题，他个人垫资，拉着一车硒砂瓜前往四川广安找客户推销，并且答应客户先销售后付钱，就这样他靠着自己的执着和努力，使独具特色的优质硒砂瓜走出了宁夏，打开了第一个省外市场。

上下求索，互联网拓销路

“要想挣到钱，销售是关键。”这是丁晓龙常挂在嘴边的话。由于信息不畅通，销售渠道单一，西瓜难卖仍是海原县硒砂瓜种植的主要瓶颈。丁晓龙意识到，要解决这一难题，必须依靠科学技术。几年来，他先后多次参加区、市、县农业主管部门组织举办的农村实用人才、新型经营主体带头人等培训，认真向专家请教，实地观摩学习，主动与同行交流，开阔了眼界，提升了思想认识，学到了许多新的种植技术和先进的管理方法，同时对如何通过互联网掌握市场信息有了深入了解，学会了如何准确把握市场动向。

2016年，丁晓龙大胆尝试“互联网+农产品线上销售”运营模式，采取农超对接、设立销售点等方式，为硒砂瓜销售提供更多途径，保障和拓宽了合作社销售渠道，让海原硒砂瓜走向全国。经过努力，先后打开了广州、湖南、湖北、上海、江苏、陕西等大中城市市场，产品先后进入华润万家、名康汇生鲜、苏宁易购、北京佳绿园等高端市场，这种销售模式不仅增强了社员种植硒砂瓜的信心，更是增加了社员增收致富的决心。2018年，通过线上线下销售渠道相结合的方式，合作社全年销量达3500吨，销售额500万元。在丁晓龙的带领下，通过各位社员的不懈努力，合作社得到了政府领导的肯定和嘉奖。

“五个统一”，造就“宁砂宝”

自合作社成立以来，靠着诚信及优质的服务赢得了广大社员的拥护和支持。入社社员由原来的57人增加至115人，种植面积由原来的0.8万亩增加至2.1万亩，涉及全乡3个行政村。合作社建有标准化硒砂瓜基地3个，种植面积达5000亩，绿色硒砂瓜种植面积达1000余亩。注册了“宁砂宝”商标，办理了绿色认证。为硒砂瓜种植户提供产前统一采购、统一品种，产中统一技术，产后统一商标、统一包装、统一销售服务。在丁晓龙的带动下，每年产前为社员提供肥料1500吨，每吨低于市场价200元；农地膜200吨，每吨低于市场价500元；种子5000灌，每灌低于市场价5元，仅此项服务就年均为成员降低生产成本3.25万元。合作社统一技术指导，优质物资加上优质技术服务，社员人均纯收入达到4000余元，远高于当地人均纯收入。

政府帮扶，全员大“转型”

丁晓龙通过培训学习与实践相结合悟出了一个道理：“农业要想创造高收益就必须靠科技、靠良种、靠科学管理。”因此，他经常邀请县农牧部门专家到合作社进行技术指导，示范带动周边村民树立学科学、用科学的管理理念。2017年12月，丁晓龙组织合作社社员共同参加县农牧部门举办的新型职业农民培训班，通过培训，让大家了解国家对新型农民的优惠政策，学习先进农业技术，同时与农业技术专家建立沟通帮扶机制，更重要的是，让“老农民”在思想上有了质的提升。通过多次培训，他也更加明白现代农业电子商务包括生产管理、网络营销、电子支付、物流管理等，对节本增收帮助极大；并充分认识到农业向电子信息化转型，农民向科学技术型转型将是未来的趋势。

开拓创新，收入创新高

2018年，合作社继续坚持“民办、民营、民受益”的三民原则，坚持开拓创新、锐意进取的精神，不断扩大合作规模，引进更多的优良品种和农资产品，采取“合作社+基地+农户”的运营模式，为社员搭建致富桥梁，建成万亩富硒硒砂瓜示范种植基地，创建科技示范小区300亩。为深入贯彻落实党的十九大会议思想与中央一号文件精神，大力实施乡村战略，进一步调整优化农业结构，打造农业产业样板，全面提升硒砂瓜产业技术综合集成示范效应。

2018年是丁晓龙带领大家发展的重要一年，海原县硒砂瓜产业借打造“中国塞上硒谷”之契机，集聚硒砂瓜产业资源优势，海原县砂甜宝硒砂瓜专业合作社参与示范基地建设为主题，全力打造精品，设法提高社员收入，让大家更有信心致富。

丁晓龙和社员算起了对比账："今年咱们富硒硒砂瓜种植9689.7亩，总产量2907万公斤，总产值3779万元，除去每亩500元成本，净产值为3294万元，这些都是大家的功劳，来之不易，大家要鼓足干劲谋发展。"他进一步介绍，今年合作社销售硒砂瓜4500吨，主要销售中高端市场，如华润万家、明康汇、苏宁易购、北京家绿园、新疆果果佳连锁超市，总计销售金额540万元，为硒砂瓜销售发挥了巨大作用，我们将继续着眼长远，瞄准市场，扩大种植面积，增加品质，确保消费者吃上绿色环保的硒砂瓜。

丁晓龙骄傲地说："2018年社员收入达1万元，高于当地人均纯收入5000元以上。怀里揣上钱，老百姓一个比一个高兴。"

树高万丈不忘根，人若辉煌不忘本。丁晓龙做到了。他让村里更多的困难户和种植户加入到硒砂瓜合作社，无私地向村民传授种植技术，指导村民科学种植，替村民解决销路，他付出了汗水，收获了一地的砂宝和满满的赞誉，充分展现了致富带头人的风采。长路漫漫，他将不忘初心，砥砺前行。